Lars Baus

E-Mail-Flut statt Büffeljagd

Niemand wird mich einmal fragen, was ich geleistet habe. Entscheidend ist, dass ich wirklich Mensch war mit allen Möglichkeiten, die mir gegeben wurden. Ganz Mensch zu sein, zu dieser Zeit, an diesem Ort auf diesem Staubkorn am Rand des Weltalls, das ist der einzige Grund, warum ich hier bin.

WILLIGIS JÄGER

Dieses Buch ist meinem Personal Trainer Olli gewidmet, von dem ich die hohe Schule der Stressbewältigung gelernt habe.

Mein besonderer Dank geht an Maike Petersen für ihre engagierte Mitarbeit am Text und an Claudia Schlottmann für ihr hilfreiches Feedback.

Lars Baus

E-Mail-Flut statt Büffeljagd

Das Anti-Stress-Buch
für Vielbeschäftigte

GABAL

Bibliografische Information der Deutschen Nationalbibliothek

Die Deutsche Nationalbibliothek verzeichnet diese Publikation in der Deutschen Nationalbibliografie; detaillierte bibliografische Daten sind im Internet unter http://dnb.d-nb.de abrufbar.

ISBN 978-3-86936-122-2

Unter Mitarbeit von Maike Petersen

Lektorat: Friederike Mannsperger
Umschlaggestaltung: Martin Zech Design, Bremen | www.martinzech.de
Fotografien: Lars Baus | www.zen-fotografie.net
Satz und Layout: Peter Lohse | www.lohse-design.de
Herstellung: BoD - Books on Demand, Norderstedt

www.gabal-verlag.de
Abonnieren Sie den GABAL-Newsletter unter:
newsletter@gabal-verlag.de

Inhalt

Unser Leben hat sich verändert, der Stress auch?

Es reicht nicht mehr, die Ärmel hochzukrempeln

Permanenter Leistungsdruck

Chronischer Dauerstress ist zu einem täglichen Begleiter in vielen Jobs geworden, und die meisten Betroffenen fühlen sich angesichts der enormen Belastungen und des permanenten Leistungsdrucks hilflos. Die Arbeitslast, das Tempo und die Komplexität sind derart gestiegen, dass es nicht mehr ausreicht, die Ärmel hochzukrempeln und sich durchzuarbeiten. Zwar hat jeder schon einmal von Entspannungstechniken gehört und weiß, dass es im Grunde eine gute Idee ist, etwas gegen den Stress zu tun. Aber wer die Zusammenhänge und Wirkmechanismen nicht kennt, wer sich nicht ganzheitlich – auf der körperlichen, mentalen und seelischen Ebene – mit seinem Stress auseinandersetzt, wird dem auf Dauer nichts entgegensetzen können.

Nur wenn wir uns umorientieren, werden wir auch in fünf, zehn oder 15 Jahren noch gesund und leistungsfähig sein. Es gilt, die eigenen Ressourcen ebenso bewusst zu pflegen wie die berufliche Karriere. Wer wirklich erfüllt und gesund leben und arbeiten will, muss erst einmal sich selbst begegnen und erkennen. Das ist gerade für Manager und Führungskräfte, aber auch für andere vielbeschäftigte Menschen eine zentrale Aufgabe.

Schattenseite der Leistungsgesellschaft

Die meisten Menschen fangen erst an, sich mit ihrer Stressbelastung auseinanderzusetzen, wenn sie bereits krank geworden sind. Herz-Kreislauf-Erkrankungen, Hörsturz, Stoffwechselkrankheiten, Migräne, Depressionen, Allergien, chronische Rücken- oder Magenleiden und Schlafstörungen gehören schon fast zum guten Ton bei Vielbeschäftigten. Heute weiß man, dass diese Erkrankungen zu einem nicht unwesentlichen Teil durch Dauerstress begünstigt werden. In manchen Kreisen gilt es als schick, sich irgendwie ausgebrannt zu fühlen, ist es doch ein „Beweis“ für ein engagiertes Leben und viel Einsatz im Job. Anerkennung bekommt, wer sich aktiv einbringt und Erfolge realisiert. Nur: Die Grenzen nach oben sind dabei stets offen. Es geht immer noch etwas höher, schneller, weiter, besser, billiger, mehr. Was das wirklich bedeutet, erfahren viele Menschen erst, wenn sie die geforderte Leistung nicht mehr erbringen können, wenn es ihnen nicht gelingt, Schritt zu halten. Schnell tun sich dann Spannungen auf: Das Umfeld reagiert irritiert, der Betroffene zieht sich zurück, wird krank oder aggressiv – im schlimmsten Fall arbeitsunfähig. Wer oder was ist nun daran schuld? Der Stress?

E-Mail-Flut statt Büffeljagd

Fight or flight

Vieles in unserem Leben hat sich geändert, seit unsere Vorfahren in Horden durch die Steppe zogen und wilde Tiere jagten oder auf Bäume kletterten, um an Früchte heranzukommen. Die Natur hat dem Menschen ein Notfallprogramm für Extremsituationen zur Verfügung gestellt: Die sogenannte Fight-or-flight-Reaktion mobilisiert bei Gefahr (zum Beispiel im Kampf gegen Feinde oder auf der Flucht vor einem gefährlichen Raubtier) in kürzester Zeit ein Vielfaches an Energie, um unser Überleben zu sichern. Diese ursprüngliche Stressreaktion läuft bis heute unverändert reflexhaft ab, wenn wir Stressreizen ausgesetzt sind. Nur jagen wir heute eben keine Büffel mehr, sondern bekommen vielleicht eine E-Mail oder SMS mit einer unangenehmen Nachricht.

Was sich also geändert hat, sind die Stressoren, die stressauslösenden Reize. Die Jäger und Sammler hatten weniger, aber dafür größere Stressoren, die fast immer mit Gefahr für Leib und Leben verbunden waren: Kämpfe, Jagden, Bedrohungen durch wilde Tiere, Feuer oder Naturereignisse. Die Energieschübe, die durch Stressreaktionen ausgelöst wurden, konnten sie durch viel körperliche Bewegung und Arbeit wieder abbauen. Wenn wir heute in einer Besprechung sind und Gefahr wittern, bleiben wir einfach sitzen. Ebenso im Stau, vor dem Computer oder zu Hause vor dem Fernseher.

Zum Lebensunternehmer werden

Wer dem Stress wirklich effektiv begegnen will, muss sich nicht nur mit Stressoren und Entspannungsmethoden auseinandersetzen, sondern ebenso mit den eigenen Werten und Bedürfnissen, seiner Persönlichkeit, seinen Gewohnheiten, Fähigkeiten und persönlichen Zielen. So bekommt das Leben und Arbeiten mehr Sinn und Richtung in einer Zeit und Welt, in der diese Dinge bisweilen beliebig erscheinen. Durch diesen Prozess entwickeln wir uns zugleich zum Lebensunternehmer – oder besser noch: Kapitän des eigenen Lebens. Das Schönste: Wir können dabei im Grunde ganz wir selbst sein.

Was Sie tun können

Lesen Sie in diesem Buch, was Sie konkret und nachhaltig gegen Ihren Stress tun können, und nutzen Sie dafür die besten Strategien, Methoden und Prozesse aus den Disziplinen Stressbewältigung, Work-Life-Balance und modernem Zeit- und Selbstmanagement. Packen Sie den Stress wirksam auf allen Ebenen an: Neben der Bewusstmachung der Zusammenhänge und Hintergründe helfen Ihnen praxiserprobte Methoden und Strategien dabei, den eigenen Stress zu erkennen, zu verstehen und gezielt abzubauen. Ihre Stressresistenz wird verbessert und vorbeugende Maßnahmen sorgen dafür, dass künftig weniger Stress entsteht. Um der zunehmenden Entgrenzung zwischen Beruf und Privatleben entgegenzuwirken, wird dabei auch das Prinzip der ganzheitlichen Lebensführung berücksichtigt. Das sorgt für eine nachhaltige Wirkung. Im Ergebnis profitieren Sie von mehr Lebensfreude, Leistungsfähigkeit, Gesundheit, Gelassenheit, Zeit und Glück.

Durch den Praxisteil führt Sie ein Leitsystem:

ÜBUNG

SELBSTCHECK

PRAXIS

REFLEXION

1. Stress verstehen und erkennen

Stress ist ein treuer Begleiter

Jeder hat Stress

Eigentlich gibt es gar keinen Grund, sich über Stress zu beschweren. Denn Stress ist ein treuer, lebenslanger Begleiter des Menschen. Und mehr noch, im Grunde gibt es kein (Über-) Leben ohne ihn. Wann immer wir in Not sind, wo immer es neue Herausforderungen zu bewältigen gibt, der Stress ist stets dabei wie ein guter Freund. Das beginnt am Anfang, mit

Stress ist wichtig

unserer Geburt, die für Mutter und Kind Stress pur ist (für den Vater wohl auch). Und es endet mit dem Sterben, das im schönsten Fall stressfrei abläuft, oft jedoch nicht.

Wenn der Volksmund von Stress spricht, ist damit meistens negativer, belastender Stress gemeint. „Ich bin voll im Stress" bedeutet dann übersetzt so etwas wie „Ich empfinde gerade großen Druck" oder „Ich weiß nicht, wie ich diese Situation bewältigen soll". Nachdem man in den 1960er Jahren das gehäufte Auftreten von Herzinfarkten zunächst als ein Phänomen betrachtete, von dem in erster Linie gestresste Manager betroffen waren, wurde nach und nach deutlich, dass Stresssymptome auch bei Hausfrauen, Kindern oder Autofahrern auftraten. Die einen fühlten sich im Haushalt überfordert, andere hatten Prüfungsangst oder fühlten sich im zunehmenden Verkehr gestresst. Man erkannte: Stress betrifft alle.

Auf die Dosis kommt es an

Eigentlich bedeutet Stress aber erst einmal nur Druck. Erst wenn aus der vorübergehenden Belastung ständige Anspannung wird, wenn ständiger Leistungsdruck und seelische Nöte das Leben schwer machen, entsteht Stress, der krank macht. Oft wirken dabei verschiedene Faktoren zusammen. Der Alltag vieler Menschen ist nicht nur im Beruf komplexer geworden und das Lebenstempo ist insgesamt spürbar gestiegen. An den Menschen werden erhöhte Anforderungen gestellt, was die Verarbeitungsfähigkeit von optischen und akustischen Reizen angeht. In unserer heutigen Lebens- und Arbeitswelt gehen Informationsflut, Konkurrenzdruck und sich ständig verschärfender Wettbewerb einher mit einer sich verändernden Kommunikationskultur und den Einflüssen der Globalisierung und zunehmenden Vernetzung und Digitalisierung. Die Fähigkeit zur gezielten Reizauswahl und ein gesundes Selbstmanagement sind unabdingbare Voraussetzungen, um angesichts dieser Anforderungen nicht in die Defensive zu geraten.

Aber es nützt überhaupt nichts, sich zu beklagen, dem Stress ist das nämlich egal, verfügt er doch über eine unbeirrbare Zugewandtheit und einen geradezu unfehlbaren Instinkt, sich immer dann einzustellen, wenn es ohnehin schon anstrengend wird. Im Prinzip verhält es sich so: Wir brauchen ihn! Allerdings in verträglichen Dosen. Und genau das ist die Crux.

Guter und schlechter Stress

Der Stress hat viele Gesichter. Manchmal kommt er blendend gelaunt daher und ermöglicht uns wahre Höhenflühe im Job, beim Sport oder beim Feiern. Das ist der sogenannte Eustress – positiver Stress. Er kann die Leistung steigern oder einfach nur ein tolles Lebensgefühl vermitteln. Wer Stress so erlebt, fühlt sich lebendig und vital. Positive Anforderungen, die auch ruhig anstrengend sein dürfen, gehören zu einem gesunden und erfüllten Leben einfach dazu. Es ist auch überhaupt kein Problem, sich für etwas ordentlich ins Zeug zu legen, wenn die Beschäftigung in einem guten Verhältnis zu den eigenen Ressourcen steht und Freude vermittelt. Dabei werden Glückshormone freigesetzt und die Widerstandskraft ebenso wie das Immunsystem gestärkt. Beim Sport, auf Reisen oder auch im Job gilt: Wenn es Spaß macht und guttut, ist es o. k.

In anderen Situationen zeigt sich der Stress grimmig und gefährlich, bedroht unsere Existenz und macht uns Angst. Dieser Stress wird Disstress genannt. Es ist negativer, belastender Stress, der zum Beispiel durch Ängste, Sorgen und Konflikte ausgelöst wird. Der macht vor allem dann krank, wenn er übermäßig stark oder häufig auftritt. Typische Ursachen für negativen Stress sind der allgegenwärtige Zeitdruck, eine stark empfundene Fremdbestimmung, Reisestress, die Unfähigkeit zum Nein-Sagen, falsche Prioritäten, finanzieller Druck, ein schlechtes soziales Klima und schwelende Konflikte.

Chronischer Dauerstress Am gefährlichsten aber ist der Stress, den wir zunächst gar nicht merken, der chronische Dauerstress unseres Alltags. Er wird ausgelöst durch die permanente Informationsflut, zu hohe Arbeitsbelastung, Schuldgefühle und Ängste, überhöhte Ansprüche und Leistungsdruck, mangelndes Selbstwertgefühl, Überforderungsgefühle, übertriebenen Ehrgeiz oder Perfektionismus, schlechte Ernährung und übermäßigen Verzehr von Kaffee, Alkohol oder Nikotin, nicht selten auch Schlafmangel. Jeder Einzelfall ist kaum der Rede wert, aber in der Gesamtheit führen diese Faktoren zu einem krankmachenden Dauerstress. Erste Warnzeichen sind häufige Infekte, eine Folge der reduzierten Immunabwehr des Körpers. Dann kommen – je nach Konstitution – Magenprobleme, Kopfschmerzen und Kreislaufschwierigkeiten hinzu. Schließlich leiden von Dauerstress Betroffene häufig unter Schlafstörungen und entwickeln im Laufe der Zeit Erschöpfungssyndrome, Magengeschwüre und schwere Krankheiten wie Diabetes oder Herzinfarkt.

Es geht nicht ohne Der Stress und wir, das ist so eine Art Amour fou. Wir können meist nicht gut miteinander, aber es geht auch nicht ohneeinander. Ob aus der Überlebensbeziehung allerdings eine Freundschaft wird oder ob wir uns den Stress zum Feind machen, hängt voll und ganz von uns selbst ab. Betrachten wir den Stress also am besten als Partner. Zollen wir ihm Respekt, weil ihm Respekt gebührt, denn er leistet Beachtliches für uns. Begegnen wir ihm aufmerksam, denn er ist nicht immer guter Laune. Nutzen wir die positive Kraft, die er uns verleiht. Vertrauen wir auf ihn, denn er wird immer da sein, wenn wir ihn brauchen.

Am besten, wir lernen, gut damit zu leben. Dafür müssen wir einerseits verstehen, wie Stress funktioniert, zugleich benötigen wir aber auch effektive Werkzeuge zu seiner Bewältigung. Auch müssen wir realisieren, dass Stress nicht nur durch äußere Einflüsse, sondern auch durch innere Wahrnehmungen ausgelöst wird. Wir haben also einen hohen Eigenanteil an unserem Stress. Daher gehört zu einer erfolgreichen Stressbewältigung immer auch die Auseinandersetzung mit der eigenen Persönlichkeit. Wir selbst sind die Einzigen, die auf dieser Ebene Verantwortung übernehmen können für unsere Gesundheit und unsere Lebensqualität. Ziel eines guten Anti-Stress-Programms ist es allerdings nicht, zukünftig Anforderungen zu vermeiden, um sozusagen dem Stress aus dem Weg zu gehen. Vielmehr geht es um ein ausgeglichenes Verhältnis zwischen Anforderungen und Erholung. Erfolgreiche Stressbewältigung findet mitten im Leben statt.

Übung: Stressverhalten erkennen

Oftmals merken wir gar nicht, wenn wir unter Stress geraten. Das ist gefährlich und führt dazu, dass wir erst gegensteuern, wenn der Körper bereits ein hohes, deutlich spürbares Stressniveau erreicht hat. Daher müssen wir zunächst einmal unseren Blick für typisches Stressverhalten schärfen. Hierfür kann es hilfreich sein, andere Menschen dabei zu beobachten, wenn sie gestresst sind. Denken Sie einmal darüber nach, wie zum Beispiel Kollegen, Freunde oder Bekannte sich in Stresssituationen verhalten.

- Wie handeln diese Menschen, was genau tun sie?
- Wie mögen diese Menschen sich wohl in der Situation fühlen?
- Was denken sie vielleicht?
- Was sagen sie, was teilen sie mit?

Tragen Sie hierzu bitte möglichst konkrete Beispiele zusammen und versuchen Sie, sich in die betreffende Person hineinzuversetzen.

Was passiert bei Stress eigentlich?

Die Stressreaktion läuft automatisch ab

Das biologische Überlebensprogramm

Eigentlich war es ursprünglich gar nicht vorgesehen, dass der Mensch regulierend in seinen Stress eingreift. Die Natur hat es nämlich so geregelt, dass in bestimmten Situationen das Stressprogramm automatisch abläuft: Alarm – Widerstand – Erschöpfung. Sobald ein Reiz auftaucht, der eine mögliche Gefahr ankündigt (etwa ein Geräusch, eine Bewegung, ein Geruch), wird das biologische Überlebensprogramm hochgefahren (Alarm!), das uns in die Lage versetzt, im Ernstfall um unser Leben zu kämpfen oder zu fliehen (Fight-or-flight-Reaktion). Was sich zu diesem Zweck – dem sofortigen Bereitstellen eines Maximums an Energie – im Körper abspielt, lässt jeden Energy-Drink fade aussehen.

Hier nur ein kleiner Ausschnitt des Geschehens, das weitgehend vom autonomen Nervensystem geregelt wird: Wird ein Stressreiz registriert, schickt unter anderem die Hypophyse im Gehirn Informationen an die Nebennierenrinde. Dort werden die Stresshormone ausgeschüttet: Cortisol, Adrenalin, Noradrenalin. Über die Blutbahnen und das Gewebe verteilen sie sich im Körper und lösen ein ganzes Feuerwerk von Reaktionen aus (Widerstand): Blutdruck und Pulsfrequenz werden erhöht, der Blutzuckerspiegel und die Körpertemperatur steigen, die Gefäße verengen sich, die Sauerstoffaunahmefähigkeit des Blutes und die Lungenkapazität vergrößern sich, ebenso der Muskeltonus und die Reaktionsbereitschaft. Wärme, Zucker, Sauerstoff, Druck und Spannung – beste Zutaten für ein wahres Power-Menü.

Symptome bei Stress

Diese Energie wird auch dadurch gewonnen, dass der Magen-Darm-Trakt durch den Einfluss des enterischen Nervensystems vorübergehend von der Energieversorgung abgeschnitten wird. Wir alle spüren das, wenn wir bei Stress Bauchgrummeln oder Schlimmeres bekommen. Weitere typische Körpersensationen in Stresssituationen: Schwitzen, Bluthochdruck, Zittern, Kreislaufprobleme, Konzentrationsschwierigkeiten. Hinterher, wenn die Stressreaktion abklingt, ist man natürlich entsprechend müde und der Körper braucht erst einmal eine Weile, um sich zu regenerieren (Erschöpfung). Das geht am besten mit Ruhe.

Eingeschränktes Denkvermögen

Es heißt ja, unter Stress könne man schlechter denken – doch woher kommen die Konzentrationsprobleme? Nun, gedacht war es so: Im Zweifel sollten wir nicht erst großartig überlegen und abwägen, welchen Baum wir denn für unsere Flucht vor dem Säbelzahntiger nutzen, sondern einfach den nächsten hochklettern – und zwar schnell. Das limbische Hirn (die innerste Hirnregion, die sich seit Urzeiten kaum weiterentwickelt hat und daher auch Reptilienhirn genannt wird) gibt richtigerweise dem Handeln gegenüber dem Denken den Vorzug, wenn es um das nackte Überleben geht. Also stimmt es: Unter Stress ist das Denkvermögen eingeschränkt.

Lebensstil unserer Vorfahren

Das alles hat für unsere Vorfahren ganz gut funktioniert, kultivierten sie doch in den Wäldern und der Prärie einen Lebensstil, der häufig lebensbedrohliche Situationen mit sich brachte: bei der Jagd, bei der Begegnung mit wilden Tieren oder Feinden, beim Leben in Höhlen oder in der Wüste. Auch waren sie den Naturgewalten und Wettereinflüssen viel schutzloser ausgeliefert, als wir es heute sind. Und wenn es schließlich doch keine akute Gefahr gab, konnten sie die angestaute Stressenergie durch viel Bewegung und ein Leben in der Natur wieder recht gut kompensieren. Hatten sie einmal zu viel Arbeit und der Tag neigte sich seinem Ende zu, ließ man einfach alles stehen und liegen – am nächsten Morgen machte man sich dann wieder in Ruhe ans Werk. Alles hatte eben seine Zeit.

Stressreaktion als Standby-Programm

Wünschenswert wäre es, die Stressreaktion gewissermaßen auf „Standby" zu haben für den Fall, dass wirklich einmal etwas Dramatisches passiert, und ansonsten über eine Art Economy-Programm zu verfügen, das uns in angemessener Form bereitstellt, was wir brauchen, dabei aber auf unsere Ressourcen achtet. Dass die Standby-Lösung bereits prima funktioniert, kann jeder feststellen, der etwa im dichten Verkehr überraschend eine Vollbremsung machen muss. Da kann man das Programm live erleben, wie es – aus dem Nichts erweckt – durch den Körper rauscht.

Folgen von aufgestautem Stress

Aber da die Stressrektion von unserem Reptilienhirn gesteuert wird, haben wir ein Problem, was die Economy-Lösung angeht. Es kennt nämlich keine E-Mails, Informationsflut oder Kundenverhandlungen. Es registriert lediglich, wann wir uns anspannen, aufregen, ängstlich sind. Und denkt dann, da kommt wieder ein Büffel angelaufen. Das heißt, es versucht gewissermaßen, mit der Elefantenbüchse einen Grashüpfer zu erlegen. Interessanterweise spüren wir das nicht so direkt wie in „echten" Stresssituationen, wo ja ein richtiger Ruck durch den Körper geht. Aber doch, leise und kontinuierlich, werden Adrenalin und Cortisol ausgeschüttet. Das an sich wäre kein Problem, geschähe es nicht ständig. Und es wird nicht nur durch Geräusche oder Gerüche, sondern eben auch durch Informationen und Gedanken ausgelöst. Und da wir uns in solchen Fällen – wie die meiste Zeit des Tages – nicht bewegen, sondern faul auf unseren Stühlen, Sofas und im Auto sitzen bleiben, staut sich nach und nach immer mehr Stressenergie im Körper an, die nicht angemessen abgebaut wird. Die Folgen sind bekannt: Herzinfarkt, Diabetes, Magengeschwür. Die typischen Managerkrankheiten bilden nichts anderes ab, als eine ins Krankhafte übersteigerte Stresssymptomatik: hoher Blutdruck und Puls, hoher Blutzucker, beeinträchtigte Verdauung.

Selbstcheck: Wie reagiere ich auf Stress?

Überlegen Sie einmal, welche Reaktionen typisch für Sie sind, wenn Sie in Stress geraten. Überprüfen Sie dazu Ihr Verhalten, Ihre Gedanken und Ihre Gefühle in Stresssituationen. Sinn dieser Übung ist es, ein Gespür dafür zu entwickeln, wie sich bei Ihnen persönlich typisches Stressverhalten zeigt, dies rechtzeitig zu erkennen und gegenzusteuern. Kreuzen Sie dazu in den folgenden Listen bitte die Punkte an, die für Sie zutreffen[1]:

Verhalten – Was tue ich unter Stress?

- ☐ Ich werde aggressiv
- ☐ Ich werde depressiv
- ☐ Ich verliere die Geduld und handle vorschnell
- ☐ Ich ziehe mich zurück oder versuche die Situation zu meiden
- ☐ Ich „mauere", kommuniziere immer weniger
- ☐ Ich werde unruhig und hektisch
- ☐ Ich werde achtlos und unkonzentriert
- ☐ Ich suche nach Schuldigen, klage andere an

- ☐ Ich konsumiere Alkohol, Kaffee oder Zigaretten
- ☐ Ich nehme Medikamente oder andere Drogen
- ☐ Ich gehe shoppen, kaufe Dinge, die ich nicht brauche
- ☐ Ich esse viel mehr, als ich Hunger habe, besonders Süßes und Fettes
- ☐ Andere Reaktionen: …

Körper – Was fühle ich unter Stress?

- ☐ Meine Körperhaltung verschlechtert sich
- ☐ Ich ziehe meine Schultern hoch
- ☐ Ich habe Nackenprobleme oder Rückenschmerzen
- ☐ Ich habe Kopfschmerzen
- ☐ Ich bekomme Ohrgeräusche
- ☐ Ich presse die Lippen zusammen oder knirsche mit den Zähnen
- ☐ Ich spüre Druck auf den Augen
- ☐ Ich kann schlecht sehen
- ☐ Ich bekomme schwer Luft
- ☐ Meine Atmung ist flach
- ☐ Mein Atemrhythmus wird schneller
- ☐ Ich halte sogar manchmal die Luft an
- ☐ Ich bekomme Herzprobleme, Enge oder Stechen in der Brust
- ☐ Ich schwitze stark
- ☐ Mein Puls geht schnell
- ☐ Mein Kreislauf macht Schwierigkeiten
- ☐ Mir zittern Hände oder Beine
- ☐ Ich friere oder mir wird heiß
- ☐ Ich bekomme Probleme im Magen-Darm-Bereich
- ☐ Ich muss häufig Wasser lassen
- ☐ Ich werde heiser oder bekomme einen trockenen Hals
- ☐ Ich werde nervös und zappelig
- ☐ Ich bekomme Ausschlag oder Hautjucken, werde rot
- ☐ Andere Symptome: …

Gedanken – Was denke ich unter Stress?

- ☐ Ich habe Versagensängste
- ☐ Ich habe Schuldgefühle, verurteile mich
- ☐ Ich spüre Ängste und Sorgen, grüble viel
- ☐ Ich kenne nur „richtig" und „falsch"
- ☐ Meine Konzentrationsfähigkeit ist beeinträchtigt
- ☐ Ich vergesse Dinge, bestimmte Sachen fallen mir nicht ein
- ☐ Meine Gedanken kreisen nur noch um dieses Thema
- ☐ Ich bin der Meinung, ein Opfer der Umstände/Machenschaften zu sein
- ☐ Ich generalisiere und übertreibe
- ☐ Ich will mich zu etwas zwingen
- ☐ Ich spüre Langeweile und bin teilnahmslos, alles ist mir egal
- ☐ Ich fühle mich alleingelassen und hilflos
- ☐ Ich möchte Entscheidungen oder Handlungen rückgängig machen
- ☐ Ich möchte aufgeben, die Sache beenden
- ☐ Ich ärgere mich sehr
- ☐ Ich werde neidisch oder eifersüchtig auf andere
- ☐ Ich sehe in meiner Umgebung eine Bedrohung
- ☐ Ich trage mich mit Rachegedanken
- ☐ Andere Gedanken: …

Stressbewältigung: nicht meiden, sondern integrieren

Stressbewältigung in vier Schritten

Ein individuelles Konzept finden

Nicht das Meiden von Stress ist Ziel einer erfolgreichen Stressbewältigung, sondern das Integrieren von Stress in ein aktives und zugleich ausgeglichenes Leben. Stressreize sind ebenso individuell wie die Reaktionsmuster darauf. Daher ist es wichtig, ein Anti-Stress-Konzept auf der Basis der persönlichen Voraussetzungen zu schaffen. Es gilt, individuelle Bewältigungsstrategien zu entwickeln (coping), die das gesamte Lebensumfeld berücksichtigen: Arbeit und Beruf, Partnerschaft und Familie, Freizeit und Freunde, Körper und Gesundheit, Glaube, Sinn und Spiritualität. Eine erfolgreiche Stressbewältigung läuft in vier Schritten ab:

1. Verstehen
2. Umlernen
3. Loslassen
4. Belastbarkeit erhöhen

1. Verstehen

Der erste Schritt besteht darin, den eigenen Stress zu verstehen. Das bedeutet, die persönlichen Stressfaktoren zu identifizieren und zu erkennen, wie die eigenen Reaktionen darauf aussehen. Die Ursachensuche gestaltet sich manchmal schwierig, denn möglicherweise ist das, was vordergründig Stress auslöst, nicht der eigentliche Grund. Daher ist es wichtig, ehrlich mit sich selbst zu sein. Wer sich nicht in der Lage sieht, diesen Prozess allein zu bewältigen, sollte in jedem Fall die Unterstützung durch einen geeigneten Coach oder Therapeuten in Anspruch nehmen.

Stressfaktoren identifizieren

2. Umlernen

Zu einer guten Stressbewältigung gehört ebenfalls, dass wir umlernen. Oftmals sind wir selbst verantwortlich für eine hohe Stressbelastung. Umlernen bedeutet, sich mit den eigenen Vorstellungen und Glaubenssätzen, Erwartungen und Ansprüchen auseinanderzusetzen, die persönlichen Reaktionsmuster zu überprüfen und schließlich Handlungsalternativen zu entwickeln und einzuüben.

Handlungsalternativen entwickeln

3. Loslassen

Schließlich geht es bei der Stressbewältigung auch um das Loslassen von Anhaftungen und Zwängen, um die Befreiung von Ängsten und Sorgen, um das körperliche und geistige Entspannen. Es gilt, sich von übertriebenem Kontrollbedürfnis, von Perfektionismus und falschem Erfolgsstreben zu verabschieden und ein Selbstwertgefühl zu entwickeln, das unabhängig von äußerem Erfolg besteht. Dieser Teil der Stressbewältigung ist für die Betroffenen oft der schwierigste. Zugleich sind aber selbst kleine Fortschritte hier am deutlichsten spürbar, denn die positiven Auswirkungen einer entspannten Grundhaltung lassen sich direkt erfahren.

Hin zu einer entspannten Grundhaltung

4. Belastbarkeit erhöhen

Positiven Stress nutzen

Um künftig besser gegen aufkommenden Stress gewappnet zu sein, müssen wir unsere Stressresistenz verbessern und die Reizschwelle heraufsetzen. Dabei gilt das Prinzip: „Stress durch Stress begegnen". Hierfür wird gezielt positiver Stress genutzt (etwa durch Sport, Spiel oder andere gesunde Aktivitäten), der das Immunsystem stärkt und die Belastbarkeit erhöht. Durch die Ausschüttung von „Glückshormonen" und persönliche Erfolgserlebnisse wird nicht nur die Widerstandskraft verbessert, sondern auch die Lebensqualität spürbar erhöht.

Praxis: Wirksame Strategien gegen den Stress

Kurzfristig hilft gegen Stress:

- Angestaute Stressenergie abbauen (z. B. durch Sport, Spiel, Bewegung)
- Entspannung finden (z. B. durch Atemtechniken, Meditation, Musik, Massage, Spaziergang)
- Anwenden von Mentaltechniken (z. B. beim Umgang mit Problemen, positives Denken)

Langfristigen Erfolg erreichen wir nur, wenn wir etwas in unserem Leben ändern, zum Beispiel:

- Achtsamkeit entwickeln
- Ganzheitliche Lebensführung aufbauen (Arbeit und Beruf, Partnerschaft und Familie, Freizeit und Freunde, Körper und Gesundheit, Glaube, Sinn und Spiritualität)
- Integrieren von Entspannungsmethoden in den Alltag
- Regelmäßige Bewegung
- Gesunde Ernährung
- Ausreichende und erholsame Ruhephasen
- Überprüfen der eigenen Einstellung und Haltung
- Etablieren eines funktionierenden Zeit- und Selbstmanagements

Die Stressoren: Auslöser für Stress

Wodurch wird die Stressreaktion konkret ausgelöst? Durch sogenannte Stressoren, stressauslösende Reize. Das können Dinge, Situationen oder Ereignisse sein, aber auch Gedanken oder Informationen. Es ist wichtig, ein Bewusstsein dafür zu entwickeln, welche Ereignisse oder Situationen den persönlichen Stress hervorlocken. Denn bei jedem Menschen sind es andere Dinge: Was den einen belastet, kann den anderen beflügeln. Wie sehr ein bestimmter Stressor sich auf das per-

Stressoren wirken individuell verschieden

sönliche Wohlbefinden auswirkt, hängt neben der individuellen Disposition auch von der Schwere, Häufigkeit und Dauer seines Auftretens ab.

Aufmerksamkeitsreize

Störende äußere Eindrücke

Stress durch Aufmerksamkeitsreize entsteht, wenn bestimmte Dinge unsere Aufmerksamkeit in einer Weise beanspruchen, dass Wohlbefinden und Konzentrationsfähigkeit darunter leiden. Dazu gehören etwa Baulärm, Kälte oder Hitzeeinwirkungen, Empfindungsstörungen durch Krankheit, Schmerzen und körperliche Beeinträchtigungen, Reizüberflutung (etwa in der Großstadt oder auf einer Messe), dichter Verkehr, Umweltbelastungen, große Menschenansammlungen, irritierende Sinneseindrücke (zum Beispiel Lichtreflexe oder Gestank).

Unterbundene Bedürfnisse

Es ist weder gesund noch besonders angenehm, persönliche Bedürfnisse, sei es körperlicher oder psychischer Natur, zurückzuhalten. Werden wesentliche Bedürfnisse wie etwa Nahrungsaufnahme, Bewegung, Schlaf oder Verdauung beeinträchtigt oder gar verhindert, gerät der Körper unter starken Stress. Auch soziale Kontakte und eine sinnvolle Aufgabe zählen in diesem Sinne zu den wesentlichen Bedürfnissen.

Leistungsdruck

Abhängig vom Erfolg

Menschen brauchen natürlich auch Erfolge und Anerkennung und sie können an Anforderungen wachsen. Werden sie in ihrem Handeln jedoch abhängig vom Erfolg, kippt das Ganze ins Ungesunde. Das ist auch der Fall, wenn der eigene oder von außen herangetragene Leistungsanspruch die persönlichen Möglichkeiten übersteigt. Fehlt dazu noch eine angemessene Rückmeldung, ist der Burnout vorprogrammiert. Zu den typischen Leistungsstressoren zählen überhöhte Erwartungen, einseitige Arbeitsbelastung, chronische Über- oder Unterforderung, starke Fremdbestimmung, unfreiwilliger Arbeitsplatzwechsel, Angst vor Jobverlust und sozialem Abstieg und Erfolgssucht. Eine wichtige Rolle spielt in diesem Zusammenhang auch das Selbstbild der Betroffenen: Sind sie nur etwas wert, wenn sie erfolgreich sind und Leistung zeigen?

Soziale Probleme

Menschen sind soziale Wesen. Erheblichen Stress produzieren daher Probleme im sozialen Umfeld, sei es beruflich oder privat. Dazu zählen beispielsweise Streitigkeiten in der Familie, Verlusterfahrungen oder Eifersucht, ungelöste Konflikte im Job, Ausgrenzung und Isolation. Aber auch psychische Erkrankungen, Ängste vor anderen Menschen, eine kategorisch ablehnende Haltung gegenüber der Gesellschaft und finanzielle Schwierigkeiten lösen Stress aus.

Sucht-Stressoren

Verschiedene Formen von Sucht

Alles, was im Übermaß und auf abhängige Art und Weise betrieben wird, belastet die Gesundheit. Suchterkrankungen lösen enormen Stress bei den Betroffenen und ihrem Umfeld aus, denn nicht nur das psychische, sondern auch das soziale und materielle Gefüge des Menschen gerät aus dem Gleichgewicht. Dabei geht es nicht nur um Alkohol-, Drogen- oder Medikamentenabhängigkeit. Ebenso gefährlich sind Arbeits-, (Computer-)Spiel oder Sexsucht. Nicht zuletzt führt die Sucht nach Anerkennung durch andere Menschen in eine krank machende Abhängigkeit.

Übung: Mein Stress-Tagebuch

Wer die eigenen Stressoren identifizieren will, kann für ein paar Tage oder besser noch einige Wochen ein Stress-Tagebuch führen. Dazu besorgen Sie sich am besten ein Notizbuch, das Sie überallhin mitnehmen können. Tragen Sie in Ihr Stress-Tagebuch jeweils am

Ende des Tages oder auch spontan zwischendurch alle Situationen und Erlebnisse ein, die Sie an diesem Tag belastet, unter Druck gesetzt, geärgert, frustriert, Ihrer Energie beraubt oder sonst irgendwie gestresst haben. Dafür legen Sie zwei Spalten an. In der linken Spalte beschreiben Sie die Stresssituation mit ein paar kurzen Stichworten (zum Beispiel Momente, in denen Sie sich ärgern und aufregen, Angst bekommen, frustriert sind, unter Zeitdruck geraten oder sich überfordert fühlen). Beschreiben Sie die Stressauslöser bitte so konkret wie möglich. Dazu gehört das Identifizieren der aus Ihrer Sicht auslösenden Situation oder Person (das können möglicherweise auch Sie selbst sein). In der rechten Spalte beschreiben Sie Ihre Reaktion darauf (Gefühle, Verhalten, Gedanken, Symptome).

Lernen Sie, Ihr Leben auf Stressoren zu scannen, und achten Sie dabei auch auf kleine Dinge. Wann immer Ihnen etwas auffällt, das Ihnen Stress bereitet – notieren Sie es. Bereits nach wenigen Tagen werden Sie erkennen, dass es ganz bestimmte Situationen sind, die bei Ihnen Stress auslösen. Und vielleicht kommen Ihnen schon beim Durchlesen Ideen, wie Sie künftig anders mit bestimmten Situationen umgehen können.

Die Stressverstärker: falsche Vorstellungen

Zwischen Richtig und Falsch

Einfluss der Wertesysteme

Ein erheblicher Teil des Lebens- und Leidensdrucks, den wir empfinden (und der enormen Stress verursacht), entsteht, weil wir bestimmte Vorstellungen davon haben, wie wir selbst sein müssen und wie die Welt zu sein hat. Unbewusst sortieren wir alles nach den Kategorien „richtig“ oder „falsch“. Im Zen nennt man diese Vorstellungen Anhaftungen, im Westen spricht man von Glaubenssätzen. Sie sind in der Regel das Ergebnis unserer Erziehung und Prägung und lassen sich bis in frühe Kindheitsjahre und manchmal über Generationen zurück verfolgen. Zudem werden wir heute permanent durch die Medien mit bestimmten Botschaften, Bildern und Verhaltensmustern indoktriniert. Aber auch im Beruf treffen wir häufig auf mehr oder weniger gefestigte Weltauffassungen und Wertesysteme, die uns stark beeinflussen. Ebenso im Freundeskreis, in der Familie, in der eigenen Kultur.

Wirklichkeit und Wahrheit

Für einen erwachsenen Menschen ist es von großer Wichtigkeit zu prüfen, ob solche Vorgaben unbewusst und kritiklos übernommen wurden und welche Auswirkungen sie auf das eigene Leben haben. Verbessern sie die Lebensqualität oder wirken sie eher belastend? Machen sie frei oder unfrei? Im Buddhismus wird zwischen Wirklichkeit und Wahrheit unterschieden. Demnach ist Wirklichkeit das, was wir sehen (oder zu sehen meinen). Wahrheit hingegen ist das, was ist. Aber um zu erkennen, was wahr ist, was der eigentliche Wesenskern der Dinge ist, müssen wir uns von vielen Anhaftungen und Glaubenssätzen befreien, die uns eine Wirklichkeit glauben machen, welche es im Grunde gar nicht gibt. Die uns dabei im Wege sind, authentisch unser eigenes Leben zu leben und ganz zu dem zu werden, was ursprünglich in uns angelegt wurde. In der Zen-Geschichte vom Ochs und seinem Hirten heißt es in der letzten Strophe[2]:

Mit entblößter Brust und nackten Füßen
kommt er herein auf den Markt.
Das Gesicht mit Erde beschmiert,
der Kopf mit Asche über und über bestreut.
Seine Wangen überströmt vom mächtigen Lachen.
Ohne Geheimnis und Wunder zu mühen,
lässt er jäh die dürren Bäume erblühen.

Zusammengefasst würde dieser Vers in etwa so lauten: „Mit offenen Händen auf den Marktplatz zurückkehren“. Das bedeutet: ohne Anhaftungen, Konzepte und Vorstellungen, befreit von Glaubenssätzen und Werturteilen, offen am Leben teilnehmen. Nach der Erfahrung ins Leben zurückkehren und sich öffnen für das, was da ist.

Was treibt uns an?

Viele Menschen sind getrieben von ihren Anhaftungen an Besitz und Erfolg, dem Glauben daran, man sei nur etwas wert, wenn man etwas darstellt, der Vorstellung, man bräuchte immer mehr Sicherheit. Ist es nicht das nie endende Habenwollen und die Sucht nach immer neuen Erfolgen, die uns hetzen wie innere Despoten? Wer nichts darstellen kann, nicht eine Funktion verkörpert, die möglichst Erfolg vermittelt oder Ansehen verdient, hat es oft schwer, sich in einer Gesellschaft, die das Leistungsprinzip zum Grundwert erkoren hat, wohl zu fühlen. Wir haben dieses Prinzip alle mehr oder weniger verinnerlicht. Deswegen strampeln sich so viele Menschen ab, arbeiten ständig an ihrem Außen-Bild, ihrer Erscheinung und ihrem Image, fahren Autos und wohnen in Häusern, die sie sich im Grunde nicht leisten können.

Der Mantel des Erfolgs

Würde es nicht auch reichen, einfach nur als Person da zu sein, ohne Funktion, ohne den Mantel des Erfolgs? Unsere Orientierung auf das Außen macht echte Begegnungen schwer. Viele trauen sich in Gesellschaft und im Unternehmen nicht, ihr Inneres zu zeigen, über ihre persönlichen Gedanken und Werte zu sprechen. Wer weniger Stress erleben will, sollte sich einige Dinge bewusst machen und seine Reaktionsmuster und Verhaltensweisen einer Prüfung unterziehen: Wie gehe ich mit den Erwartungen meiner Umgebung um? Wie mit meinen eigenen Ansprüchen? Wie reagiere ich auf Begegnungen? Woraus beziehe ich tatsächlich mein Selbstwertgefühl? Wer das Laufrad im Hamsterkäfig verlassen will, muss über seine inneren Werte und Bedürfnisse nachdenken und sich von den äußeren Ansprüchen frei machen.

Übung: Umdenken

In vielen Fällen, in denen wir Stress erleben, geht dieser nicht wirklich von anderen Menschen oder äußeren Einflüssen aus, sondern ist in erster Linie bedingt durch unsere eigenen Erwartungen und Wahrnehmungen. Daher ist es wichtig, sich Gedanken darüber zu machen, welchen Anteil wir selbst am Entstehen des Stresses haben, den wir erleben. Was können wir tun, um dem entgegenzuwirken? Nehmen Sie sich hierzu Ihre persönlichen Stressoren vor und überlegen Sie bei jedem Punkt:

- Was ist mein Eigenanteil an dieser Situation?
- Was kann ich tun, um daran etwas zu ändern?

Reflexion: Stress hilft mir, weil …

Überlegen Sie an dieser Stelle auch einmal, bei welchen Gelegenheiten Ihnen Stress schon geholfen hat. Wie – aus Ihrer ganz persönlichen Sicht – können Sie in Zukunft von Stress profitieren? Und nun ergänzen Sie bitte diesen Satz:

Ich bin dankbar für meinen Stress, weil …

___

Übung: Stressverstärkende Gedanken und Glaubenssätze umwandeln

Lesen Sie sich bitte die folgenden stressverstärkenden Gedanken und Glaubenssätze durch und finden Sie für jede Aussage eine positive Neuformulierung (Beispiel: statt: „Ich muss alles besser machen." könnten Sie formulieren: „Es ist alles gut, wie es ist.").

Stressverstärker und Antreiber	Positive Neuformulierung
Ich muss immer die Kontrolle haben.	
Auf mich ist jederzeit Verlass, egal was passiert.	
Es muss nach meinem Willen oder Plan laufen.	
Ich bin jederzeit für mein Unternehmen da.	
Man muss immer sein Bestes geben.	
Ich muss immer funktionieren.	
Der frühe Vogel fängt den Wurm.	
Am besten mache ich alles selbst.	
Es ist nicht gut, wenn ich kritisiert werde.	
Gehe keiner Arbeit aus dem Weg.	
Ich darf niemanden enttäuschen.	
Was Du heute kannst besorgen, das verschiebe nicht auf morgen.	
Wer sich helfen lassen muss, ist nicht stark genug.	
Es darf nicht sein, dass ich einen Termin nicht einhalte oder eine Aufgabe nicht bewältige.	
Das ist eine viel zu große Aufgabe!	
Die Arbeit ist schuld an meinem Stress.	
Das schaffe ich auf keinen Fall!	
Vertrauen ist gut, Kontrolle ist besser.	
Meine Entscheidung muss 100 % richtig sein.	
Das kann nicht gut gehen.	
Die Arbeit wächst mir über den Kopf.	
Gehe nie mit leeren Händen.	
Ich muss immer produktiv sein.	
Ich bin unentbehrlich.	
Ohne meinen Job bin ich nichts.	
Ich muss überall dabei sein.	
Ich möchte bei allen beliebt sein.	

2.

Stress vorbeugen und abbauen

Anspannung und Entspannung

Aktivität und Ruhe im Wechsel

Leben im Rhythmus der Natur In der Natur ist das Leben in wechselnden Rhythmen bzw. Zyklen angelegt: Tag und Nacht, die Jahreszeiten, Ebbe und Flut und auch die Mondphasen. Pflanzen und Tiere gedeihen in sich abwechselnden Phasen von Aktivität und Ruhe. Das Gleiche gilt auch für den Menschen, ist er doch ebenso ein Produkt der Schöpfung. Damit er sich gut entwickeln kann und vital bleibt, benötigen Körper und Geist einerseits Anforderungen (Training) und andererseits Erholungsphasen, in denen Wachstum und Regeneration stattfinden kann. Kommt ein Aspekt dauerhaft zu kurz, wird die Zellteilung empfindlich gestört, Regeneration findet nicht ausreichend statt und der Mensch wird krank.

Die richtige Mischung finden Was Leistungssportler schon längst berücksichtigen – dass zu einem erfolgreichen Training die entsprechenden Ruhephasen gehören –, ist im Alltag bei vielen noch nicht angekommen. Die Kunst besteht darin, die richtige Mischung von An- und Entspannung im eigenen Leben zu finden. Dabei ist es besonders wichtig, die persönlichen physischen und psychischen Voraussetzungen zu berücksichtigen – die eigene Gesundheit, die Persönlichkeit und die Lebensbedingungen. Natürlich gibt es keine perfekte Lösung. Aber je mehr wir uns einem ausgewogenen Verhältnis von Anforderungen und Erholung nähern, umso mehr werden unsere Kräfte wachsen und Körper und Geist gesunden. Viele Menschen haben allerdings verlernt, die richtige Dosierung zu finden, und überschreiten ihre Grenzen permanent. Wer immer am Rande der eigenen Leistungsfähigkeit agiert, zahlt dafür mittel- und langfristig einen sehr hohen Preis. Das Leben auf der Überholspur wird häufig – und für die Betroffenen oft überraschend – durch eine Vollbremsung beendet: Burnout, Herzinfarkt oder Schlaganfall sind schon im mittleren Lebensalter keine Seltenheit mehr.

Auch Unterforderung ist schädlich

Auch wer aus Angst vor Überforderung jegliche Anforderung meidet, tut sich damit keinen Gefallen, denn Disstress kann ebenso durch chronische Unterforderung wie durch permanente Überlastung entstehen. Das lässt sich gut bei Menschen beobachten, die über einen längeren Zeitraum ohne Arbeit und Aufgabe sind. Sie entwickeln zunehmende Frustration und trauen sich mit der Zeit immer weniger zu. Es entsteht ein Teufelskreis von Minderwertigkeitsgefühlen, Versagensängsten und Depression, der starken Stress auslöst.

Praxis: Abwechslung und Balance ins Leben bringen

Es ist ein schöne Aufgabe, das eigene Leben so zu gestalten, dass es abwechslungsreich und ausgeglichen ist. Das könnte so aussehen:

- Täglich gibt es bestimmte Phasen, in denen konzentriert gearbeitet wird, aber zwischendurch auch immer wieder Pausen zur Regeneration.
- Mehrmals die Woche sollte es die Möglichkeit geben, Stress aktiv durch Sport oder Bewegung abzubauen.
- Es darf auch Raum zum Faulenzen auf dem Sofa oder für eine gemütliche Lesestunde sein.
- Besonders wichtig ist eine erholsame Nachtruhe. Nicht unbedingt die Dauer, sondern vor allem die Qualität und Regelmäßigkeit des Schlafs zählt.
- Die Arbeitszeiten müssen halbwegs geregelt sein. Wir leben nicht, um zu arbeiten, sondern die Arbeit ist eines von mehreren wichtigen Elementen in unserem Leben.
- Für das Essen gilt: lieber weniger und in Ruhe als zu viel und hastig. Auf die Qualität achten.
- Soziale Kontakte dürfen nicht zu kurz kommen: Partner, Familie und Freunde sind die wichtigsten Menschen und Begleiter im Leben, nicht die Kollegen oder Kunden.

Übung: Anspannung und Entspannung

Die progressive Muskelentspannung nach Jacobson gehört seit den 20er Jahren des vergangenen Jahrhunderts zu den etablierten Entspannungsmethoden und wird heute in den verschiedensten Bereichen eingesetzt, um Körperbewusstsein und gezielte Entspannung zu lernen. Die Idee dabei ist, dass wir das „Ent-spannen" eines Muskels besser wahrnehmen können, wenn wir ihn zuvor „An-spannen". Das Grundprinzip ist sehr einfach:

- Sie konzentrieren sich auf einen Körperteil (z. B. eine Hand) und spannen diesen zunächst ganz gezielt an (Faust machen). Die Anspannung wird für ca. sieben Sekunden gehalten. Wichtig: Die Atmung läuft ruhig und gleichmäßig weiter.
- Dann folgt die Entspannung (Hand öffnen, loslassen), ebenfalls für die Dauer von etwa sieben Sekunden. Fühlen Sie bewusst, wie die Anspannung weicht und die Entspannung kommt.
- Auf die Entspannung folgen weitere sieben Sekunden Vertiefung, bei der mit jedem Ausatmen weitere Spannung von dem betreffenden Körperteil abfällt.

Dieser Ablauf wird dreimal wiederholt. Die progressive Muskelentspannung kann in Form einer Körperreise (vom Scheitel bis zum Zeh) nacheinander auf alle Muskeln angewendet werden. Sie können sich aber zunächst auch einfach nur auf die Körperteile konzentrieren, mit denen Sie auf Stress am stärksten reagieren. Am besten lernen Sie die progressive Muskelentspannung nach Jacobson in einem Kurs unter professioneller Anleitung.

Stressabbau durch Bewegung

Wie viel Bewegung ist sinnvoll?

Nicht übertreiben!

Ein wichtiges Element für den erfolg reichen Stressabbau ist körperliche Bewegung. Beim Joggen, Radfahren oder Schwimmen, aber auch bei der Gartenarbeit oder beim Tanzen werden auf natürliche Weise angestaute Stresshormone abgebaut. Das ist nicht nur förderlich für das Immunsystem, sondern stärkt auch unsere Stressresistenz, die Widerstandsfähigkeit gegen Stressbelastungen. Allerdings kann man dem Stress nicht davonlaufen. Wer es mit dem Sport übertreibt, etwa durch übertriebenen Leistungswillen, produziert nur wieder neuen Stress, der den Körper belastet. Wie bei vielen Dingen gilt es auch hierbei, die individuell passende Dosierung zu finden.

Als Faustregel gilt: Mindestens einmal täglich eine halbe Stunde bewegen, bespielsweise indem man mit dem Fahrrad zur Arbeit oder zum Einkaufen fährt, einen Spaziergang mit dem Hund macht oder Besorgungen zu Fuß erledigt. Besser wäre es allerdings, zusätzlich etwa zwei- bis dreimal pro Woche Sport zu treiben. Besonders förderlich für den Stoffwechsel, das Herz-Kreislauf-System und die Unterstützung des Immunsystems sind Ausdauersportarten wie Walking, Jogging, Radfahren, Skilanglauf oder Schwimmen. Auch Aqua-Fitness, Aerobic und Tanzen eignen sich wunderbar für den Stressabbau. Und ausgedehnte Spaziergänge oder Wanderungen sind wunderbar geeignet, um wieder aufzutanken, denn die Bewegung an der frischen Luft und der Kontakt zur Natur sind Balsam für Körper, Seele und Geist. Risikosportarten wie Motocross oder Bungee-Jumping mögen zwar Spaß machen, sind aber in puncto Stressabbau kontraproduktiv, da sie auf extreme Weise die Ausschüttung von Adrenalin und Cortisol provozieren.

Mäßig aber regelmäßig

Grundsätzlich sollte darauf geachtet werden, dass der Sport mäßig, aber regelmäßig betrieben wird. Optimal ist eine Pulsfrequenz im sogenannten aeroben Bereich. Das bedeutet in der Regel lockere Bewegung, die mit Freude auch über einen längeren Zeitraum ausgeführt werden kann. So kommt der Körper zwar in Fahrt, wird aber nicht überanstrengt. Das können Sie gut anhand der Pulsfrequenz kontrollieren. Während der Ruhepuls idealerweise bei 60–85 Schlägen pro Minute liegt, sollte die Maximalbelastung beim Sport nicht überschritten werden. Zur Berechnung des Maximalpulses gilt[1]: Frauen: 226 minus Lebensalter, Männer: 220 minus Lebensalter. Damit sich ein ausreichender Trainingseffekt einstellt, sollte der Trainingspuls aber auch oberhalb des Minimalpulses liegen, der bei etwa 55 Prozent des Maximalpulses liegt. Am besten für eine effektive Fettverbrennung ist ein Trainingspuls von 65 Prozent des Maximalpulses, für Herz-Kreislauftraining (bei Gesunden) 75 bis 85 Prozent der maximalen Herzfrequenz.[2] Besprechen Sie mit Ihrem Arzt, welche Sportart und welcher Belastungsgrad für Ihre Gesundheit förderlich ist.

Ruhe und Regeneration

Reparatursysteme des Körpers

Einer der wichtigsten Aspekte bei der effektiven Stressbewältigung sind angemessene Ruhephasen. Die Zellerneuerung und der Abbau von Schlacken und Schadstoffen findet nämlich vor allem dann statt, wenn der Organismus zur Ruhe kommt. Es ist ja bekannt, das auch eine Genesung von akuter Krankheit am besten mit viel Ruhe gelingt. Geben wir den körpereigenen Reparatursystemen eine Chance, können diese erstaunlich wirkungsvoll arbeiten, wenn es darum geht, den Körper auf natürliche Weise wieder ins Lot zu bringen.

Produktive Ruhe

Aber auch auf geistiger und seelischer Ebene profitieren wir von der „produktiven Ruhe". Denn während das Bewusstsein weitgehend ausgeschaltet ist, kann das Unterbewusstsein die vielen Tageseindrücke erst richtig verarbeiten. In gewisser Hinsicht findet während der Nachtruhe, aber auch durch Meditation, Tiefenentspannung oder ein kleines Nickerchen eine psychische „Hygiene" statt. Die vielen Gedankenfetzen, Informationen und Fragmente, die sich im Tagesverlauf anstauen, können in diesen Phasen vom Unterbewusstsein gewissermaßen wie Puzzleteile geordnet und sortiert werden. Wer regelmäßig meditiert oder das Bewusstsein auf andere Weise vom „plappernden Affengeist" (wie es im Zen heißt) befreit, verspürt mehr geistige Klarheit und fühlt sich innerlich aufgeräumt. Das ist sehr entspannend und zugleich befreiend.

Drei Ebenen der Entspannung

Entspannung und Regeneration können auf aktive Weise stattfinden, etwa durch Sport und anderweitige körperliche Betätigung, aber auch in passiver Form, zum Beispiel durch Entspannungsmethoden, Massagen oder Ruheübungen. Aufgabe der Entspannung ist es, Verkrampfungen und Blockaden zu lösen und den Menschen zur Ruhe finden zu lassen. Sie soll einen Ausgleich zum hektischen Alltagsgeschehen bieten und nicht selbst wieder Stress bedeuten. Entspannung kann auf verschiedenen Ebenen geschehen:

- **Geistige Entspannung:** die Gedanken beruhigen, innerlichen Abstand gewinnen, Ängste und Sorgen auflösen, Anhaftungen und Glaubenssätze loslassen

- **Körperliche Entspannung:** den Körper zur Ruhe bringen, Blockaden und Verspannungen lösen, Regeneration und Zellerneuerung unterstützen, Entschlacken
- **Seelische Entspannung:** die Gefühle zur Ruhe bringen, Liebe erfahren, Achtsamkeit und Spiritualität erleben, in Kontakt mit sich selbst (und Höherem) kommen

Es gibt Entspannungsmethoden wie etwa die Meditation, die sich auf alle drei Ebenen auswirken, andere sind reine Mentaltechniken oder in erster Linie für die körperliche Entspannung gedacht. Da es aber ständige Wechselwirkungen zwischen Körper, Seele und Geist gibt, können wir davon ausgehen, dass eine Mentaltechnik zur Entspannung sich naturgemäß auch auf das körperliche Wohlbefinden positiv auswirkt, ebenso wie eine Massage nicht nur die Muskeln, sondern auch die Gedanken lockert.

Das kleine Entspannungs-ABC

Da Entspannung eine sehr persönliche Sache ist, empfiehlt es sich, verschiedene Methoden oder Behandlungen auszuprobieren und letztlich jenen den Vorzug zu geben, die am besten zu einem selbst passen. Nachfolgend sind verschiedene Wege, Methoden und Prozesse aufgeführt, die geeignet sind, Entspannung und Erholung zu erleben. Sie sollten aber im Vorfeld mit Ihrem Arzt besprechen, ob eine bestimmte Methode für Sie geeignet ist:

- Akupunktur
- Aromatherapie
- Atemtherapie
- Autogenes Training
- Ayurveda
- Baden
- Bioenergie-Behandlung
- Eutonie
- Fantasiereisen
- Feldenkrais-Methode
- Gärtnern
- Genießen
- Gute Laune
- Heiße Steine

- Imagination
- Körperreise
- Kraftorte
- Laufen
- Lesen
- Massagen
- Malen
- Meditation
- Musik
- Nervennahrung
- Nichts tun
- Progressive Muskelentspannung
- Qigong
- Reiki
- Reisen
- Sauna
- Schwimmen
- Shiatsu
- Singen
- Tai Chi
- Warme Getränke
- Yoga
- Zen
- Zufluchtsorte

Übung: Natürliche Bauchatmung

Durch die Atmung kommen wir in Kontakt mit dem Ursprung unseres Lebens und der Lebensenergie. Richten wir die Aufmerksamkeit auf unsere Atmung, können wir leicht feststellen, ob wir entspannt (ruhige, tiefe Atmung) oder angespannt (flache, unregelmäßige Atmung) sind. Der Mensch neigt unter Druck zu einer verkrampften Atmung und hält den Atem bei starkem Stress sogar an („mir stockt der Atem"). Ursprünglich hat die Natur diesen Mechanismus eingerichtet, damit wir in Gefahrensituationen besser hören können. Unsere Atmung stellt also in gewisser Hinsicht ein zuverlässiges Stressbarometer dar. Um Stressbelastungen rechtzeitig auszugleichen und auch in Belastungssituationen eine gute Sauerstoffzufuhr für den Körper und das Gehirn zu gewährleisten, ist die natürliche Bauchatmung ein wirksames Mittel.

Legen Sie sich dazu in gestreckter Haltung entspannt auf den Rücken (die Bauchatmung lässt sich auch im Stehen oder aufrechten Sitzen üben). Atmen Sie langsam ein. Stellen Sie sich dabei vor, Sie ziehen die Luft durch den Bauchnabel ein und der Bauch füllt sich mit Luft wie ein Ballon. Atmen Sie anschließend langsam aus (stellen Sie sich vor, die Luft entweicht wieder durch Ihre Ohren) und lassen Sie dabei den Bauch wieder einsinken. Lassen Sie nun für einige Minuten den Wechsel zwischen Ein- und Ausatmen durch den körpereigenen Rhythmus geschehen. Denken Sie dabei: „Es atmet mich" und vertrauen Sie sich dem Fluss Ihrer Atmung an.

Übung: Ruhestellung

Eine Übung aus dem Astanga Yoga[3], die sich „Totenstellung" nennt, führt zu einer tiefen körperlichen Entspannung und ist daher gut geeignet, um Stress abzubauen. Sie dauert etwa zehn Minuten:

Legen Sie sich sanft auf den Boden. Strecken Sie die Wirbelsäule, bewegen Sie das Steißbein vom Scheitel weg und entspannen Sie dadurch die Lendenwirbelsäule. Senken Sie auch das Kinn zur Brust, um so den Nacken zu entspannen. Die Arme seitwärts nach unten ablegen und den Raum zwischen den Schulterblättern weit machen. Die Schultern auf den Boden drücken und von den Ohren weg bewegen. Die Handflächen zeigen nach oben, die Fingerspitzen sind nach innen gerollt. Die Zehen nach außen drehen.

Schließen Sie die Augen und spüren Sie, wie Schultern und Becken schwerer werden. Der Körper wird schwer wie ein Stein und sinkt immer tiefer auf den Boden. Lassen Sie die Gliedmaßen fallen. Die Muskeln entspannen sich. Ein weiter innerer Raum macht sich nun breit. Der Atem findet in den unteren Bauch zurück, während Sie die Verschlüsse öffnen und die Atmungskontrolle loslassen. Den unteren Bauch lockern. Mit jedem Einatmen spüren Sie, wie der Bauchnabel emporsteigt, mit jedem Ausatmen fühlen Sie ihn sinken.

Entspannen Sie Gesicht und Kopf. Den Körper ruhig halten und die Übung noch ein wenig wirken lassen.

Achtsamkeit als Schlüsselkompetenz

Kontakt zu unserem wahren Selbst

Sein anstatt haben

Halten Sie in diesem Moment einmal den Atem an. Was passiert mit Ihnen? Welche Gedanken haben Sie und was fühlen Sie? Was, wenn Sie auf einmal nicht mehr atmen könnten? Wenn das Herz nicht mehr weiterschlagen würde? Wir nehmen das, was ist, als selbstverständlich und sind immer auf der Suche nach dem, was nicht ist. Und wir können nicht finden, was wir suchen, weil wir nicht einmal sehen können, was da ist. Was ist. In unserer Welt sind wir konfrontiert mit den verschiedensten Ideen, Konzepten und Theorien. Viele Menschen stürzen sich in ihrer verzweifelten Suche nach Inhalt und Bedeutung ihres Lebens auf esoterische Versprechungen oder halten sich an den geschaffenen materiellen Werten fest. Sie wollen haben anstatt zu sein,ganz wie Erich Fromm es beschrieb. All dies geschieht in der Hoffnung, Antworten auf die Fragen des Lebens zu finden. Dabei gibt es bereits einen Ort, an dem diese Antworten warten – tief in uns selbst. Keine Lehre dieser Welt, kein noch so viel versprechendes Konzept, kein Lehrer und kein Guru kann uns jedoch unsere Existenz und unser Leiden erklären. Wir müssen selbst erfahren, worum es in unserem eigenen Leben geht. Indem wir uns auf das Sein konzentrieren, nicht auf das Habenwollen. Wenn wir Kontakt zu unserem inneren Wesenskern erfahren, können wir entdecken, wer wir wirklich sind, und zu unserer ursprünglichen Natur zurückfinden. Wir sind dann endlich zu Hause. Das schließt die Existenz eines Gottes nicht aus, im Gegenteil: Sich selbst zu erkennen bedeutet zugleich auch, zu erkennen, dass alles eins ist, dass es keine Trennung mehr gibt zwischen den Menschen und der Welt, zwischen Gott und den Menschen. Das Entdecken der wahren eigenen Natur ist Bestandteil aller großen spirituellen Lehren. Kehren wir zu unserer wahren Natur zurück, stellt sich echte Klarheit und Orientierung ein. Wir können von dort aus erkennen, was wirklich wichtig ist in unserem Leben.

Wir denken gern voraus, an die Zukunft, haben Ziele, Träume, Wünsche und Hoffnungen. Wie wird alles sein, wenn ... Oder wir hängen unseren Erinnerungen nach, leben in einer Vergangenheit, die längst nicht mehr existiert. So verpassen wir das eigentliche Leben, die Chance, hier und augenblicklich teilzunehmen, zu leben, zu arbeiten, zu lieben, zu essen.

Der Regen von gestern

Unser Leben findet in diesem Augenblick statt. Hier und jetzt. Es gibt kein Gestern mehr und wir wissen nicht, was morgen ist. Der hawaiianische Huna-Gelehrte Serge Kahili King sagt: „Der Regen von gestern macht mich nicht nass." Sehen Sie sich um: Im gegenwärtigen Moment des Daseins findet alles Wichtige statt. Es ist alles da. Wir spüren das, wenn wir uns trauen, einmal innezuhalten. Das Leben wie mit einer Pausetaste anhalten und diesen einzigen Augenblick wahrnehmen. Sich genau anschauen, was jetzt ist, den Blick schweifen lassen und das Gegenwärtige erkennen. Was ist wirklich? Was ist wahr? Was ist bedeutsam? Wie ist mein Leben in diesem einzigartigen Moment?

Wenn wir tatsächlich die Möglichkeit hätten, noch einmal zu leben, wer weiß, was wir dann aus unserem Leben machen würden. Am Ende des Lebensweges gibt es wohl immer ein lachendes und ein weinendes Auge. Wer könnte diese Gespaltenheit wunderbarer beschreiben als Hermann Hesse: „Ich sehne mich nach dem Tod, aber nach keinem vorzeitigen und unreifen, und in allem Verlangen nach Reife und Weisheit bin ich noch tief und blutig verliebt in die süße launige Torheit des Lebens. Wir wollen beides gemeinsam haben, schöne Weisheit und süße Dummheit, mein lieber Freund! Wir wollen noch oft, oft miteinander schreiten und miteinander stolpern, beides soll köstlich sein."[4]

Bewusstheit für den Moment

Das Betrachten des Himmels, ein ungewöhnlich geformter Stein oder die zerklüftete Oberfläche einer alten Baumrinde. Der Duft von Flieder und Kirschblüten, der erste Schnee auf der Haut: Die Welt ist voller wunderbarer Eindrücke. Achtsamkeit bedeutet, Dinge oder Ereignisse bewusst wahrzunehmen, ihnen mit offenen Sinnen und wachem Geist zu begegnen, ihren wahren Charakter zu spüren und in sich aufzunehmen. Dies lässt sich zum Beispiel auf einem Spaziergang üben. Lassen Sie sich dabei einfach treiben und nehmen Sie, was Ihnen begegnet, bewusst und achtsam mit allen Sinnen auf.

Achtsamkeit zeigt sich aber auch in der Begegnung mit anderen Menschen, etwa im Gespräch: Können wir einander noch wirklich zuhören, bevor wir unsere eigene Sicht der Dinge mitteilen? Nehmen wir uns Zeit füreinander und bedenken unsere Worte? Können wir auch in Stille beisammen sein?

Schließlich ist auch der achtsame Umgang mit sich selbst wichtig: Wie gehe ich mit mir um, zum Beispiel mit meinem Körper? Achte und pflege ich ihn? Lebe ich gesund? Kann ich mich selbst, so wie ich bin, lieben?

Übung: Achtsam sein

Wenn wir Dinge tun, geschieht das oft unbewusst, achtlos, nebenher. In der Zen-Lehre heißt es: „Wenn du isst, dann isst du; wenn du schläfst, dann schläfst du; wenn du gehst, dann gehst du." Gemeint ist damit, dass es besser ist, die Dinge, die wir gerade tun, auch wirklich bewusst und achtsam auszuüben. Oft jedoch machen wir mehrere Dinge gleichzeitig, denken bei der Arbeit an zu Hause, zu Hause an die Arbeit, beim Gespräch mit einem Menschen an etwas anderes usw. Die Folge ist, dass wir das, was wir gerade tun, nicht richtig erleben. Beim achtlosen Umgang mit der Umwelt und auch mit uns selbst entstehen Disbalancen, Verletzungen, Stress und Fehler.

Üben Sie die Achtsamkeit, beispielsweise indem Sie einfach für eine halbe Stunde einen Spaziergang machen, ganz für sich allein. Ihre Aufgabe dabei ist es, alles ganz bewusst und achtsam zu tun: das Gehen, das Atmen, das Sehen, Hören, Fühlen, Riechen. Erleben Sie diese halbe Stunde in Eigenzeit, in Ihrem persönlichen Tempo und auf Ihre eigene Art.

Übung: Einfache Meditation (nach Fontana)

Eine wunderbare Möglichkeit, Stress abzubauen und das innere Gleichgewicht wieder herzustellen, ist die Meditation. Interessant ist, dass sie gar nicht besonders aufwändig und lang betrieben werden muss. Anfangs können Sie sich auch nur einige Minuten hinsetzen und die Dauer später steigern. Wichtig ist allerdings eine gewisse Regelmäßigkeit. Am einfachsten erreichen Sie diese, indem Sie eine Meditationssitzung als Ritual in Ihrem Tagesablauf verankern, zum Beispiel frühmorgens als Einstimmung auf den Tag oder abends zum Ausklang. Wenn Sie regelmäßig meditieren, werden Sie entspannter, klarer und konzentrierter sein. Es wird Ihnen leichter fallen, sich auf den gegenwärtigen Moment zu konzentrieren und geistigen Ballast abzuwerfen.

So funktioniert die einfache Meditation:

- Nehmen Sie sich eine halbe Stunde Zeit und ziehen Sie sich an einen ruhigen Ort zurück.
- Setzen Sie sich auf einen Stuhl – nicht angelehnt und so, dass nichts abgeklemmt ist – und stellen Sie Ihre Füße schulterbreit auf den Boden.
- Legen Sie Ihre Hände bequem auf den Oberschenkeln ab.
- Richten Sie den Blick geradeaus und leicht nach unten. Schließen Sie dann die Augen.
- Sitzen Sie gerade. Stellen Sie sich vor, oben auf Ihrem Kopf am Haarwirbel ist ein unsichtbares Band befestigt, an dem jemand leicht zieht, wie bei einer Marionette. Auf diese Weise wird Ihre Wirbelsäule gestreckt, das Kinn ist dabei leicht gesenkt.
- Entspannen Sie Ihre Schultern und Ihr Kiefergelenk.
- Beobachten Sie jetzt Ihre Atmung: Stellen Sie sich vor, wie die Luft durch den Bauchnabel einströmt und aus Ihren Ohren wieder herausgestoßen wird.

- Lassen Sie die Atmung ihrem eigenen Rhythmus folgen und beobachten Sie nur.
- Achten Sie weiterhin darauf, dass Ihr Körper entspannt ist und Sie aufrecht sitzen.
- Versuchen Sie nun, Ihre Gedanken aufzugeben. Stellen Sie sich dazu vor, auf Ihrem Kopf ist ein Schornstein, aus dem alle Gedanken und Vorstellungen entweichen.
- Denken Sie nicht mehr. Wie ein leeres Gefäß.
- Bleiben Sie so lange auf diese Weise sitzen, bis Sie das Gefühl haben, völlig leer und entspannt zu sein.
- Wenn Sie sich entschlossen haben, die Meditation zu beenden, stehen Sie langsam auf, strecken sich und atmen mehrmals tief durch.

Anfangs wird es Ihnen schwerfallen, ruhig dazusitzen und an nichts zu denken. Immer wieder werden Gedanken durch Ihren Kopf schwirren und Ihre Aufmerksamkeit fordern oder Sie spüren Verspannungen und Unruhe im Körper. Konzentrieren Sie sich dann einfach auf Ihre Aufgaben: nichts weiter tun außer entspannt und gerade sitzen, die Atmung laufen lassen, die Gedanken aufgeben, leer werden. Achten Sie darauf, nicht wegzudösen oder einzuschlafen, sondern seien Sie ganz und gar „Sitzen, Atmung, Leere«. Mit der Zeit bekommen Sie Übung darin und finden immer besser in diesen Zustand.

Übung: Meine innere Burg

Von Indianern heißt es, sie wären in der Lage, sich in bestimmten Situationen an einen Ort tief in ihrem Inneren zurückzuziehen und dort zu verweilen. Zu diesem Ort kann nichts und niemand anders durchdringen, er ist eine uneinnehmbare Festung. Auf diese Weise können sie Schmerzen besser ertragen, in schwierigen Situationen bewusster die richtige Entscheidung treffen und bleiben insgesamt mehr bei sich selbst. In asiatischen Lehren und Übungen ist man sich dieses inneren Zentrums auch bewusst, zum Beispiel bei der Meditation.

Der entscheidende Punkt ist, dass wir in bestimmten Situationen die Möglichkeit haben, uns auf diesen inneren Punkt zu konzentrieren, um uns gegen belastende Einflüsse von außen zu schützen. Dies ist insbesondere in Stresssituationen wichtig. Ob sich dieser innere Ort nun als Festung, Fels in der Brandung oder Adlerhorst hoch oben auf dem Berg darstellt, stellen Sie sich vor, wie Sie so einen Ort in sich selbst entdecken, an den Sie sich zurückziehen können, wenn Sie negativen Stress erleben. Stellen Sie sich vor, wie all die Eindrücke, negativen Gedanken und Einflüsse, die lautstark und dringlich an Sie herangetragen werden, an den Festungsmauern abprallen, den Fels umspülen oder weit unten im Tal an Ihnen vorbeiziehen. Wie sieht Ihre innere Burg aus? Wie lautet der „Zugangscode" zu diesem Ort? Wie können Sie sich dorthin versetzen?

3.

Stress im Alltag begegnen

Strampeln im Hamsterrad

Der Preis der Ansprüche und Bedingungen

Dem Stress-Kreislauf entkommen

Viele Menschen sehen sich einem enormen Lebensstress ausgesetzt. Die Mehrfachbelastung durch Job und Familie, finanzieller Druck, immer funktionieren müssen, die Fremdbestimmung und der chronische Zeitmangel – das alles kann einem irgendwann zu viel werden. Aber „wer nur funktioniert, ist eigentlich tot", sagt der Benediktiner-Mönch und Autor Anselm Grün.[1] Wer hätte nicht gern weniger Stress und stattdessen mehr Zeit und Raum für sich selbst, um die

Seele baumeln zu lassen, Zweisamkeit zu erleben, gute Freunde zu treffen, glücklich zu sein? Um das Leben einfach mal wieder richtig zu spüren.

Dabei machen wir uns oft nicht bewusst, dass der größte Teil unseres Stresses selbstgemacht ist. Natürlich leben wir heute unter anderen Bedingungen als noch vor einigen Jahrzehnten. Wir müssen uns mit Hyperkomplexität auseinandersetzen und uns immer schneller an immer mehr neue Entwicklungen anpassen. Aber das ist nicht die ganze Wahrheit. Die meisten Menschen stellen auch gewisse Ansprüche an ihr Leben und ihre Umgebung, die nicht unerheblich zum Stresserleben beitragen. Sie müssen einiges leisten, um sich selbst (oder andere) zufrieden zu stellen. Aber kaum ist ein Ziel erreicht, entsteht der Wunsch nach mehr. Es ist der ewige Kreislauf des „Höher-Schneller-Weiter".

Was das Hamsterrad antreibt

Ein toller Job, ein Haus, das Auto, der Urlaub: Die klassischen Insignien eines „erfolgreichen" bürgerlichen Lebens können sich zu enormen Lebensbeschleunigern und Problemquellen entwickeln, wenn sie aus falschen Motiven heraus entstehen. So hat jedes Ziel, jeder Wunsch auch seinen Preis, das wird meist vergessen. Um etwas zu erreichen, müssen wir etwas einsetzen, in der Regel Zeit und Kraft, oft auch Geld, was dann ja wiederum Zeit und Kraft bedeutet. Und je mehr Wünsche und Ansprüche wir verfolgen, umso mehr müssen wir uns dafür ins Zeug legen. Eines Tages stellen wir dann fest, dass wir uns nur noch abstrampeln und gar nicht so richtig wissen, wofür – das berüchtigte Hamsterrad.

Das Laufrad dreht sich umso schneller, je mehr wir unsere von Natur aus begrenzte Lebensspanne unter ökonomischen Gesichtspunkten bewerten. Betrachten wir nämlich die Lebenszeit als eine Ressource, die es möglichst optimal zu nutzen gilt, haben wir ein Problem: Die Zeit zwischen unseren beiden

„unendlichen Abwesenheiten“[2] (Noteboom) reicht niemals aus für all jenes, was wir uns im Geiste für unseren Lebenserfolg ausmalen. „Die achtzig Jahre, die einem im Schnitt zur Verfügung stehen, lebt man für den Urlaub, das Häuschen im Grünen, Erfolg im Job … Leben heißt heute: das meiste rausholen. Der Tod wird zur absoluten Begrenzung des eigenen Humankapitals“, meint dazu der Philosoph Konrad Paul Liessmann.[3] Da bleibt wenig Raum für Kontemplation und Muße, die in der Antike als intensivste und menschlichste Lebenserfahrungen galten. „Heute“, so Liessmann, „bedeuten sie Lebenszeitvergeudung. Aber ohne Innehalten gibt es keine bewusste Auseinandersetzung mit der eigenen Lebensspanne.“[4]

Lebenszufriedenheit ist subjektiv

Die in unserer Gesellschaft weit verbreitete Lebensunzufriedenheit entspringt dem Geist des Menschen und ist eine Frage der subjektiven Wahrnehmung. Oft wird im Inneren das gelebte gegen das ungelebte Leben aufgerechnet und wenn das Ergebnis ungünstig ausfällt, löst das Frustrationen und Depressionen aus. Dies umso mehr, wenn zur Beurteilung der Wertigkeit und Sinnhaftigkeit der eigenen Existenz in erster Linie äußere Maßstäbe angesetzt werden: Was habe ich geleistet? Wie erfolgreich war ich? Was habe ich geschaffen? Was gehört mir?

Hier liegt ein Ansatzpunkt zur Lösung des Problems. Denn wer sich bei der Zwischenbilanz nach inneren Werten umsieht, kommt möglicherweise zu einem ganz anderen Ergebnis und stellt fest, dass es im eigenen Leben so viel Schönes und Liebenswertes gibt, dass das eine oder andere „Scheitern“ im Außen kaum ins Gewicht fällt. Mitnichten hängt also unser Lebensglück von den geschaffenen Werten ab, vielmehr von den gelebten. Mehr Lebenszufriedenheit stellt sich häufig ein, wenn man aufhört, nach der großen Idee zu suchen, und beginnt, die kleinen Dinge zu zelebrieren. Die Details des eigenen Lebens neu zu entdecken und anders zu bewerten. Zu schätzen, was bereits da ist, und sich bewusst für das zu entscheiden, was wirklich zählt – unabhängig von Karriere und Kontostand.

Reflexion: Was bedeutet Erfolg für mich?

Eine wichtige Frage in Bezug auf unsere Lebenszufriedenheit ist, wie wir Erfolg definieren. Um dies zu klären, kann eine einfache Übung hilfreich sein: Stellen Sie dazu drei Stühle an verschiedenen Stellen in einem Raum auf. Ein Stuhl symbolisiert Ihre Kindheit, einer die Erwachsenenzeit und einer steht für den Ruhestand. Setzen Sie sich nun nacheinander auf die drei Stühle, beginnend mit dem Kinderstuhl, und beantworten Sie für sich die Frage: „Was bedeutet für mich Erfolg?" Konzentrieren Sie sich dabei jeweils immer nur auf die Denkperspektive desjenigen Stuhls, auf dem Sie gerade sitzen. Welche Antworten finden Sie? Was bedeutet das für Ihr Lebensgefühl, für Ihre Lebensgestaltung konkret?

Loslassen, was uns einengt

Da Zeit das kostbarste, weil unwiederbringlichste Gut ist, über das wir verfügen, beunruhigt uns bei jedem Rückblick der Gedanke etwa verlorener Zeit. Verloren wäre die Zeit, in der wir nicht als Menschen gelebt, Erfahrungen gemacht, gelernt, geschaffen, genossen und gelitten hätten.

DIETRICH BONHOEFFER

Wie wir uns verrückt machen

Die Jagd nach etwas Bleibendem

Verunsichert und verängstigt durch den Gedanken, dass eines Tages, wenn der eigene Lebensreigen zu Ende geht, vielleicht nichts mehr von einem übrig bleibt, treiben einige Menschen sich zu unglaublichen Anstrengungen an und setzen sich damit einem enormen Stress aus. So mancher versucht, das Leben festzuhalten, indem er sich ein Denkmal setzt: ein sensationelles Haus, eine Fußnote in der Wissenschaftslandschaft, eine Stufe weiter oben auf der Karriereleiter. Aber Häuser sollten gebaut werden, um darin zu leben, und die Arbeit sollte Freude machen und nicht als Ersatz für etwas Verlorenes dienen. Als „Platzhalter“ können auch Dinge dienen, die einem selbst im Grunde gar nicht wichtig sind, mit denen man aber durch Kollegen, Freunde und Bekannte ständig konfrontiert wird. Am schlimmsten wird die eigene Lebensfreude durch das Bilanzieren und die Vergleiche mit anderen belastet. Wenn nun die eigenen Quartettkarten schlechter sind oder das mit viel Aufwand Geschaffene bereits wieder zerfällt? Nur schwerlich gelingt es, sich vom Druck der Gemeinschaft und den anerzogenen Mustern frei zu machen. Dies ist ein wichtiger Grund, warum wir uns in unseren Hamsterrädern so abstrampeln.

Wir wollen gut dastehen

Auch die eigenen Gedanken spielen natürlich eine Rolle: Könnte unser Stress nicht auch dadurch bedingt sein, dass wir mehr denn je unseren Ansprüchen, Abhängigkeiten und Vorstellungen vom „richtigen“ Leben erliegen? Unseren Vorstellungen davon, wie die Dinge, wie wir selbst zu sein haben? Dass wir über die Maßen bemüht sind, alles zu tun, um gut dazustehen, um Anerkennung, Bestätigung und Erfolg zu bekommen? Und eines Tages erkennen wir, dass wir diese Dinge vielleicht erreicht haben, aber die Unzufriedenheit ist immer noch da, irgendwie reicht es nicht. Was fehlt denn?

Es kann sehr hilfreich sein, sich darauf zu besinnen, welches die konkreten eigenen Bedürfnisse sind, und nicht daran zu denken, was man üblicherweise in dieser Lebensphase erreicht haben muss: Ist das, was ich mir wünsche, wirklich aus meiner Persönlichkeit gewachsen oder nur ein Meilenstein des gesellschaftlich vorgeschriebenen Lebensweges, den ich noch nicht genommen habe? Wird etwas Bestimmtes von mir erwartet oder möchte ich es selbst? Warum wünsche ich es mir so sehr, dass es mich unglücklich macht, wenn es nicht verwirklicht ist? Welche Wege könnte es für mich geben, dem Bedürfnis auf andere Weise zu entsprechen?

Uns selbst erkennen

An diesem Punkt kommen wir an eine Weggabelung. Wir können weiter auf dem gewohnten Pfad entlanglaufen, nicht wissend, was wir eigentlich suchen. Oder wir erlauben uns innezuhalten. Zu erkennen, dass wir gar nicht noch mehr erreichen, Weiteres leisten müssen. Dass wir nicht weitersuchen müssen. Dass es reicht, einfach wir selbst zu sein, als das, was in uns angelegt ist. Um dies zu erkennen, müssen wir uns befreien von den Vorstellungen und Konzepten über ein „richtiges" Leben. Wir müssen erkennen, dass es gut und richtig ist, einfach Mensch zu sein, so wie Gott (oder die Natur) uns geschaffen hat – mit all unseren Eigenschaften, Fähigkeiten und Eigenarten. Einfach Mensch zu sein bedeutet, den Ton, der in uns angelegt ist, klingen zu lassen (Willigis Jäger). Einfach Mensch zu sein heißt, diese individuelle Blüte ganz erblühen zu lassen, so dass sie im Einklang mit all den anderen Blumen eine herrliche Frühlingswiese bildet. Diesen Weg gehen wir nicht nur dadurch, dass wir etwas tun, sondern auch, indem wir manche Dinge lassen. Und genau das ist so schwer.

Loslassen kann schwer sein

Im Zen-Buddhismus sieht man die Anhaftungen (die Abhängigkeiten und das Klammern an bestimmte Vorstellungen) als wesentliche Ursache von Leid. Je mehr wir festhalten, desto größer ist der Schmerz. Es ist, als ob wir einen wunderschönen stacheligen Kaktus umarmen. Aber das Loslassen tut auch weh, die Stacheln müssen herausgezogen werden. Vielleicht ist dies ein wesentlicher Grund für unsere Abhängigkeit von den gewohnten Vorstellungen: Wenn ich das, was ich kenne, verlasse, wo gerate ich dann hin? Ist da nur Leere? Je besser es uns gelingt, innerlich frei zu werden von gesellschaftlichen Konventionen und inneren Zwängen, desto mehr kommen wir zu dem, was Lebensglück ist: einfach Mensch zu sein. Dann können wir das, was in uns angelegt ist,unter den gegebenen Umständen bestmöglich umsetzen.

Der 46-jährige amerikanische Universitätsprofessor Randy Pausch sagte dazu in seiner letzten Vorlesung kurz vor seinem Tod durch ein Krebsleiden: „Wir können nichts an den Karten ändern, die wir bekommen, nur an dem Spiel,das wir mit diesem Blatt machen."[5] Und im Sinne des Zen lässt sich hinzufügen: Wir können entdecken, dass die Leere, vor der wir uns so fürchten, vielleicht der Urgrund unseres Seins ist, das Universum, aus dem wir kommen, das wir nie verlassen haben und in dem wir sehr gut aufgehoben sind.

Übung: Hier und jetzt

Stress entsteht oft dadurch, dass wir uns, anstatt uns auf die Gegenwart und unsere aktuelle Aufgabe zu konzentrieren, von allen möglichen Reizen ablenken lassen. Das können Geräusche, Menschen, Nachrichten, Bewegungen, aber auch innere Gedanken sein. Insbesondere Sorgen und Grübeleien („Wie soll ich dieses Projekt nur bewältigen?") führen zu innerem Stress und ziehen Energie und Aufmerksamkeit von der gegenwärtigen Aktivität ab. Je mehr wir uns auf die tatsächliche aktuelle Beschäftigung konzentrieren und störende Gedanken loslassen, umso weniger Stress erleben wir.

Das hört sich logisch an, ist aber gar nicht so leicht. Probieren Sie es doch einmal aus: Stellen Sie sich in eine Ecke des Raums. Sagen Sie sich: „Ich bin ganz im Hier und Jetzt" und machen Sie sich diesen Zustand bewusst. Gehen Sie nun fünf Minuten lang langsam in Runden im Raum herum. Konzentrieren Sie sich dabei auf jeden einzelnen Schritt, den Sie machen, und denken Sie an nichts anderes. Gehen Sie jeden Schritt bewusst, rollen Sie den Fuß vollständig ab und nehmen Sie sich Zeit für jede Bewegung. Lassen Sie sich nicht ablenken! Sehen Sie, es ist nicht ganz einfach.

Abschied vom Leistungsprinzip

Großer Zweifel – Großes Erwachen
Kleiner Zweifel – Kleines Erwachen
Kein Zweifel – Kein Erwachen

S. Batchelor

Burnout und Co.

Gründe für Burnout

In den vergangenen Jahrzehnten hat sich das Burnout-Syndrom immer weiter verbreitet. Junge, leistungswillige Menschen haben sich schon nach wenigen Jahren als Marketing-Berater, Junior Art Director oder Projektmanager „aufgeraucht" – wie überzüchtete Rennpferde, die zuschanden geritten wurden. In der Burnout-Therapie heißt es: „Wer ausgebrannt ist, muss einmal gebrannt haben." Das bedeutet, es trifft vor allem die (Über-)Engagierten. Aber auch die Arbeitslast spielt eine Rolle: Viele Mitarbeiter müssen heute die doppelte Arbeit machen, die Personaldecken sind signifikant ausgedünnt. Eine Weile hält man das durch, aber eines Tages geht es dann nicht mehr, auf die chronische Überlastung folgt irgendwann der Zusammenbruch. Mühsam müssen die Betroffenen dann nach einem Totalausfall wieder einen schrittweisen Einstieg in ihre Tätigkeit üben, wenn das überhaupt noch möglich ist.

Suche nach Druckausgleich

Wesentliche Ursache für die permanente Überlastung vieler Erwerbstätiger ist neben chronischem Personalmangel das kurzfristig orientierte Leistungs-Credo, das in den Unternehmen herrscht und das Ausdruck einer Arbeitskultur ist, die Geschwindigkeit vor Ergebnis stellt. In Zeiten von Globalisierung, Shareholder-Value und hartem Wettbewerb prägt das die Arbeitserfahrung vieler Menschen. Einige Firmen funktionieren heute nur noch nach dem Prinzip des Durchlauferhitzers oder als Karriere-Sprungbrett. Das Problem: Die wertvollen Ressourcen des Menschen nutzen sich auf dem Weg von einem Sprungbrett zum nächsten unverhältnismäßig ab. Nach kurzer Zeit ist aus dem viel versprechenden Trainee ein überlasteter Manager geworden, der allenfalls noch Zynismus in die Meetings einbringt. Viele Unternehmen haben aber auch erkannt, dass es so nicht weitergehen kann. Man hat verstanden, dass es nicht um einen Sprint, sondern um einen Marathon geht, bei dem man sich die Kräfte gut einteilen muss, und sucht nach Personalstrategien, um den Druck besser zu verteilen.

Nicht nur Rädchen im Getriebe sein

Es sind jedoch nicht nur die Betriebe, die für den Stress ihrer Mitarbeiter verantwortlich sind. Jeder kann auf kleine und manchmal auch größere Dinge in seinem direkten Umfeld Einfluss nehmen. Zeitmanagement, Selbstorganisation und neue Arbeitsmethoden eröffnen vielfältige Wege, Aufgabenvolumen und -frequenz so zu organisieren, dass die Arbeit besser und leichter zu bewältigen ist. Die wenigsten jedoch nutzen diese Möglichkeiten und beklagen sich lieber weiter ostentativ über ihre Arbeitslast. Unter dem Einfluss des Leistungsgedankens beeilt man sich zudem auch noch damit, etwas zu tun, von dem man manchmal gar nicht genau weiß, was es eigentlich ist. Die vielen Unterbrechungen und Ablenkungen im Arbeitsablauf, die typisch für heutige Bürokonstellationen sind, schaffen eine hektische und fragmentierte Arbeitserfahrung, die einen inneren Bezug zum eigenen Tun zunehmend erschwert. Wenn wir uns dann noch aus Prinzip beeilen, landen wir in der Tat bei dem, was Monty Python den „Wettlauf der Orientierungslosen" nennt. Das ist sinnentleerter Aktionismus, der auf allen Unternehmensebenen zu finden ist, vom Vorstand bis zum Kurier.

Dem können wir eine andere Arbeitsauffassung entgegenstellen, die motiviert ist durch Sinn und Bezug zur eigentlichen Aufgabe. Unabhängig von der hierarchischen Position und Tätigkeit ist es wichtig, dem Beruf eine über die hektische Betriebsamkeit hinausreichende Bedeutung abzugewinnen. Das geht, indem man das Leistungsprinzip hintanstellt und sich wieder auf ursprüngliche Werte des Arbeitens besinnt: Aufgabe, Broterwerb, Sinngebung, soziale Zugehörigkeit und Kultur, Kommunikation, Kontakt, Miteinander. Einigen Betrieben ist es gelungen, diese Werte für ihre Mitarbeiter wieder spürbar werden zu lassen. Sie haben verstanden: Hat sich erst einmal der persönliche Bezug zur Aufgabe und zum Unternehmen entwickelt und stimmt die Motivation, dann kommt die Leistung von ganz allein. Und zwar in einer für alle Seiten förderlichen Weise, beständig und zuverlässig.

Reifes Engagement

Pflegen wir nicht auch selbst gern eine Kultur der Überlastung und leidvollen Pflichterfüllung? Als sei es eine ehrenvolle Bürde, die tägliche Fron schicksalhaft und mit großer Geste zu tragen. Es scheint geradezu, als ob das Arbeiten an sich einen Wert darstellt. Interessant ist in diesem Zusammenhang auch die Frage des Arbeitsstils. Erfahrene Erwerbstätige zeigen neben einer guten Arbeitsleistung, gewachsener Kompetenz und souveränen Entscheidungen vor allem ein reifes Engagement. Im Gegensatz zu einer unreifen Form des Arbeitens, wie sie oft von jüngeren Mitarbeitern an den Tag gelegt wird, zeichnet sich ein reifes Engagement durch folgende Merkmale aus: Arbeit aus Interesse an der Sache, Überzeugung von einer Idee oder Motivation aus schlicht wirtschaftlichen Motiven; es geht hier nicht darum, durch den Job Bestätigung und Anerkennung zu bekommen, die an anderer Stelle fehlt (oder in der Kindheit gefehlt hat). Wer aus unreifen Motiven arbeitet, wird dazu neigen, sich ständig zu überfordern, und trotzdem niemals wirklich zufrieden zu sein, weil der Job die Frage, die ihn antreibt, nicht beantworten kann.

Übung: Zeitlupentempo

John Franklin war ein langsamer Mensch. Der Roman „Die Entdeckung der Langsamkeit" beschreibt auf anschauliche Weise, wie er aufgrund seiner Langsamkeit immer wieder Schwierigkeiten bekam, mit der Schnelllebigkeit seiner Epoche Schritt zu halten, schließlich jedoch gerade durch seine Beharrlichkeit und Geduld zu einem großen Entdecker wurde. Wer langsamer wird, kann vieles entdecken, was zuvor links und rechts des schnellen Weges unbeachtet blieb. Um das zu erleben, können Sie für eine gewisse Zeit – eine Stunde, einen Tag, eine Woche – versuchen, alles, was Sie tun, langsam, bewusst und bedächtig zu tun: Essen, Autofahren, Arbeiten, tägliche Verrichtungen. Nicht rennen, sondern gehen. Vielleicht stellen Sie dabei sogar fest, dass Sie nicht nur weniger Stress erleben, sondern ebenso viel schaffen wie sonst, dabei aber ein viel besseres Lebensgefühl haben.

Schluss mit dem Perfektionismus

Das Leben ist unvollkommen

Es muss nicht immer alles perfekt sein! Wenn wir lernen, damit zu leben, dass es hin und wieder Unvollständiges, Unvollendetes und Unvollkommenes in unserem Leben gibt, dann sind wir mit der Entschleunigung schon einen guten Schritt vorangekommen. Die Vorstellung, eine Aufgabe zu einem bestimmten Zeitpunkt endgültig fertig gestellt, ein Problem abschließend gelöst zu haben, ist eigentlich eine Illusion. Denn kaum haben wir die Arbeit abgeschlossen, setzt sich der Prozess der Veränderung weiter fort. Schließlich ist das Leben selbst ein Prozess der ständigen Veränderung. Ein Baum, den wir uns anschauen, mag in unseren Augen zwar stets derselbe bleiben, verändert sich aber in Wahrheit von Sekunde zu Sekunde. Es ist wichtig, sich bewusst zu machen, dass die meisten Lösungen nur vorübergehend sind. Schon wenige Tage später würden wir ein Problem oder eine Fragestellung vielleicht ganz anders angehen, neue Lösungen finden.

Alles ist im Fluss

Faszinierend ist auf der anderen Seite die Tragfähigkeit von Provisorien – kreative Installationen, gedacht für kurze Zeit bis zur endgültigen Lösung des Problems. Noch Jahre später kann so ein Provisorium Bestand haben.

Versuchen Sie nach Möglichkeit, einfache Lösungen zu finden. Suchen Sie nach einem Weg, mit möglichst wenig Aufwand zu einem zufriedenstellenden Ergebnis zu kommen, auch wenn es am Ende nicht perfekt wird. Das betrifft vor allem jene Dinge im Leben, die nicht so wichtig sind. Wenn Ihnen etwas wirklich viel bedeutet, liegt es nahe, der Lösung mehr Aufmerksamkeit zu widmen. Kompliziert sein muss sie indes nicht. Wir sollten uns fragen: Macht diese Lösung mein Leben einfacher oder komplizierter, bringt sie Erleichterung oder Stress, verbessert sie die Lebensqualität oder nicht?

Übung: Der unperfekte Tag

Wie wäre es mal mit einer Art „lazy day"? Geben Sie ruhig einmal Ihren Perfektionismus auf und nehmen Sie nicht alles so genau. Das lässt sich am besten im Alltag üben und kann herrlich Spaß machen. Hemd nicht super-ordentlich gebügelt? Macht nichts, trotzdem anziehen, ist nämlich ein Jackett drüber! Spülmaschine nicht ausgeräumt? Kann man auch morgen machen, davon stirbt keiner. Staubflusen in der Ecke? Im Vorübergehen ein kurzer Seitenblick und dann wieder zurück zu den wichtigen Dingen: Wo war doch gleich das neue Buch? Sie können Ihren Faulpelz-Tag auch gemeinsam zelebrieren und sich dabei köstlich amüsieren. Denn Loslassen ist herrlich befreiend, vor allem im Haushalt. Was dabei entstehen kann, ist nicht nur mehr Gelassenheit, sondern auch ein Plus an freier Zeit und Energie.

Probleme und Herausforderungen meistern

Nicht lösen, sondern leben?

Eigene Verantwortung wahrnehmen

Natürlich gibt es im Leben Situationen und Problemlagen, die so existenziell oder komplex sind, dass man sie nicht ohne Unterstützung durch das persönliche Umfeld, psychologische oder seelsorgerische Hilfe überwinden kann. C. G. Jung behauptete, die großen Lebensprobleme ließen sich nicht lösen, sondern nur durchleben. In bestimmten Situationen jedoch ist gezieltes Handeln erforderlich, um die eigenen Lebensvorstellungen selbstbestimmt umzusetzen. Zudem müssen wir uns auch immer wieder gegen Fremdbestimmung abgrenzen, um unsere Lebensqualität nachhaltig zu verbessern. Wenn wir der Vorstellung folgen, dass alle Dinge auf dieser Welt miteinander in Verbindung stehen, dann tragen wir Verantwortung für uns selbst und alles, was mit uns in Kontakt kommt.

Im täglichen Zusammenwirken von Anforderungen, Aufgaben und Ansprüchen – seien sie nun selbst gesetzt oder durch andere an uns her angetragen – sollten wir uns immer im Klaren darüber sein, welche Position wir einnehmen und wie unser Handlungsspielraum aussieht. Viele Lebensprobleme lassen sich vor allem deshalb so schlecht bewältigen, weil wir uns nicht bewusst machen, welche Gestaltungsmöglichkeiten wir tatsächlich haben.

Ändern, Annehmen oder Abschaffen

Eine einfache, aber sehr wirkungsvolle Methode kann uns dabei helfen, Lebensprobleme zu meistern. Sie besteht aus drei Optionen: Ändern, Annehmen oder Abschaffen. Wie lässt sich das umsetzen?

Ändern Wenn wir uns in einer herausfordernden Lebenssituation befinden (zum Beispiel, wenn es darum geht, etwas Konkretes zu tun, sich abzugrenzen oder eine Entscheidung zu treffen), können wir uns zuerst fragen: Was kann ich ändern? Diese Frage zielt darauf ab, was wir ganz konkret beeinflussen oder gestalten können. Wichtig bei diesem Schritt ist, nicht zu früh aufzugeben, sondern erst einmal davon auszugehen, dass man auf sehr viele Dinge Einfluss nehmen kann – zum Beispiel durch gezielte Kommunikation oder ein geändertes Verhalten.

Annehmen Komme ich aber zu der Einsicht, dass ich auf bestimmte Dinge keinen Einfluss habe, kommt die nächste Stufe: annehmen. Konkret bedeutet das: Kann ich einen Weg finden, mich mit dieser Sache zu arrangieren, sie als Teil meines Lebens zu akzeptieren? Dieser Schritt stellt in gewisser Hinsicht einen Kompromiss dar. Wichtig ist, dass der Kompromiss auch lebbar ist, das heißt, dass ein weiteres Bestehen dieser Einflussfaktoren in meinem Leben für mich wirklich akzeptabel ist. Das bedeutet in der Konsequenz auch, dass ich mich künftig nicht mehr darüber beklage, mich nicht mehr ständig damit beschäftige, sonst ist es kein echtes Annehmen. Wenn ich etwas wirklich annehme, dann kann das sogar dazu führen, dass ich irgendwann positive Seiten daran entdecke und sich alles zum Guten wendet.

Abschaffen

Sollte ich schließlich feststellen, dass die entsprechenden Umstände beim besten Willen für mich nicht akzeptabel sind, ja dass sie unter Umständen sogar Schaden in meinem Leben anrichten, dann heißt es: abschaffen! Das kann auf verschiedenen Wegen geschehen: Entweder ich entferne eine bestimmte Sache aus meinem Leben oder ich ziehe mich selbst davon zurück. Dieser Schritt ist oft hart und nicht selten mit Konflikten verbunden, gerade wenn es um andere Menschen geht. Umgekehrt kann es auch sein, dass Sie etwas zwar belastet, Sie sich diese Sache aber unter keinen Umständen aus Ihrem Leben wegdenken können. Dann können Sie die Methode rückwärts anwenden: Abschaffen – wollen Sie nicht. Annehmen – welche Möglichkeiten und Wege gibt es, mit der Belastung so umzugehen, dass Sie damit gut leben können? Hier zeigt sich, dass vieles eine Frage der Einstellung ist. Ändern – was können Sie tun, um die Sache erträglicher zu machen? Das Faszinierende an dieser einfachen Methode ist, dass sie uns deutlich macht, dass im Grunde die meisten Dinge in unserem Leben gestaltbar sind, entweder als Sache selbst oder zumindest im Umgang damit.

Flexibel bleiben

Die erfolgreiche Bewältigung von Herausforderungen erfordert immer auch eine gewisse Flexibilität. Einerseits benötigen Sie eine gute Portion Durchhaltevermögen, um eine Veränderung in Ihrem Leben dauerhaft zu realisieren, andererseits ist es für den Entwicklungsprozess kontraproduktiv, sich zu sehr in die Aufgabe zu verbeißen. Stattdessen hilft

Flexibilität und eine gewisse spielerische Leichtigkeit. Wenn es nicht so funktioniert, wie Sie es sich vorgestellt haben, probieren Sie eben einen anderen Weg.

Wer ist der Meister?

Bei der Lösung existenzieller Fragen werden wir immer wieder auf uns selbst verwiesen. Die Gespräche mit anderen Menschen können uns helfen, aber entscheiden und handeln müssen wir schließlich selbst, und die Verantwortung für das weitere Geschehen tragen wir ebenfalls. Dies zu erkennen, ist ein wesentlicher Bestandteil der Problemlösung. Wir müssen uns immer wieder – wie im Zen – fragen: Wer ist hier der Meister? Und dann erkennen wir meistens, dass wir selbst verantwortlich sind für das, was geschieht.

Aber manchmal ist es gar nicht unsere Aufgabe, ein bestimmtes Problem zu lösen. Das zu erkennen, kann befreiend sein und ist ein wichtiger Faktor, um das Leben einfacher zu machen. Wenn es Ihnen selbst nicht gelingt, ein Lebensproblem zu bewältigen, können Sie sich dabei auch helfen lassen, zum Beispiel von einem professionellen Coach oder Therapeuten.

Übung: Weiser Rat

Angenommen, Sie wären schon 80 Jahre alt und ein weiser, reifer Mensch. Sie hätten im Leben viele Untiefen umschifft, Stürme überlebt und Hindernisse überwunden. Sie hätten auch Rückschläge und Wendungen des Schicksals hingenommen und Ihre Lektionen gelernt. Sie wüssten, worauf es im Leben ankommt und was wirklich wichtig ist. Und: Sie wären absolut ehrlich mit sich selbst! Welchen Rat würden Sie sich für Ihre jetzige Lebenssituation, bezogen auf den Umgang mit Stress, geben?

Ruheinseln im Alltag

In die Stille zu horchen lässt Antworten finden.

ELSE PANNEK

Über Ruhe und Stille

Ruhe hat viele Gesichter

Wenn wir über Ruhe nachdenken, fällt uns vielleicht Stille ein, also das Gegenteil von Lärm. Ruhe können wir auch verstehen als Gegenpol von Geschwindigkeit, von Tempo. Zugleich kann Ruhe in der Bewegung liegen. Wenn die Menschen in China morgens ihre Übungen im Freien machen, dann sind das anmutige, ruhige, konzentrierte Bewegungen. Ruhe kann aber auch einen geistigen Fokus ausdrücken, Konzentration als Kontrapunkt zur Zerstreutheit. Wir kennen ruhige oder gar beruhigende Passagen in der Musik. Ruhe muss also nicht die Abwesenheit von Klang bedeuten. Eine Farbe, ein Bild, ein bestimmtes Licht kann Ruhe vermitteln. Oder ein spezieller Duft: Von manchen ätherischen Ölen wissen wir, dass sie beruhigend und entspannend wirken. Ruhe kann sich auch ausdrücken in der Gelassenheit des Handelns, im bemessenen Sprechen oder Auftreten.

Zu viele Sinneseindrücke

Ruhe bedeutet also keinesfalls die Abwesenheit von Leben. Vielmehr ist es so, dass die wahre Qualität eines Augenblicks sich in der Ruhe offenbart. Das zu erleben, setzt ein Anhalten, ein Innehalten voraus. Es gilt zu lernen, dem hektischen Geschehen im wahrsten Sinne des Wortes Einhalt zu gebieten. Während für unsere Vorfahren Momente der Ruhe ganz selbstverständlich zum Alltag gehörten, müssen wir sie uns heute regelrecht erkämpfen.

Längst schon reicht es nicht mehr aus, selbst ruhig zu sein, denn ungefragt stürmen Anfragen, Appelle und Ansprüche auf uns ein. Werbung, Newsletter, E-Mails, Handys, Zeitungen und Talkshows halten uns ständig auf Trab. Aber müssen wir das wirklich alles wissen, um ein besseres Leben zu haben? Ist das, was täglich in der Zeitung oder im Internet steht, im Fernsehen oder im Radio läuft, tatsächlich relevant für unser Leben? Oder ist es nicht überwiegend eine Dokumentation der Nichtigkeiten, eine Manifestation unwichtiger und unbedeutender Vorgänge und Dinge? Wie gesagt, überwiegend. Denn die Entscheidung, welche Informationen wir an uns heranlassen, bleibt ja glücklicherweise uns selbst überlassen. Und manches ist sicher sinnvoll oder gar bereichernd.

Keine Zeit für Pausen

Aber es sind nicht nur die Medien, die Unruhe in unser Leben bringen. Der zunehmende Verkehr zu Lande, zu Wasser oder in der Luft, die wachsende Zahl elektrischer Geräte für Arbeit und Freizeit, Haus oder Garten. Irgendwo ist immer etwas los: brummende, piepsende und klingelnde Interfaces, die uns permanent Entscheidungen abverlangen, um dann nur wieder auf eine neue Auswahlebene zu führen. Unsere Sinne werden bombardiert mit Eindrücken, die so zahlreich sind, dass wir die meisten kaum noch bewusst wahrnehmen. Es fehlen die Pausen, es fehlen Ruhezeiten, in denen das Unterbewusstsein die ganzen aufgenommenen Informationen sortieren und auswerten kann. In der Informationsverarbeitungslehre wird dieser Prozess Inkubationsphase genannt. Viel zu oft bleibt dafür keine Zeit, weil sich die Sinnesreize pausenlos anhäufen und überlagern. Der Mensch gerät in einen Unruhezustand, es entsteht Stress.

Im persönlichen Umfeld anfangen

Wer mehr Ruhe in das eigene Leben bringen möchte, kann nur bei sich selbst und im persönlichen Umfeld anfangen. Die Freiheit, zu entscheiden, was wir tun, birgt auch die Freiheit, sich für Ruhe zu entscheiden. Ruhe liegt oft abseits der lärmenden Hauptstraßen, in stillen Seitengassen, Höfen und Gärten. So kann auch ein Lebensweg aussehen, der ruhiger verläuft: jenseits vom Mainstream. Im Abseits stehen muss der Mensch damit noch lange nicht, ganz im Gegenteil: Er ist viel näher dran am eigentlichen Leben. Ein guter Weg, Ruhe zu erleben, liegt darin, innezuhalten. Wann, wo und wie erlauben wir uns Momente der Besinnung, des Innehaltens? Wo liegen unsere Ruheinseln im Alltag? Ist es der Tee am

Morgen, ein Spaziergang in der M ittagspause, das Bad am Abend? Oder ein Buch lesen, nichts tun? Wenn wir umgeben sind von Hektik und Chaos, wie reagieren wir darauf? Es bleibt im Grunde immer unsere eigene Entscheidung.

Praxis: Ruheinseln in den Alltag integrieren

Wer Ruheinseln im Alltag sucht, kann sie fast überall finden oder schaffen. Dies können bestimmte Orte sein, beispielsweise stille, abgeschirmte Räume wie etwa das Bad, das Schlafzimmer oder sogar das Auto. Oder ein ruhiges Café, ein stiller Garten. Aber Ruheinseln können wir auch in uns selbst entdecken. Durch einen Einstellungswandel (negative Stressgedanken durch positiv-beruhigende Vorstellungen ersetzen), Entspannungsmethoden oder mentale Übungen wie die Gedankenreise ist es möglich, innere Ruhe und Stille zu erfahren. Auch körperliche Übungen wie zum Beispiel Atemübungen, Dehn-, Streck- und Lockerungsübungen sind eine Möglichkeit, über den Körper auch den Geist zu entspannen.
Hier ein paar Beispiele für Möglichkeiten, im Alltag aufzutanken:

- Beschäftigung mit Tieren
- ein Entspannungsbad
- eine stille Mahlzeit
- ein kurzer Mittagsschlaf
- ein Spaziergang in der Natur
- Musik hören oder selbst machen
- lesen
- Tee trinken
- Tagträume
- Besuch einer Ausstellung
- beten oder stilles Gewahrsein in einer Kirche

Übung: Tagträumen

Setzen oder legen Sie sich bequem hin, zum Beispiel auf ein Sofa. Schließen Sie die Augen und versetzen Sie sich gedanklich für eine Weile an einen besonders stillen Ort oder in ein besonders entspannendes Erlebnis. Stellen Sie sich diese Begebenheit mit allen Sinnen vor: Wie ist das Licht, welche Farben sehen Sie, was hören, riechen, fühlen und schmecken Sie? Lassen Sie sich einfach in dieses entspannende und beruhigende Erlebnis fallen und genießen Sie es ganz und gar. Nach einigen Minuten atmen Sie einmal tief durch, öffnen die Augen und richten sich langsam auf. Lassen Sie die entspannte Stimmung noch eine Weile wirken.

Mit Achtsamkeit vom Ich zum Wir kommen

Gegen den Strom, aber im Einklang mit der Umgebung

Das eigene Leben zu ändern, bedeutet manchmal auch, gegen den Strom zu schwimmen. Die ersten Probleme tauchen meist im direkten Umfeld auf, in der Familie, mit Kollegen und Freunden. Denn was interessiert Kollegen oder Freunde, die andere Lebensziele haben, unser Bedürfnis nach weniger

Stress? Was interessiert Kinder, die auf Computerspiele, Castingshows und Markenklamotten stehen, unser Wunsch nach Ruhe und Stille, nach Weniger?

Achtsamkeit als Schlüssel

Wirkliche und nachhaltige Veränderung funktioniert im Einklang mit der persönlichen Umgebung. Wir sind ein Teil dieses Universums und als solches auch Teil einer Gemeinschaft. Was nützt es, wenn wir uns persönlich pudelwohl fühlen, aber rechts und links von uns die Menschen leiden? Es ist wichtig, einen Weg zu finden, unsere eigenen Lebensvorstellungen umzusetzen und zugleich gut mit anderen Menschen und unserer Umgebung umzugehen. Wie soll das gehen? Der Schlüssel dazu ist wiederum Achtsamkeit. In diesem Zusammenhang bedeutet das, einerseits ganz im Augenblick und bei sich selbst zu sein, sich der eigenen Gefühle, Gedanken und Handlungen bewusst zu werden, im gleichen Atemzug aber auch zu realisieren, welche Auswirkungen die eigenen Wahrnehmungen und Reaktionen auf andere Menschen und die Umwelt haben. Das heißt, dass wir mit uns selbst und unserer Umgebung in Kontakt treten, indem wir ruhig, respektvoll und aufmerksam agieren. Wir nehmen wahr, was ist, nehmen uns selbst und andere gleichermaßen ernst. Wir sind bemüht, konsequent zu handeln, ohne dass andere dadurch verletzt werden oder leiden müssen.

Gemeinsamkeit aufbauen

Vielleicht werden die Partner, Kinder und Freunde eine andere Lebensweise unterstützen, wenn sie erleben, dass wir mehr Aufmerksamkeit für sie haben und einen besseren Kontakt aufbauen können. Wenn es gute Gespräche und schöne gemeinsame Erlebnisse gibt, für die vorher die Zeit fehlte. Wenn wir wieder aufmerksam zuhören können, anstatt während der Unterhaltung bereits an unsere nächste Aufgabe zu denken. Wenn es zwar kein neues Auto, dafür aber mehr Momente gibt, in denen die Familie wieder zusammenfindet.

Raum für echte Begegnungen

Wer mit anderen so umgeht, wie er auch selbst gern behandelt werden möchte, schafft eine Basis für echte Begegnungen. So ist es einfacher, die eigenen Wertvorstellungen zum Ausdruck zu bringen und von anderen als der Mensch, der man ist, auch wirklich angenommen zu werden. Auch wenn wir nicht erwarten können, dass andere von unseren Lebensvorstellungen begeistert sind – auf Verständnis hoffen dürfen wir. Das geht natürlich nur, wenn wir im Gegenzug ebenso Toleranz aufbringen. Letztlich müssen wir uns klarmachen, dass in jedem anderen Mensch auch ein Teil von uns selbst steckt, auch wenn dies manchmal nur schwer vorstellbar ist. Wir können die Verbundenheit der Lebewesen an vielen Dingen spüren, am intensivsten im Kontakt: Sind wir offen und freundlich, bekommen wir in der Regel auch Offenheit und Wärme entgegengebracht. Sind wir egoistisch, kalt und fordernd oder gar aggressiv und wütend, wird sich unser Gegenüber verschließen, abwenden oder ebenso verhalten wie wir selbst.

Vom Ich zum Wir kommen

Wenn wir also unseren eigenen Lebensstil so umsetzen, dass andere dadurch nicht zu Schaden kommen, die Grenzen unserer Mitmenschen respektieren und ihnen achtsam entgegentreten, lässt sich ein besseres gemeinsames Leben mitten in der hektischen Betriebsamkeit unserer leistungsorientierten Konsumgesellschaft realisieren. Allerdings bleibt es dabei nicht aus, dass wir uns gegen Druck von außen auch immer wieder abgrenzen und schützen müssen, auch dies gehört zu einem Leben mit mehr Stille und Bedacht. Denn wer anders leben möchte als das Gros der Menschen, schwimmt nun einmal gegen den Strom. Aber er muss nicht allein schwimmen.

Die Veränderung beginnt im Grunde bei einem selbst. Aber sind die ersten Schritte erfolgreich umgesetzt, kann es sein, dass nach und nach auch das Umfeld inspiriert wird und der

Lebenspartner, die Familie oder Freunde Interesse an der Veränderung ihres Lebens entwickeln, an der Weiterentwicklung als Mensch. Sie werden es mit Freude tun, wenn sie selbst so weit sind, wenn sich aus ihrer Biografie und auch aus der aktuellen Lebenssituation die Notwendigkeit ergibt. Zwingen kann und sollte man indes niemanden!

Veränderung funktioniert wirklich nur, wenn der Mensch selbst von innen heraus wirklich will oder ein entsprechend hoher Leidensdruck da ist. Daher bringt es auch nichts, andere zu missionieren. Vielmehr können wir uns stattdessen darauf konzentrieren, die eigenen Herausforderungen so zu meistern, dass andere nicht darunter leiden, sondern spüren, dass es etwas Positives ist, dass es sich lohnt, diesen Weg zu gehen. Dann werden sie mit der Zeit von ganz allein folgen. Natürlich können wir unsere Mitmenschen dazu einladen. Es kann ein tolles Erlebnis sein, als Paar, als Familie, im Team oder unter Freunden gemeinsame Ziele zu verwirklichen und zu einem besseren Umgang miteinander zu finden, der geprägt ist durch weniger Stress, mehr Freiräume und Lebensfreude.

Das Glück im Kleinen finden

Das Glück des Menschen – ich habe seine tiefsten Gründe gesucht, und das habe ich herausgefunden: Der Grund liegt nicht im Geld oder Besitz oder Luxus, nicht im Nichtstun oder Geschäfte-Machen, nicht im Leisten oder Genießen. Bei glücklichen Menschen fand ich immer als Grund tiefe Geborgenheit, spontane Freude an den kleinen Dingen und eine große Einfachheit.

PHIL BOSMANS

Den Alltag zum Fest machen

Wie können wir wieder mehr Lebensfreude und Glücksgefühle im Alltag erleben? Wahre Lebenskunst besteht darin, den Alltag selbst zum Fest zu machen, das Glück der kleinen Dinge zu erfahren. Im Grunde ist es ganz einfach: Es geht darum, das, was wir tun, bewusst und achtsam zu tun. Die Umsetzung im Alltag ist aber doch nicht so simpel, weil wir so vielen Einflüssen ausgesetzt sind, die uns von dem, was wir gerade tun, ablenken. Wir sehen beim Essen fern, telefonieren am Computer oder beim Autofahren, wir machen alles zugleich und nichts richtig.

Das Leben genießen

„Das Leben zu genießen braucht nichts Aufwendiges. Es kann etwas ganz Einfaches sein, wie etwa der Geschmack eines selbstgemachten Käses bei einem Schluck heimischen Rotweins. Oder wenn wir die Natur mit wachen Sinnen wahrnehmen, erkennen wir, dass die Freude wie eine Essenz ist, die die ganze Erde durchdringt. Es liegt an uns, uns der Freude beim Anblick einer schönen Blume zu öffnen oder der Freude am Gesang der Vögel, die den Frühling willkommen heißen. Freude erfüllt uns mit Lebendigkeit. Wir spüren das Leben in jedem Augenblick und erkennen, dass es wenig Sinn hat, den Genuss des Lebens auf später zu verschieben. Denn wir wissen ja nicht, wie viel Gelegenheit uns noch zum Genießen bleibt, wir wissen nicht, wie lange unser Leben währt. Wenn wir ganz im Augenblick sind, entdecken wir, dass er uns alles bietet, was wir erwarten: Fülle des Seins, Schönheit und Lebendigkeit.“[6] (Anselm Grün)

Es gibt vieles, was uns im Alltag glücklich macht, wenn wir uns wirklich ganz darauf einlassen. Weil wir Menschen soziale Wesen sind, brauchen wir zum Beispiel Kontakt. Es macht uns glücklich, wenn wir achtsam und liebevoll mit unserer Umwelt in Kontakt treten. Zeit mit dem Partner, der Familie, den Freunden verbringen. Oder mit Kindern spielen, uns um Tiere oder Pflanzen kümmern. Im Zusammensein mit anderen Lebewesen treten wir auch in Kontakt mit tieferen Seinsebenen, mit der Lebensenergie an sich. Es entsteht gute Energie, die das Potenzial hat, Glücksgefühle hervorzubringen.

Kreativ sein

Eine weitere Möglichkeit, mehr Lebendigkeit und Freude in den Alltag zu bringen, ist kreatives Gestalten. Malen, Zeichnen oder Fotografieren schulen unseren Blick und lassen uns achtsamer die Dinge betrachten. Wir bauen dadurch eine stärkere Beziehung zu unserer Umwelt auf und entwickeln einen Sinn für Ästhetik und Schönheit. Vor allem erfahren wir, dass Schönheit überall ist. Selbst an einem grauen Novembertag lassen sich interessante Bilder finden, jeder Tag hält immer auch Schönes bereit. Wer Lust auf Natur hat, kann eigenhändig den Kräutergarten anlegen, findet Glück in der Erde. Und ein altes Möbelstück zu restaurieren kann ebenso Freude machen, wie sich selbst ein Kleid zu nähen.Entscheidend ist nicht, welchen Anspruch wir dabei verfolgen oder was andere von dem Ergebnis halten, sondern ob es uns Freude macht.

Dinge mit Freude tun

Aber kommen wir nun zu den wirklich schwierigen Fragen: Macht es glücklich, das Bad zu putzen oder die Wohnung aufzuräumen? Essen zu kochen oder das Auto zur Werkstatt zu bringen? Zum Elternabend oder zum Einkaufen zu fahren? Beim Arzt zu warten oder Hemden zu bügeln? Es hängt ganz entscheidend von unserer Einstellung ab, ob wir die Dinge, die zu unserem Leben ohnehin dazugehören, gelassen annehmen und eine positive Haltung dazu einnehmen. Der Steuererklärung ist es egal, ob es uns Freude macht, die Belege zu sortieren, denn sie wird in jedem Fall gemacht, ob nun mit oder ohne Lust. So verhält es sich auch mit vielen anderen Dingen des Alltags, die wir mehr lieblos erledigen als achtsam wahrnehmen. Viel positive Energie geht uns verloren, weil wir uns permanent gegen Dinge sträuben, die wir ohnehin tun müssen.

Könnten wir lernen, den Alltag mit mehr Freude zu begehen und das Zähneputzen ebenso zu genießen wie den Kuchen davor, gäbe es wahrscheinlich nur noch wenig Arbeit für Psychotherapeuten und Seelsorger. Und es ist wirklich nicht schwer, wenn wir uns bewusst machen, dass die Ursache für Stress im Alltag oft darin liegt, das unsere Ansprüche an das Leben die „banalen“ Ereignisse nicht berücksichtigen, obwohl sie einen Großteil unserer Lebenszeit in Anspruch nehmen. Also sind wir mit den Gedanken woanders, würden lieber arbeiten als vor dem Kindergarten zu warten, Tennis spielen statt den Keller aufzuräumen.

Bloße Theorie?

Nun sagen Sie vielleicht, das geht nicht, alles bloße Theorie? Schauen Sie sich um und beobachten Sie einmal aufmerksam die Welt um sich herum: Hat da nicht eben einer beim Fegen der Straße fröhlich gepfiffen? Lächelt da nicht jemand im Wartezimmer? Sieht der Mensch auf der Bank nicht zufrieden aus?

Reflexion: Einfache Freuden

Welches sind einfache Beschäftigungen oder Dinge, an denen Sie sich freuen können? Ist es der Tee am Nachmittag? Ein Kinderlachen? Die Sonne, wenn sie untergeht? Der Hund, der Sie morgens weckt? Ein Lieblingssong? Schreiben Sie doch einmal auf, welche einfachen Freuden Sie am liebsten genießen, und versuchen Sie, Ihren Alltag dadurch zu bereichern, dass Sie sich immer mal wieder Zeit dafür nehmen.

Was brauche ich wirklich?

Wie zahlreich sind doch die Dinge, derer ich nicht bedarf.

SOKRATES

Eigene Bedürfnisse erkennen

Bedürfnisse im Wandel Was braucht ein Mensch für ein gesundes und erfülltes, für ein glückliches Leben? Im Laufe der Jahrhunderte haben sich die Bedürfnisse der Menschen – ähnlich wie die Wertvorstellungen – stark verändert. Wer hätte vor wenigen Jahrzehnten gedacht, dass heute jeder Mensch ein Mobiltelefon „braucht“? Medizin, Anthropologie, Religion und Psychologie bieten recht unterschiedliche Perspektiven darauf an, was die Grundbedürfnisse des Menschen sein sollen. Auch die verschiedenen Kulturen dieser Welt haben ein jeweils anderes Verständnis davon.

Bedürfnisse nach Abraham Maslow

Fest steht: Jeder Mensch muss essen, schlafen, verdauen und hat ein Bedürfnis nach Sicherheit und Kontakt. Zu den elementaren Grundbedürfnissen zählt das, was wir auf jeden Fall zum (Über-)Leben brauchen: Nahrung, Behausung, Kleidung. Abraham Maslow hat dem Menschen drei elementare Versorgungsstufen zugesprochen, die aufeinander aufbauen: existenzielle körperliche Grundbedürfnisse, Schutz vor Gefahren sowie soziale Beziehungen. Daneben gibt es noch die Kulturbedürfnisse, die dem Menschen die Zugehörigkeit zu einer bestimmten Kultur ermöglichen: Zugang zu Sprache, gemeinsamen Gütern, Gebräuchen und Werten. Was darüber hinausgeht, sind Luxusbedürfnisse. Nach Maslow motiviert erst die Erfüllung der Bedürfnisse auf der jeweils niederen Stufe den Menschen, sich um die Befriedigung weiterer Bedürfnisse zu bemühen. Die menschlichen Bedürfnisse bilden bei Maslow die „Stufen“ einer Pyramide und bauen dieser eindimensionalen Theorie gemäß aufeinander auf. Der Mensch versucht demnach, zuerst die Bedürfnisse der niedrigsten Stufe zu befriedigen, bevor die nächste Stufe zum neuen Bedürfnis in Angriff genommen wird. Solange ein Bedürfnis einer niedrigeren Stufe nicht erfüllt ist, ist ein Bedürfnis einer höheren Stufe prinzipiell noch nicht vorhanden. Erst das inzwischen befriedigte Bedürfnis erhöht die Motivation, ein weiteres zu befriedigen.

Der ganzheitliche Blick

In östlichen Kulturkreisen schaut man ganzheitlich auf den Menschen. Nach dem asiatischen Verständnis geht es ihm dann gut, wenn sich Körper (Gesundheit, Nahrung, Bewegung, Sexualität), Seele (Liebe, Gefühle, Beziehungen, Spiritualität) und Geist (Aufgabe, Intellekt, Kreativität) im Einklang befinden. Wenn wir unser Leben dauerhaft verbessern wollen, brauchen wir Klarheit über unsere ganz persönlichen Bedürfnisse. Wie viel individuellen Freiraum ein Mensch benötigt, mit welchen materiellen Gütern er sich umgeben möchte, wie viel Kontakt und Nähe er sich wünscht, hängt von seiner Persönlichkeit, den Lebenserfahrungen und dem sozialen Umfeld ab.

Bedürfnisse leben, Ansprüche reduzieren

Ein wichtiger Schlüssel zu mehr Lebensglück und weniger Stress ist es, gemäß den eigenen Bedürfnissen zu leben. Hierbei ist die Unterscheidung zwischen Bedürfnissen und Ansprüchen von Bedeutung. Letztere beziehen sich meist auf Leistungen, materielle Errungenschaften, Anerkennung und Status. Sie drücken sich aus im Lebensstil, der Kleidung, der Wohnungseinrichtung, dem Auto, aber auch den vorzeigbaren Erfolgen. Ansprüche werden nicht selten von außen an einen herangetragen, vom Arbeitgeber, den Eltern, den Kindern, dem Lebenspartner, Freunden oder der Gesellschaft, insbesondere durch die Medien. Ansprüche sind in erster Linie Lebensbeschleuniger – sie umzusetzen, erfordert einen hohen Aufwand an Lebenszeit und Energie und gibt wenig Erfüllung und innere Zufriedenheit. Mehr noch: Den fremden oder eigenen Ansprüchen zu genügen ist oft ein aussichtsloses Unterfangen. Kaum hat man das eine Ziel erreicht, entsteht schon wieder der Wunsch nach mehr Leistung, Erfolg und Anerkennung. Im Endeffekt rennt man den Ansprüchen hinterher, ohne etwas wirklich Relevantes zu erhalten.

Anders sieht es mit Bedürfnissen aus, entspringen sie doch dem Inneren des Menschen. Das Bedürfnis nach Liebe, Kontakt, Kommunikation, Zugehörigkeit oder Verbundenheit, nach Spontaneität, Kreativität, Bewegung oder Ruhe,

Lebensfreude und Sinnlichkeit findet seine Entsprechung im Lebendigen, in der Interaktion mit Mensch und Natur, in der Gemeinschaft, im Leben an sich. Auf Ansprüche können wir verzichten, ohne dass uns etwas Wesentliches zum Glücklichsein fehlt. Wer hingegen seine Bedürfnisse ignoriert oder sogar gegen seine Bedürfnisse lebt,wird unglücklich sein und kann sogar krank werden.

Das ewige Habenwollen

Viele Menschen neigen dazu, im Laufe ihres Lebens Besitztümer, Gewohnheiten, Abhängigkeiten und sogar Beziehungen zu anzusammeln, die sie eigentlich gar nicht brauchen, um gesund, zufrieden und glücklich zu sein, die sie vielleicht sogar daran hindern. Die Menschen rackern sich ab für Schrankwände, Flachbildschirme oder Autos, die sie zwar schon vor Jahren erstanden haben, die aber immer noch ihren täglichen Tribut fordern. Dabei verhalten sie sich im Grunde entsprechend der gesellschaftlichen Anforderungen, denn wirtschaftlich gesehen sind wir Menschen nur als Konsumenten interessant. Der auf materiellen Verbrauch ausgerichtete Lebensstil wird in unserer Kultur so selbstverständlich umgesetzt, dass wir es kaum noch wahrnehmen. Wir wollen von allem immer mehr: Besitz, Status, Anerkennung, Schönheit, Jugend, ... und zwar ganz zeitnah, am besten sofort, zum Mitnehmen – to go!

Was wir oft nicht realisieren: Jeder Gegenstand, der erworben wird, jede finanzielle oder materielle Verpflichtung, muss irgendwann auch erwirtschaftet werden – mit Geld,ergo mit Lebenszeit. Zwar öffnen uns Kreditkauf, Leasing oder Ratenzahlung die Türen zu einem Leben auf Pump. Aber eines Tages muss eben doch bezahlt werden und bis dahin haben sich in der Regel weitere Verpflichtungen angesammelt, so dass sich die Belastungen nun auftürmen und kaum noch zu bewältigen sind. Irgendwann können wir uns in all dem angehäuften „Bedarf" nicht mehr frei bewegen, sondern sind gefangen in einem Netz aus Abhängigkeiten und Verpflichtungen, das immer weiter gesponnen wird, weil wir nie genug bekommen können. Wir müssen immer schneller immer mehr arbeiten, um unseren ständig wachsenden Verpflichtungen nachzukommen. Da reicht ein Job meistens nicht aus, auch das ist eine typische Erscheinung unserer Zeit. So wird nicht nur die Komplexität in unserem Leben gesteigert, sondern auch das Tempo enorm beschleunigt.

Übung: Minimum oder Luxus?

Um herauszufinden, was Sie wirklich an Besitz brauchen, können Sie sich einmal vorstellen, Sie wollten auf eine sehr lange Reise gehen und könnten nur einen Koffer mitnehmen, der alles enthält, was wirklich notwendig ist. Was würden Sie einpacken? Dies wäre das absolute Minimum, mit dem Sie auskommen könnten.

Nun stellen Sie sich vor, Sie würden in einer kleinen Hütte leben, die nur aus einem Wohnraum besteht. In diese Hütte könnten Sie die Dinge stellen, die Ihnen wichtig sind, Dinge, die über das hinausgehen, was in einen Koffer passt. Was kommt hinzu? Was hat sich durch diese Vorstellung für Sie verändert und wie fühlt sich das an? Diese Ausstattung könnte man als Basisausstattung bezeichnen. Im Vergleich zu den wenigen Habseligkeiten, die in einen Koffer passen, bedeutet dies schon ein gewisses Mehr an Komfort, aber auch an Aufwand.

Und nun überlegen Sie sehr genau: Wie viel mehr an Dingen brauchen Sie wirklich in Ihrem Leben? Was wäre schön, noch hinzuzufügen? Diese Sachen können wir getrost als Luxus betrachten. Sie können Spaß machen, schön aussehen oder ein gutes Gefühl geben. Aber welchen Aufwand müssen Sie betreiben, um sie zu erstehen und in Ordnung zu halten? Erhöht sich Ihre Lebensqualität wirklich dadurch?

Der Urlaubseffekt

Still sitzen, nichts tun,
Der Frühling kommt und das Gras wächst von selbst.

R.H. BLYTH

Wo die Uhren langsamer gehen

Welche Farbe hat das Meer im Süden? Erinnern Sie Sich an dieses besondere Licht? Und den unglaublich leckeren Kaffee? Olivenbäume in der Dämmerung, der Duft von Kräutern in den Straßen …

Entschleunigung im Urlaub

Wohl jeder hat schon einmal den Wunsch verspürt, etwas von der entspannten Urlaubsstimmung mit in den Alltag hinüberretten zu wollen. Und die meisten von uns haben die ernüchternde Erfahrung gemacht, dass es wirklich schwer ist und nur selten gelingt, und wenn, dann nur für kurze Zeit. Machen wir uns einmal deutlich, was das Dasein im Urlaub in puncto Entschleunigung so attraktiv macht:

- Wir sind von wenig persönlichem Besitz umgeben, ein paar Dinge des täglichen Gebrauchs reichen aus.

- Wir lassen uns mehr Zeit, tun die Dinge in Ruhe.
- Wir erleben Eigenzeit, können den Tag auf unsere persönliche Weise gestalten.
- Wir sind weit weg von den Anspruchstellern unseres Alltags.
- Die Sorgen um unsere Existenz und unser Fortkommen sind einem Interesse für die Umgebung gewichen – wir achten mehr darauf, was um uns herum passiert.
- Wir öffnen uns abseits von eingefahrenen Routinen wieder neuen Einflüssen.
- Wir sehen, wie der Alltag in anderen Kulturen abläuft, verstehen, dass es auch anders geht.

Natürlich besteht das Leben nicht nur aus Urlaub. Psychotherapeuten von den Balearen berichten, dass Menschen aus Nord- oder Mitteleuropa, die ihren Lebensabend dort verbringen oder „aussteigen“ wollen, nach einigen Monaten in eine Art Depression verfallen können. Herausgelöst aus dem gewohnten sozialen Umfeld und befreit von den Verpflichtungen und Anforderungen des heimatlichen Alltags, gelingt es ihnen auf Dauer nicht, ihrem Leben Sinn zu verleihen. Die chronische Unterforderung löst Stress aus. Der Grund für diese Probleme liegt allerdings nicht in dem gelasseneren Lebensstil, sondern vielmehr im Fehlen einer Sinn gebenden Aufgabe, die zuvor durch Beruf oder Familie definiert war.

Entspannter Tapetenwechsel

Auf Reisen können wir immer noch spüren, dass die Uhren anderswo manchmal langsamer gehen, dass man sich mehr Zeit nimmt für das Erledigen einer Aufgabe und die persönliche Begegnung zwischen Menschen. In erster Linie empfinden wir jedoch im Urlaub mehr Gelassenheit, weil wir uns selbst anders verhalten. Weil wir uns mehr Muße zugestehen und manches nicht so genau nehmen. Weil die Sorge um unsere persönlichen Besitztümer geringer ist. Weil wir – vielleicht eine Folge der Sprachschwierigkeiten – nicht jede beliebige Information aufsaugen. Und weil wir uns mehr treiben lassen können, dem Fluss der Er eignisse folgend, ohne ständig kontrollieren zu wollen. Also warum nicht das Gute wirklich mit nach Hause nehmen, wir tragen es ja bereits in uns? Das kann ein wertvoller Beitrag zu einem entspannten und freien Lebensstil sein.

Übung: Nichts tun

Viele von uns meinen, ständig produktiv sein und immerzu Sinnvolles tun zu müssen. Das ist auch ein Stück Kultur in unseren Breiten. „Gehe nie mit leeren Händen", „Der frühe Vogel fängt den Wurm", „Was Du heute kannst besorgen, das verschiebe nicht auf morgen" usw. Der Volksmund will uns weismachen, dass nur ein produktives Leben ein gutes Leben ist. Klar, der Mensch braucht eine Aufgabe. Und Tun kann eine Freude sein. Aber haben nicht die alten Griechen schon erkannt, dass Arbeit nicht alles ist? Daran dürfen wir uns heute gern wieder erinnern, um unser Leben etwas zu entschleunigen. In der Antike galt die Muße, der positive Begriff für Faulheit, als erstrebenswertes Ideal. Das Christentum jedoch verdammte „Acedia" als eine von sieben Hauptsünden. Aber nicht jede Untätigkeit ist unsinnig. Denn wo der Mensch zur Ruhe kommt – auch durch einfaches Nichtstun –, ordnen sich die Gedanken und es dringt durch, was wesentlich ist. Unser Problem heute ist ja nicht, dass wir zu wenige Aufgaben oder Aktivitäten haben, sondern dass wir keine Ruhe finden, nicht loslassen können. Dagegen hilft nur die bewusste Faulheit. Im Übrigen ist es interessant zu sehen, dass manche Probleme sich einfach dadurch lösen, dass man nichts dagegen unternimmt.

Probieren Sie zukünftig, wenn Ihre inneren Antreiber Sie wieder dazu bringen wollen, produktiv zu sein, öfter mal nichts zu tun. Das könnte Ihre schwerste Übung und zugleich wichtigste Erfahrung werden, um das Leben zu entschleunigen.

Das innere Lächeln

Fröhlich sein, Gutes tun – und die Spatzen pfeifen lassen!

Don Bosco

Heitere Gelassenheit

Positive Entspanntheit

Das „innere Lächeln" nennt man in Asien eine Haltung der heiteren Gelassenheit. Ein schönes Bild, nicht? Dabei ist es nur eine kleine Sache, auch wenn es manchmal schwerfällt, die Dinge in Ruhe und mit einer Einstellung der positiven Entspanntheit zu tun.

Wie kommen wir dahin? Durch tägliche Übung. Sie können beim Aufwachen damit beginnen. Auch wenn auf den ersten Blick nicht jeder Tag ein Glücksgriff zu sein scheint, hilft es enorm, ihn zumindest mit einer freundlich-entspannten Haltung zu beginnen. Wenn Sie aufwachen und die Augen öffnen, begrüßen Sie den neuen Tag mit einem inneren Lächeln. Sie tun das nicht nur für sich selbst, sondern auch Ihre Mitmenschen werden spüren, mit welcher Einstellung Sie durch den Tag gehen. Das Gleiche können Sie tun, wenn Sie abends wieder zu Bett gehen. Verabschieden Sie sich von dem Tag mit einem inneren Lächeln. Schließen Sie Frieden mit dem, was nicht so gut gelaufen ist, und machen Sie sich bewusst, was schön war. Jeder Tag hält Momente bereit, für die wir dankbar sein können, wenn wir uns dafür öffnen. Aber auch zwischendurch im Alltagsgeschehen bieten sich viele Gelegenheiten, einmal innezuhalten und zu diesem inneren Lächeln zurückzukehren. Je hektischer es wird, umso wichtiger ist das.

Zen oder das Ach-so-Prinzip

Machen Sie sich klar, dass Sie nicht immer alles kontrollieren, bestimmen und gestalten müssen. Vieles läuft auch ohne Sie, wenn Sie erst einmal loslassen. Sie müssen nicht jede Aufgabe an sich ziehen. Denn es geht nicht immer um Sie, es können durchaus auch andere gemeint sein. Stellen Sie sich dazu vor, Sie wären ein freundlicher Beobachter, der sich alles, was geschieht, anschaut und dabei denkt: „Ach so." Kommt Ihnen das komisch oder weltfremd vor? Genau das ist es nicht, denn in östlichen Kulturkreisen – etwa im Zen – wird diese Haltung seit tausenden von Jahren praktiziert. Den westlichen Industriegesellschaften ist sie allerdings fremd – man nimmt sich selbst dort sehr wichtig.

Wer zu dieser Haltung findet, kann auch mal über sich selbst schmunzeln, ohne dabei die Achtsamkeit aufzugeben. Dadurch entsteht Gelassenheit von innen heraus, die authentisch ist. Wer gelassener ist, erlebt weniger Stress, das kommt auch der Lebensfreude zugute.

Übung: Dinge mit einem Lächeln tun

Beim Zähneputzen lachen wir ja ohnehin, aber das kommt nicht unbedingt von innen. Die meiste Zeit allerdings sind unsere Mundwinkel wohl eher nach unten gezogen, wenn wir unsere täglichen Aufgaben verrichten. Das muss nicht unbedingt etwas bedeuten, ist meistens nur ein Zeichen, dass wir konzentriert sind oder nachdenklich. Aber vielleicht haben Sie ja Lust, von jetzt an öfter mal bei der Arbeit zu lächeln. Das kann einen spürbaren Unterschied in der Lebensqualität ausmachen und ist gar nicht schwer, Sie müssen nur daran denken. Ein kleiner Zettel mit einem Smiley neben dem Monitor, ein Blumenstrauß auf dem Tisch, eine Kinderzeichnung an der Wand. Was auch immer Ihnen Freude bereitet und Sie daran erinnert, dass das Leben wirklich schön sein kann – lassen Sie sich davon zu einem kleinen Lächeln verführen. Das hilft nicht nur Ihnen selbst, sondern auch anderen. Und vielleicht beginnen Sie ja damit, wenn Sie diese Zeilen lesen …

Medienfasten

Einfach mal ausschalten

Sinnentleerte Kommunikation

Zu den Hauptbeschleunigern unseres Lebens zählen – das ist kein Geheimnis – die Medien. Die wenigsten Inhalte der Massenmedien sind wirklich von Bedeutung für die Lebensqualität des einzelnen Menschen. Meist handelt es sich um mehr oder weniger kaschierte Werbung oder die Dokumentation von Überflüssigem. Das mag hilfreich sein für den Absatz von bestimmten Produkten, für eine gute Lebensqualität eher nicht.

Kaum haben wir morgens nach dem Aufstehen das Radio angemacht, werden wir auch schon angeschrien. Im Laufe der letzten fünf Jahrzehnte sind die Redebeiträge im Radio von abendfüllenden Sendungen auf sinnentleerte Sekunden-Samples zusammengeschrumpft, die einem zudem wiederholt vorgespielt werden. Sinnloser kann man nicht kommunizieren.

Alle Informationen, die wir über den Tag hinweg aufnehmen, müssen vom Gehirn irgendwann verarbeitet werden. Dies geschieht in den Ruhephasen, während derer wir kaum neue Reize aufnehmen. Das Gehirn kann dann Stück für Stück die gesammelten Bruchstücke wie bei einem Puzzle sortieren und verarbeiten. Fehlen diese reizarmen Phasen – und das ist heute bei vielen Menschen die Regel –, kommt es zu einer Anstauung von unverarbeiteten Informationen. Das Gehirn muss alles Angestaute nachts verarbeiten – die Folge: Schlafstörungen, innere Unruhe, Konzentrationsprobleme, Erschöpfung, Stress.

„Die Welt", so der Benediktiner-Mönch und Buchautor Anselm Grün, „hat nur so viel Macht über uns, wie wir ihr geben. Wir müssen uns mit den modernen Kommunikationsmethoden technisch auskennen. Aber all diese Methoden sollen ja dazu dienen, mehr Zeit für sich zu haben. Und diese Zeit, die wir für uns haben, ist dazu da, uns auf das Wesentliche zu besinnen.“[7] Eine einfache Frage kann dabei helfen: „Welche Informationen brauche ich wirklich?“ Der Verzicht auf Medienkonsum kann einen deutlichen Zugewinn an Lebensqualität mit sich bringen: mehr Zeit für Familie und Freunde, mehr Sinnlichkeit und gute Gespräche, mehr Spaziergänge und gemeinsame Mahlzeiten, mehr Genuss und Lebensintensität. Weniger Stress allemal.

Welche Informationen brauche ich wirklich?

Praxis: Medienfasten

Verbringen Sie doch einmal einen ganzen Tag ohne Radio, Fernsehen, Zeitung, Handy und Internet. Egal wo Sie sind, im Auto, zu Hause, bei der Arbeit: Versuchen Sie nach Möglichkeit, sich nicht den Einflüssen von Nachrichten, Meldungen, Werbung usw. auszusetzen. Sie können heute damit anfangen! Schreiben Sie am Ende des Tages auf, was an diesem Tag anders war. Wie haben Sie die Zeit erlebt, was war besonders? Was haben Sie an sich selbst beobachtet?

Reflexion: Kommunikationsmittel prüfen

Wir verfügen heute über mannigfaltige Kommunikationsmittel: Handy und BlackBerry, E-Mail und SMS, Faxe, Briefe, Voice Mail, Videokonferenz, Internet und Intranet, Skype und Twitter, Blogs und Foren, die Liste ließe sich noch fortsetzen. Aber ist dadurch die Qualität unserer Kommunikation besser geworden? Erfahren wir mehr in einem Gespräch als früher? Werden sinnvollere Dinge gesagt, entstehen bessere Ideen? Sind Meetings gehaltvoller geworden? Läuft die Kommunikation im Unternehmen, in der Familie, besser ab? Verstehen wir andere Kulturen? Gehen wir besser miteinander um oder arbeiten wir konzentrierter und mit besseren Ergebnissen?

Vielleicht möchten Sie einen prüfenden Blick auf Ihre eigenen Kommunikationsmittel werfen: Welche Medien setzen Sie ein? Wozu genau benutzen Sie sie jeweils? Welche Vorteile verschafft Ihnen das? Welche Nachteile entstehen dadurch? Welchen Preis, bezogen auf Lebenszeit und Qualität der Kommunikation, zahlen Sie dafür? Welche Kommunikationsmittel halten Sie für absolut notwendig, auf welche könnten Sie verzichten? Welche positiven Effekte ergäben sich, wenn Sie Ihre Kommunikationsmedien reduzierten? Warum tun Sie es nicht?

Übung: Nicht erreichbar sein

Der (oft nur angenommene) Zwang zur permanenten Erreichbarkeit übt auf viele Menschen einen Dauerstress aus, denn er führt zu Schwierigkeiten beim „Abschalten" vom Arbeitsalltag und den Anforderungen der Umwelt. Welche Schäden dieses Verhalten langfristig für die psychische und physische Gesundheit des Menschen verursacht, ist heute noch gar nicht absehbar. Tatsächlich spüren viele Menschen, wie belastend es ist, pausenlos online zu sein.

Probieren Sie einmal aus, was passiert, wenn Sie Ihr Mobiltelefon längere Zeit ausschalten. Wenn Sie damit Probleme haben, probieren Sie es zunächst privat. Was verändert sich dadurch in Ihrem Leben? Was passiert ganz konkret? Wie erleben Sie das, was passiert – ist es gut oder nicht gut für Sie? Warum?

Das Reduktionsprinzip

Weniger ist mehr

Materielle Güter schaffen kein Lebensglück

Viele Menschen sind bemüht, ihren Besitzstand im Laufe des Lebens zu mehren. Das hat verschiedene Gründe. Zum einen stellt es in unserer Gesellschaft einen Wert dar, zu haben, zu besitzen. Hinzu kommt, dass wir oft danach beurteilt werden, was wir nach außen darstellen. Allerdings stellt sich bei genauerem Hinsehen heraus, dass uns materieller Wohlstand weder innere Erfüllung noch Zufriedenheit oder Lebensglück verschafft. Geradezu zwanghaft häufen wir dennoch Besitztümer an, sammeln und horten Dinge, die unsere Wohnungen, Häuser und Garagen verstopfen: Autos, Sportsachen, Elektrogeräte, Einrichtungsgegenstände, Kleidung usw. Aus der Lust nach mehr wird schließlich ein Meer aus Last. Entspricht das unseren Vorstellungen von einem guten Leben?

Jedes Ding, das wir anschaffen, jede Verpflichtung, die wir eingehen, beansprucht unsere Aufmerksamkeit. Daher sollten wir die Entscheidung, ob wir unser Leben damit bereichern oder belasten wollen, immer wieder bewusst treffen. Die Frage ist: Trägt das, was wir in einem bestimmten Moment unserem Leben hinzufügen, zu einem besserem Leben bei? Verstärkt es das Wesentliche, das, worauf es uns in unserem Leben tatsächlich ankommt? Oder bedeutet es zusätzlichen Stress und Aufwand? Vielleicht lohnt es sich ja, wenn wir uns einmal mit der Frage beschäftigen, auf was wir in unserem Leben verzichten können, ohne dass wir wirkliche Verluste erleiden. Und was wir auf der anderen Seite durch das Reduzieren gewinnen. Wie können wir davon profitieren, dass wir unseren Besitzstand reduzieren und wieder mehr Luft und Freiraum in unser Leben bringen? Und bei der nächsten günstigen Gelegenheit genauer überlegen: Brauche ich das wirklich?

Die Entscheidung, welche Dinge im eigenen Leben vorhanden sein müssen, welche da sein dürfen und auf welche wir verzichten, wird in der familiären oder partnerschaftlichen Lebensgemeinschaft naturgemäß ein Kompromiss sein. Das ist kein Problem, wenn die grundsätzliche Einstellung dahin geht, dass in vielerlei Hinsicht weniger mehr ist.

Das Prinzip der Wesentlichkeit

Wenige, aber „echte" Beziehungen

Das Prinzip der Wesentlichkeit kann nicht nur für Sachen, sondern auch für Beziehungen zu anderen Menschen gelten. Obwohl es im ersten Moment hart erscheint: Schleppen wir hier nicht auch einigen „Ballast" mit uns herum? Es kann befreiend sein, sich diese Frage einmal ehrlich zu stellen. Verantwortung für sich selbst und seine Mitmenschen zu übernehmen, bedeutet auch, sich bewusst zu entscheiden, welche Beziehungen wir wirklich wollen und auf welche wir verzichten können. Das hat nichts mit Egoismus zu tun. Im Gegenteil, denn es ist eine Frage der Achtsamkeit gegenüber uns selbst und anderen, dass wir den Beziehungen, die wir eingehen, auch wirklich gerecht werden. Das können wir nicht, wenn wir uns mit zahllosen oberflächlichen Kontakten zerstreuen oder fremden Menschen zugestehen, in unser Leben auf belastende Weise einzudringen. Natürlich wünschen wir uns den Kontakt mit anderen, ein stabiles soziales Umfeld, freundschaftliche Beziehungen. Aber wenn wir uns unser Lebensumfeld genauer ansehen, müssen wir manchmal feststellen, dass einige Beziehungen eher beiläufig oder gar achtlos stattfinden. Diese Beziehungen mehren die Komplexität unseres Lebens, ohne die Qualität zu verbessern. Es kann in solchen Fällen bereichernd sein, sich von diesen Kontakten zu befreien – umso mehr Zeit und Energie haben wir für die Menschen, die uns wirklich etwas bedeuten.

Übung: Gewinnen durch Reduzieren

Nehmen Sie sich einmal die verschiedenen Bereiche Ihres Lebens (Arbeit, Zuhause, Freizeit, Beziehungen etc.) vor und gehen Sie diese in Gedanken durch: Was brauche ich wirklich, was ist überflüssig? Was kann ich weglassen und was gewinne ich dadurch? Denken Sie dabei vor allem an die Probleme in Ihrem Leben und an Ihre Ziele und Wertvorstellungen. Versuchen Sie sich vorzustellen, Sie gingen auf eine lange Reise und dürften nur das mitnehmen, was Ihnen wirklich etwas bedeutet. Das können Menschen, Tiere, Gegenstände, Gewohnheiten usw. sein. Oder wäre es für Sie interessant, wie ein Mönch zu leben, nur von den nötigsten Dingen umgeben (eine Essschale, ein Umhang etc.)? Warum nicht materiellen gegen inneren Reichtum tauschen? Vielleicht stellt beides aber auch keinen Widerspruch für Sie dar. Finden Sie es heraus!

Täglich grüßt das Murmeltier

Jeder neue Tag ist eine Einladung. Jeden neuen Morgen wartet das Leben auf uns – und die Freude über die Morgenstunde mit ihrer Frische, über die Sonne, die aufgeht, über den blauen Himmel, die Begegnungen, die uns heute erwarten. Die täglichen kleinen Freuden werden zur großen Freude, wenn man sie dankbar annimmt.

Anselm Grün

Sich jeden Morgen neu entscheiden

Jeden Tag, wenn wir morgens aufstehen, haben wir die Wahl: Wollen wir unser Leben weiter wie bisher verbringen, mit Hektik, Stress und Überlastung? Oder wollen wir heute damit beginnen, etwas zu ändern? Das ist ein ganz wichtiger Punkt. Wir können heute, jetzt, in diesem Moment, beginnen, andere Dinge zu tun und Dinge anders zu tun – beim Einkaufen, Autofahren, im Büro oder zu Hause. Warum also fangen wir nicht gleich damit an?

Veränderung einleiten Viele werden jetzt sagen: „Das kann ich doch gar nicht beeinflussen, ich bin ja so fremdbestimmt durch die Arbeit und Familie, also bei mir wird das nichts.“ Wenn Sie sich damit zufrieden geben, ist das in Ordnung. Aber dann bitte auch keine Beschwerden darüber, dass Sie immer nur im Hamsterrad strampeln, dass das Leben an Ihnen vorbeizieht, ohne dass Sie das Gefühl haben, daran teilzunehmen. Wer wirklich etwas ändern will, muss manchmal Widerstände überwinden, äußere oder innere. Niemand hat gesagt, dass uns ein einfacheres und ruhigeres Leben geschenkt wird. Wahrscheinlich ist es zunächst sogar leichter, den bisherigen Weg einfach weiter zu verfolgen. Nur, dann ändert sich ja nichts an der Misere.

Sofort anfangen Jeder kann gleich anfangen, weniger Stress zu erleben, das ist die gute Nachricht. Das Geheimnis eines entspannten Lebens liegt nämlich in den vielen kleinen alltäglichen Entscheidungen und Handlungen bzw. Nicht-Handlungen. Das gilt auch und gerade bei der Arbeit und in der Familie. Eines bleibt dabei allerdings nicht aus – haben wir gelernt, uns in bestimmten Situationen abzugrenzen und zu sagen: „Nein, damit bin ich nicht einverstanden, ich möchte das gern anders machen“, wird im ersten Moment niemand erfreut sein. Weder der Chef oder die Kollegen noch die Kinder oder der Lebenspartner. Das bringt Konflikte mit sich. Genau da liegt auch ein kritischer Punkt bei Lebensveränderungen. Wenn ich mich ändere, das Umfeld aber dasselbe bleibt, führt das zu Spannungen. Aber es muss nicht dabei bleiben. Wenn ich mich offen mitteile, mein Vorgehen begründe und anderen verständlich mache, warum ich mich anders verhalte, werde ich nach und nach auch mehr Unterstützung bekommen. Die Irritationen und Konflikte werden weniger, meine Mitmenschen gewöhnen sich langsam an die Veränderung, und eines Tages ist das neue Verhalten ganz normal, gehört eben zu mir. Nach einer Weile zeigt der neue Lebensstil ja auch positive Wirkung: Ich bin ausgeglichener, zufriedener, belastbarer und konzentrierter. Das wird auch mein Umfeld spüren.

Im Augenblick leben

Um dies zu verwirklichen, müssen wir einerseits an uns selbst, aber immer wieder auch an unserem Alltag arbeiten. Wir müssen Lösungen und Wege finden, die es uns ermöglichen, die Anforderungen in angemessenem Tempo und mit Achtsamkeit zu erledigen. Es geht dabei weder um Arbeitsverweigerung oder gar eine Dienst-nach-Vorschrift-Mentalität im Job, noch um eine egoistische Lebenshaltung gegenüber der Familie. Vielmehr geht es darum, den Menschen und Aufgaben wirklich gerecht zu werden, sich ganz darauf einzulassen. Und vom Gehetzten und Getriebenen zu einem Menschen zu werden, der bei sich ist, präsent im Augenblick und offen für das, was ansteht.

Übung: Morgenritual

Sie wachen morgens auf. Spüren Sie in sich hinein: Wie fühle ich mich? Sie stehen auf, öffnen das Fenster, nehmen einen tiefen Atemzug und strecken sich: Was sehen, hören und riechen Sie? Sie gehen ins Bad, nehmen mit Ruhe und Aufmerksamkeit die Körperpflege vor. Dann beim Frühstück der erste Schluck Tee oder Kaffee, Saft oder Milch: Wie schmeckt das? Sie genießen das Frühstück und sammeln Energie für den Tag. Anschließend stellen Sie sich gedanklich auf den Tag ein: Was erwartetet mich heute? Was macht diesen Tag besonders?

Der inneren Stimme folgen

Höre auf deinen Bauch

Das enterische Nervensystem

„Im Zweifel auf das Bauchgefühl vertrauen." Haben Sie das schon mal gehört? Irgendwie wissen wir ja, dass da etwas dran ist, nur trauen wir unserem Gefühl meistens nicht wirklich. Und das ist ein Fehler. Das, was der Volksmund Bauchgefühl nennt, ist logisch nachvollziehbar. Die spontane Eingebung, etwas zu tun oder zu lassen bzw. auf eine bestimmte Art und Weise zu handeln, realisiert sich tatsächlich in Verbindung mit körperlichen Empfindungen im Magen-Darm-Bereich. Man hat festgestellt, dass es ein enterisches Nervensystem gibt, dessen Aufgabe unter anderem die Steuerung der Verdauungsorgane ist. Dieses komplexe Nervengeflecht ist in seiner Beschaffenheit den Nervenzellen im Gehirn des Menschen recht ähnlich und weist über Nervenstränge (Sympathikus, Parasympathikus) auch Verbindungen zum Gehirn auf. Somit ist es möglich, dass Signale aus dem Gehirn eine psychosomatische Entsprechung im Bauchbereich erhalten. Wir können das ganz konkret in bestimmten Situationen erfahren, zum Beispiel wenn wir uns erschrecken oder Angst haben und sich im Bauch alles zusammenzieht, wenn wir verliebt sind und vor Aufregung „Schmetterlinge im Bauch" haben. Oder wenn wir uns entspannen und sich ein warmes Wohlgefühl in der Bauchregion einstellt.

In solchen Situationen nimmt das Gehirn über die Sinnesorgane Reize auf, wir sehen, riechen, hören, schmecken, fühlen etwas. Oder wir haben einen bestimmten Gedanken. Das Unterbewusstsein führt im Bruchteil einer Sekunde einen Musterabgleich durch: Wurde so etwas schon einmal erlebt? War es gut oder schlecht? Droht Gefahr oder nicht? Je nachdem, ob bereits einschlägige Erfahrungen vorliegen, gibt das Unterbewusstsein nun Signale an das Nervensystem aus. Einige dieser Signale landen im enterischen System und verursachen dort entweder ein Wohlgefühl (= keine Gefahr, vielleicht sogar etwas Schönes) oder Missempfinden (= Aufpassen! Damit wurde schon einmal eine schlechte Erfahrung gemacht!). Das ist Intuition, unsere innere Stimme.

Ratgeber bei persönlichen Entscheidungen

Das Unterbewusstsein wertet durch Intuition mit enormer Geschwindigkeit unsere Lebenserfahrung aus und erteilt uns einen (spürbaren) Rat. Dabei greift es vor allem auf das implizite Wissen zurück, den enormen Erfahrungsschatz, den wir im Laufe unseres Lebens ansammeln. Weil es dabei um unsere persönlichen, ganz individuellen Erfahrungen geht, passt dieser Rat meistens sehr gut und es lohnt sich, dem Gefühl zu vertrauen. Die Intuition ist vor allem ein wertvoller Ratgeber, wenn es um persönliche Entscheidungen geht. Sie kann eine wertvolle Hilfe dabei sein, Veränderungen im Leben vorzunehmen, um dieses zu entschleunigen. Man sollte das Bauchgefühl jedoch vorsichtiger bewerten, wenn es um Entscheidungen geht, von denen auch andere Menschen betroffen sind, denn jeder macht seine eigenen Erfahrungen und hat seine ganz persönliche Intuition. Aber auch wenn wir Entscheidungen für andere treffen müssen, brauchen wir ein Gespür dafür, was richtig ist und was nicht. Wir können eine Situation rational erfassen und dabei das Gefühl haben, keine passende Antwort auf unsere Frage zu bekommen, weil uns eine konkrete Empfindung fehlt. Erst durch Intuition wird unsere Wahrnehmung vollständig, so dass wir eine Situation gänzlich erfassen und entsprechend handeln können.

4.

Stress im Job bewältigen

Wofür wir unser Leben geben

Arbeite, und du kannst der Belohnung nicht entgehen. Ob die Arbeit fein ist oder derb, ob du Korn pflanzt oder Romane schreibst, wenn es nur ehrliche Arbeit ist, die die eigene Billigung findet, wird sie sowohl die Gefühle belohnen wie den Verstand. Ganz gleich wie oft du besiegt wirst, du bist zum Sieg geboren. Die Belohnung für eine gut gemachte Arbeit ist, sie gemacht zu haben.

Ralph Waldo Emerson

Der Preis der Arbeit

Lebenszeit ist kostbar

In unserem Wirtschaftssystem tauschen wir Zeit für Geld ein. Wir stellen unsere Arbeitsleistung einem Arbeitgeber, Kunden oder Auftraggeber für einen bestimmten Zeitraum zur Verfügung und erhalten als Ausgleich ein Gehalt oder Honorar. Je besser wir qualifiziert sind und je gesuchter unsere Arbeitsleistung ist, umso mehr Geld erhalten wir in der Regel für die zur Verfügung gestellte Zeit. Die Arbeit verschafft uns eine Lebensgrundlage, ein Dach über dem Kopf, Nahrung, Absicherung, ist also notwendiger Broterwerb. Aber die berufliche Tätigkeit ist auch eine Aufgabe (vielleicht sogar Berufung), eine Möglichkeit, einen Beitrag zur Gesellschaft zu leisten, uns zu definieren. Das trägt zur Sinnfindung bei und ist aus psychologischer Sicht ein wichtiger Beitrag zu einem erfüllten Leben. Je höher die materiellen Ansprüche sind (neues Auto, große Wohnung, exotischer Urlaub, teure Luxusgüter), umso mehr müssen wir arbeiten, um sie zu erwirtschaften.

Wer viel arbeitet, kann dadurch in einem gewissen Rahmen Erfüllung und Befriedigung erfahren und erhält – je nach Marktwert und Qualifikation – mehr Geld. Aber er muss dafür etwas geben: seine Zeit, die immer auch Lebenszeit ist. Wer dabei zu wenig Ausgleichszeiten hat, vernachlässigt andere Lebensbereiche wie Familie, Freunde oder die eigene Gesundheit. Nach und nach verliert er die Lust am Arbeiten und fühlt sich zunehmend ausgelaugt und fremdbestimmt. Eines Tages fragt er sich dann: Wofür arbeite ich eigentlich überhaupt? Arbeite ich, um zu leben, oder lebe ich nur noch für die Arbeit? Machen wir uns nichts vor: Für viele von uns fällt die Antwort ernüchternd aus.

Wer über eine lange Strecke zu exzessiv arbeitet, zahlt einen Preis dafür. Nicht selten bringen erst ein körperlicher Zusammenbruch oder eine ernsthafte Lebenskrise die Betroffenen zur Raison. Das birgt zugleich die Möglichkeit, etwas zu ändern, wieder mehr Zeit für andere Dinge zu geben, für seine Mitmenschen, sich selbst und die Freude am Leben. Dafür heißt es aber, im Job kürzer zu treten. Beim sogenannten Downshifting (weniger arbeiten, mehr leben) geht es nicht um einen Ausstieg aus der Gesellschaft, um wie einst Henri David Thoreau ohne Strom und fließend Wasser zu leben und sich von gesammelten Waldfrüchten zu ernähren, sondern um einen bewussten Wiedereinstieg in das eigene Leben.

Herunterschalten

Prominente Beispiele für erfolgreiches Downshifting gibt es viele. Doch weniger (oder anders) arbeiten und mehr leben ist nicht nur hochdotierten Stars vorbehalten, die sich – geborgen im sanften Polster solider Ersparnisse – auf die Alm oder ans Meer zurückziehen. Jeder Mensch kann mehr Qualität und Zeit für die zentralen Werte in sein Leben bringen und wieder mehr Gelassenheit und Sinnlichkeit erleben. Dafür muss man nicht komplett aussteigen, sondern nur einige Dinge anders tun. Möglicherweise bedeutet das eine Veränderung im Beruf, ein Wechseln in eine andere Branche, einen anderen Arbeitsstil. Vielleicht bedeutet es ein Überdenken der Wohnsituation und der Mobilitätsanforderungen. Oder ein Herunterschalten in der Freizeit, zum Beispiel durch den Ausstieg aus Verpflichtungen in Vereinen oder Clubs, die keine Freude bringen, sondern nur Zeit beanspruchen. Mit Sicherheit aber bedeutet es ein Loslassen von Ansprüchen.

Mehr Qualität und Zeit im Leben

Die Arbeit ist ein ewiger Fluss

Wir werden niemals fertig

Arbeitsmenge und -tempo erhöht

Ist es symptomatisch für die heutige Zeit, dass wir mit der Arbeit niemals fertig werden, oder war es nicht auch früher schon so, dass es am Ende des Tages immer noch etwas zu tun gab? Was sich im Vergleich zu früher definitiv verändert hat, ist die Aufgabenmenge (Umfang und Anzahl der Tätigkeiten sind gestiegen) und die Arbeitsgeschwindigkeit (das Tempo hat sich enorm erhöht). Was indes gleich geblieben ist: Haben wir eine Aufgabe erledigt, rückt stets eine neue nach. Das war schon immer so. Denn ...

... die Arbeit ist ein ewiger Fluss.

Dieser Fluss fließt immer weiter, seine Quelle ist schier unerschöpflich. Es entstehen – und das merken wir nicht nur im Beruf, sondern auch privat – immer wieder neue Aufgaben, Anforderungen und Probleme, die gelöst und bewältigt werden wollen. Und das völlig unabhängig davon, wie schnell wir arbeiten. Denn arbeiten wir schneller, schaffen wir vielleicht mehr Aufgaben in einer bestimmten Zeit (allerdings machen wir auch mehr Fehler, die dann im Nachhinein wieder Zeit kosten), es rücken aber zugleich schneller neue Anforderungen nach. Die Fließgeschwindigkeit erhöht sich.

Das Leben als Marathon

Wenn wir arbeiten, schwimmen wir in einem Fluss von Aufgaben. Je besser wir ausgebildet sind, je besser unsere Fähigkeiten, umso leichter fällt uns das Schwimmen. Ebenso wie beim Schwimmen im Wasser kann man also trainieren, Kondition aufbauen, an der Technik arbeiten usw. Das Arbeiten macht dann mehr Spaß, wir kommen besser voran und können uns entwickeln, erleben mehr Erfüllung und Erfolge. Aber Fakt ist: Egal wie gut oder wie schnell wir schwimmen, am Verlauf des Flusses, an seinem Pegelstand oder der Strömung ändert das gar nichts. Und: Was bringt es, sich beim Schwimmen zu hetzen? Das (Arbeits-)Leben ist doch eher eine Langstrecken-Angelegenheit als ein kurzer Sprint. Und jeder weiß, dass es nichts bringt, wie ein Irrer loszusprinten, wenn man noch etliche Kilometer vor sich hat.

Die Batterien aufladen

Wer gut ankommen will, sollte die passende Geschwindigkeit wählen. Das gilt auch für den Job, denn die zunehmende Orientierung vieler Unternehmen am Shareholder-Value drückt sich vor allem in einer kurzfristigen Gewinnorientierung aus. Dies hat zur Folge, dass die Ressourcen, also die Mitarbeiter, eingesetzt werden, um immer mehr Erfolge in immer kürzerer Zeit zu realisieren. Wer nicht mehr kann, wird einfach ausgewechselt wie eine leere Batterie. Nicht zuletzt deswegen muss der Beschäftigte selbst für das Aufladen seiner Energiereserven sorgen und seine Ressourcen pflegen, denn die Betriebe tun das schon lange nicht mehr. Viel zu sehr stehen sie selbst unter Druck, müssen sich im harten globalen Wettbewerb behaupten, ums eigene Überleben kämpfen. Für die Unternehmen geht es um die Quartalszahlen, für den Arbeitnehmer um eine immer längere Lebensarbeitszeit. Wer auch in fünf, zehn oder 20 Jahren noch gute Leistungen erbringen möchte, muss sich seine Kräfte gut einteilen.

Im angemessenen Tempo

Natürlich geht es nicht darum, die Arbeit zu verweigern oder eine Dienst-nach-Vorschrift-Mentalität zu entwickeln, denn wer zu langsam, schlecht oder etwa gar nicht schwimmt, geht unter. Im Endeffekt ist es eine Frage von gutem Training, der richtigen Einstellung und vor allem einer angemessenen Geschwindigkeit, wenn wir sicher die Untiefen und Strudel des aufgabenreichen Alltags meistern wollen. So lassen sich auch Erfolge realisieren, die eine weniger kurze Halbwertszeit aufweisen. Die Unternehmen beginnen vereinzelt, dies wieder zu schätzen. Und Bewegungen wie Slow Emailing (maximal dreimal täglich die E-Mails checken) oder der Slobbie-Trend (slow but better working people) aus den USA zeigen, dass die Mitarbeiter verstanden haben, dass es so wie bisher nicht weitergehen kann.

Flow – das richtige Maß finden

Anforderungen und Fähigkeiten ausbalancieren

Stress schadet nicht automatisch, sondern ist in der richtigen Dosierung lebensnotwendig für den Menschen. So fördert positiver Stress die Weiterentwicklung und Leistungsfähigkeit. Dadurch wird es uns möglich, körperliche oder geistige Anstrengungen zu bewältigen, Probleme zu lösen und Widerständen zu trotzen. Erst durch ein Übermaß oder das Ausbleiben der Erholungsphasen bei chronischen Belastungen wird Stress schädlich.

Das Flow-Modell

Aber wie finden wir das richtige Maß? Eine gute Orientierung bietet das von Mihaly Csikszentmihalyi entwickelte Flow-Modell.[1] Danach stellt Flow einen Optimalzustand dar, in dem wir völlig in dem aufgehen, was wir gerade tun. Wir werden dabei eins mit unseren Gedanken und Handlungen und lassen uns nicht durch Störungen oder andere Reize ablenken. Eine wichtige Voraussetzung für Flow ist, dass Anforderungen und Fähigkeiten in einem ausgeglichenen Verhältnis zueinander stehen. Je höher die Fähigkeiten, desto anspruchsvoller können die Aufgaben sein und je größer die Aufgabe, umso besser müssen wir dafür gerüstet sein. Eine Entwicklung und Leistungssteigerung findet nach dem Flow-Konzept dann statt, wenn die Aufgaben immer ein kleines bisschen höher liegen als die Fähigkeiten, so dass der Mensch seine Fähigkeiten verbessert, um den Anforderungen nachzukommen. Sind die Aufgaben zu schwer, ist der Mensch überfordert. Der Flow ist gestört und es entsteht Disstress. Das Gleiche geschieht auch bei Unterforderung, wenn ein Mensch wesentlich mehr kann, als von ihm verlangt wird. Auch dann erlebt er negativen Stress mit all seinen schädlichen Auswirkungen. Das kann sich beispielsweise im Falle einer längeren Arbeitslosigkeit zeigen.

Die Kunst liegt folglich darin, einerseits an den persönlichen Fähigkeiten zu arbeiten und diese weiterzuentwickeln, auf der anderen Seite aber durch Entspannungsphasen immer wieder für einen Ausgleich zu den Leistungsphasen zu sorgen. Auch sollten die Aufgaben anspruchsvoll, aber noch zu bewältigen sein. Berücksichtigen wir diese Aspekte, bewegen wir uns auf einem mittleren, leistungsfördernden Belastungsniveau, das uns stärkt. Auf diese Weise können wir unsere Energie sinnvoll dosieren und gezielt einsetzen.

Reflexion: Flow erleben

Was können Sie tun, um in Ihrer Arbeit und bei Aufgaben in anderen Lebensbereichen wieder mehr Flow zu erleben? Überlegen Sie, wie Sie Anforderungen und Fähigkeiten in Einklang bringen können. Mögliche Hilfen dabei sind das Reduzieren von Störungen, das Erweitern der eigenen Fähigkeiten und Kompetenzen, die Optimierung von Abläufen, eine bessere Kommunikation usw.

Mit Herz, Bauch und Verstand entscheiden

Kleine und große Entscheidungen

Sorgfalt bei wichtigen Entscheidungen

Im Laufe unseres Lebens treffen wir unzählige Entscheidungen. Manche davon sind bedeutsam und folgenreich, andere eher unwichtig. Einige fällen wir nach langen Überlegungen oder intensiver Auseinandersetzung (zum Beispiel welchen Beruf wir erlernen, ob wir heiraten oder ein Haus bauen wollen), viele aber auch spontan und eher beiläufig (etwa welche Schuhe wir anziehen oder was wir an diesem Tag zum Abendbrot essen). Mit zunehmender Lebenserfahrung bekommen wir ein Gespür dafür, ob es sich um eine wichtige Entscheidung handelt, die wir bei vollem Bewusstsein und sehr sorgfältig treffen sollten, oder ob wir es mit einer Kleinigkeit zu tun haben. Allerdings kann aus einer Kleinigkeit schon mal eine große Sache werden. Das ist vor allem dann problematisch, wenn wir die falsche Entscheidung getroffen haben. Sich ein paar Gedanken zu viel bei einer eher unwichtigen Entscheidung zu machen, ist zwar unbequem und vielleicht auch überflüssig, schadet aber andererseits auch nicht. Einen wichtigen Aspekt bei einer Entscheidung, deren Folgen noch nicht vollständig absehbar sind, zu vernachlässigen oder gar zu vergessen, kann dagegen erheblichen Schaden anrichten.

Aus der Ruhe entscheiden

Bei Entscheidungen geht es häufig nicht nur darum *ob*, sondern auch darum, *wie* etwas getan werden soll. Oder mehrere Optionen sollen miteinander verglichen und bewertet werden. Manche Entscheidungen fallen uns nicht leicht und häufig lassen wir uns von den Erwartungen anderer beeinflussen. Das führt zu negativem Stress, weil wir unsere eigenen Bedürfnisse und Voraussetzungen nicht angemessen berücksichtigen. Wir wissen zudem: Fehlentscheidungen führen zu Problemen. Damit steigt der Druck.

Viele lassen sich von der Dramatik einer Situation hinreißen und entscheiden vollkommen unüberlegt. Nicht umsonst bat Napoleon einst: „Meine Herren, die Zeit drängt, also setzen wir uns erst einmal!" Er meinte damit wohl das, was uns ein altes Sprichwort vermitteln will: „Wenn Du es eilig hast, gehe langsam." Gute Entscheidungen trifft man aus einer Position der Ruhe und Bedachtsamkeit, nicht auf die Schnelle. Mehr noch: Je größer der Druck ist, desto wichtiger ist es, zumindest für einen kurzen Moment Abstand zu gewinnen, sich ein Bild von der Situation zu machen und dann die richtige Option zu wählen. Die einzige Ausnahme bilden Notsituationen, in denen Leib und Leben akut gefährdet sind. Hier hat die Natur vorgesorgt: In solchen Fällen wird das rationale Denken ausgeschaltet und im Rahmen einer automatisch ablaufenden Stressreaktion schaltet sich das limbische Hirn (auch „Reptilienhirn" genannt) ein und steuert die Körperprozesse. Wenn eine akute Krisensituation besteht, zum Beispiel bei einem Unfall oder tätlichen Angriff, heißt es handeln statt denken. Würden wir erst lange überlegen, was zu tun ist, wäre es vielleicht schon zu spät, um zu helfen oder ein Übel abzuwenden. Aber ansonsten sollten Entscheidungen mit Ruhe und Bedacht gefällt werden.

Wollen, Fühlen und Denken

Gute Entscheidungen trifft man mit Herz, Bauch und Verstand, also unter Berücksichtigung von Wollen, Fühlen und Denken. So entscheidet der ganze Mensch und nicht nur seine linke Hirnhälfte. Dieses Entscheidungsverhalten will gelernt sein, ist man doch oft spontan geneigt, nur oberflächlich hinzusehen und unreflektiert zu handeln. Aber was ist der Maßstab für Richtig und Falsch, wie weiß ich, welches die beste Entscheidung ist? Die Entscheidungen, die wir in unserem Leben treffen, sollten die Dinge insgesamt besser machen, nicht schlechter. Sie sollten dazu führen, dass weniger Leid geschieht, nicht mehr. Und sie sollten der Liebe Nahrung geben und sie nicht zerstören. Unsere Entscheidungen und unser Verhalten sollten bewirken, dass wir als Menschen aneinander wachsen und uns nicht gegenseitig kleiner machen. Wenn wir im Alltag beginnen, auf diese Punkte zu achten, auch bei kleinen Dingen, können wir erfahren, dass dies keine bloße Theorie ist.

Entscheidungen visualisieren

Wenn es um eine Entscheidung zwischen verschiedenen Optionen geht, können wir diese auch visualisieren. Wir stellen uns dazu mit geschlossenen Augen einen runden Raum vor, der ebenso viele Türen hat, wie es Optionen gibt. Dann öffnen wir im Geiste eine Tür nach der anderen: Was für eine Welt verbirgt sich dahinter? Welche Konsequenzen hat diese Entscheidungsoption? Wie sieht mein Leben mit dieser Entscheidung aus? Notieren Sie jeweils Ihre Eindrücke in kurzen Stichworten und vergleichen Sie anschließend die verschiedenen Möglichkeiten.

Pro und Contra

Eine andere einfache Entscheidungsmethode ist Pro-Contra. Wenn es um eine Entscheidung geht (zum Beispiel darum, etwas zu tun oder nicht zu tun), ist es eine gute Idee, eine Liste anzufertigen: Was verändert sich positiv (pro), was negativ (contra)? Die positiven Veränderungen sind der Gewinn, die negativen der Preis der Entscheidung. Wie attraktiv ist der Gewinn für Sie? Sind Sie bereit, den Preis dafür zu zahlen?

Übung: Entscheidungen richtig treffen

Gute Entscheidungen werden mit Herz, Bauch und Verstand getroffen. Dies können wir gut umsetzen, indem wir folgendermaßen vorgehen:

1. Abstand nehmen (etwa durch eine Pause oder eine Entspannungsübung)
2. Intuition befragen (Was sagt das spontane Bauchgefühl?)

3. Eine Methode einsetzen (strukturiertes Nachdenken, z. B. mit der Pro-Contra-Methode)

Zu Beginn sollten wir zunächst einmal Abstand zur Entscheidungsfrage gewinnen, zum Beispiel durch eine kurze Pause, einen Spaziergang, eine Entspannungsübung. Dann ist es ratsam, im nächsten Schritt unsere Intuition, unser Bauchgefühl zu befragen. Wir horchen in uns hinein: Welche Entscheidung „fühlen" wir? Diese Option sollten wir uns merken. Anschließend können wir noch einmal strukturiert über das Problem nachdenken (zum Beispiel anhand einer Liste über die Vor- und Nachteile). Wenn Gefühl und Verstand übereinstimmen, haben wir eine klare Entscheidungsgrundlage. Wenn sie verschieden ausfallen, lohnt es sich, nach Gründen zu suchen, warum das so ist. Die Entscheidung ist dann noch nicht reif.

Wenn Sie sich an diese Vorgehensweise halten, stellen Sie sicher, dass Sie ausreichend Distanz zur Entscheidungssituation schaffen, um sich ein Bild zu machen, und schließlich Ihre Entscheidung ganzheitlich, das heißt unter Berücksichtigung aller rationalen und emotionalen Aspekte treffen. Wichtig ist, dass Sie Ihre Intuition vor der rationalen Überlegung befragen. Bei umgekehrter Reihenfolge wäre sie bereits durch logische Argumente beeinflusst und kein zuverlässiger Ratgeber mehr.

Nein sagen lernen

Abgrenzung ist wichtig

Den Druck abwenden

Viel Stress entsteht dadurch, dass wir nicht in der Lage sind, uns von den Anforderungen und Erwartungen anderer Menschen abzugrenzen. Aus Angst, andere zu enttäuschen, zur Vermeidung von Konflikten oder persönlichen Nachteilen, aber auch weil wir vielleicht befürchten, etwas zu verpassen oder ausgeschlossen zu werden, tun wir immer wieder Dinge, die wir eigentlich nicht tun wollen. Obwohl wir nicht die Ressourcen haben, übernehmen wir immer mehr Aufgaben und kommen dadurch nicht zum Eigentlichen. So entsteht immer mehr äußerer Druck, weil wir unseren tatsächlichen Aufgaben nicht gerecht werden. Auf der anderen Seite führt die mangelnde Fähigkeit, „Nein" zu sagen, auch zu innerer Unzufriedenheit und Überlastung. Das Ergebnis: Es bleibt weniger Zeit und Energie für das wirklich Wichtige und der Stress nimmt zu.

Es sind indes nicht immer andere, die uns dazu drängen, etwas gegen unseren inneren Willen (oder gegen unsere inneren Werte) zu tun. Oft macht es die eigene „Vernunft" schwer, ein Anliegen abzulehnen. Und dabei ist Nein-Sagen eigentlich etwas Gutes. Denn nur, wer sich hin und wieder gegenüber bestimmten Ansprüchen und Erwartungen abgrenzt, kann seine Kraft auf die wesentlichen Dinge konzentrieren. Nein-Sagen heißt also eigentlich Ja-Sagen, sich bewusst zu etwas bekennen. Das gilt im Beruf ebenso wie zu Hause, in der Familie oder im Freundeskreis.

Sich bewusst bekennen

Allerdings geht es nicht darum, sich auf egoistische Weise nur um die Erfüllung der persönlichen Bedürfnisse zu kümmern und das Umfeld zu ignorieren. Ganz im Gegenteil: Es ist eine Frage von Achtsamkeit und Verantwortungsbewusstsein, sich bewusst für oder wider eine Aktivität zu bekennen, ganz egal ob sie von anderen oder einem selbst initiiert ist. Natürlich kommt manches im Leben ungefragt und wir müssen uns darum kümmern. Die Versorgung von Familie und Haushalt, die Bewältigung der beruflichen Pflichten erledigen sich nicht von allein. Das Nein-Sagen dient dazu, sich diesen und anderen Aufgaben besser widmen zu können, indem wir uns gegen unwichtige oder gar störende Einwirkungen schützen. Und Nein-Sagen schafft natürlich auch Freiräume für mehr Eigenzeit. Gerade in dieser Hinsicht ist es lohnenswert, darüber nachzudenken, wann und wo in unserem Leben wir lernen möchten, ganz bewusst Nein zu sagen.

Den richtigen Ton finden

In manchen Situationen ist es eine gute Idee, seinem Gegenüber zu erklären, warum man einem Anliegen gerade nicht entsprechen kann oder möchte. Machen Sie verständlich, dass Sie sich momentan auf andere Dinge konzentrieren wollen oder müssen. Bieten Sie eventuell an, sich später in Ruhe mit der angetragenen Aufgabe zu beschäftigen, aber nur, wenn Sie das auch wirklich wollen. Es hilft, seinem Gesprächspartner Wertschätzung zu zeigen und deutlich zu machen, dass man ihm zwar gern gerecht werden möchte, aber eigene Prioritäten hat, die das im Moment nicht zulassen. Sie müssen sich aber keineswegs immer rechtfertigen, wenn Sie etwas ablehnen. Das gilt vor allem für die alltäglichen Zeitdiebe wie telefonische Umfragen, Werbung, ungebetene Gäste oder abgeschobene Aufgaben, zu denen andere keine Lust haben. Teilen Sie in solchen Situationen höflich aber bestimmt mit, dass Sie im Moment keine Zeit haben, und lassen Sie sich nicht auf Diskussionen darüber ein. Je besser es Ihnen gelingt, mit gutem Gewissen Nein zu sagen, umso mehr können Sie sich den Dingen widmen, die im Leben wirklich wichtig sind: Gemeinsame Zeit mit Partner, Familie und Freunden. Die Zeit und Möglichkeit, denen zu helfen, die Ihre Hilfe wirklich brauchen. Muße für Genuss und Sinnlichkeit.

Praxis: Nein sagen

In welchen Situationen oder gegenüber welchen Personen möchten Sie lernen, öfter und konsequenter Nein zu sagen? Warum tun Sie es nicht? Was fällt Ihnen daran schwer? Was würde helfen, Nein zu sagen?
Am besten lässt sich das Nein-Sagen bei Kleinigkeiten im Alltag üben. Warum versuchen Sie es nicht gleich heute? Dabei ist es wichtig, dass Sie überzeugend auftreten, Blickkontakt herstellen, ruhig und freundlich, aber bestimmt bleiben. Eine einfache Methode kann Ihnen dabei helfen, sich gegenüber unerwünschten Anforderungen, Situationen oder Personen abzugrenzen:

1. Verständnis äußern („Ich kann Ihre Situation verstehen …")
2. Hilfsbereitschaft signalisieren („ … und würde Ihnen auch gern helfen …")
3. Nein sagen („… kann es aber beim besten Willen nicht …")
4. Bedauern zeigen („ …so leid es mir tut.")
5. Akzeptiert Ihr Gegenüber (z. B. der Chef) dies nicht, hilft Verhandeln („In diesem Fall müssen wir sehen, welche Aufgabe ich abgeben kann …")

Freiräume schaffen durch bewussten Umgang mit Zeit

Zeit kann man nicht sparen

Zeit ist eine Ressource, die nicht unbegrenzt zur Verfügung steht – jedenfalls nicht für den einzelnen Menschen. Vor diesem Hintergrund ist es umso erstaunlic her, wie selbstverständlich darum gebeten, ja geradezu danach verlangt wird, als wäre es nichts Besonderes. Wir leben heutzutage mit enormer Geschwindigkeit und haben eine Menge an effektiven Werkzeugen entwickelt. E-Mails, Mobiltelefone, Online-Banking, Mikrowelle und Energy-Drinks machen es möglich, dass wir Dinge schneller und folglich mehr Dinge in der gleichen Zeit erledigen können. Oft üben wir mehrere Tätigkeiten zugleich aus, wie ein Multiprozessor-Computer.

Quality Time

Aber was machen wir mit der „gewonnenen" Zeit? Kann man Zeit überhaupt sparen? Viele fühlen sich genötigt, aus jeder frei werdenden Minute noch mehr Produktivität zu gewinnen, und legen sich weitere Termine in den Plan. Wir besuchen Zeitmanagement-Seminare, die uns mehr Freiräume versprechen, und haben danach immer noch nicht das Gefühl, ausreichend Zeit für all das zu haben, was es zu tun gibt. Aber Zeit lässt sich nicht sparen, sie läuft einfach ab. Entscheidend ist daher, wie wir Zeit wahrnehmen. Dabei kommt es gar nicht auf die Menge, sondern vielmehr auf die Qualität der Zeit an: Nicht wie viel wir in dieser oder jener Zeit leisten, ist entscheidend für unser Lebensgefühl, sondern wie wir unsere Zeit verbringen und wie wir das erleben. Daher spielt im modernen Zeitmanagement der Begriff „Quality Time" eine Rolle: bewusst erlebte, sinnvoll verbrachte Zeit.

Freiräume schaffen

Entschleunigung kann natürlich nicht ohne einen gewissen zeitlichen Spielraum geschehen. Wer das Bedürfnis hat, jede Sekunde effektiv zu nutzen, darf sich nicht über Hektik und Stress in seinem Leben beklagen. Und wer immer erreichbar bleiben möchte, muss sich nicht wundern, wenn andere über seine Zeit verfügen. Wer mehr freie Zeit haben möchte, muss einfach weniger machen. Das gilt für das Berufsleben ebenso wie im Privaten. Dazu ist es notwendig, das Aufgabenvolumen zu reduzieren, eine bessere Priorisierung und Selbstorganisation umzusetzen und Zeiten der Unerreichbarkeit einzuführen. Diese Botschaft ist das Gegenteil der

Zeitmanagement-Strategien des letzten Jahrhunderts, die darauf ausgelegt waren, mit ausgefeilten Planungsmethoden Minuten und Sekunden im Tagesablauf zu gewinnen, als ginge es um ein Rennen. Solche Methoden können bei der Bewältigung eines komplexen Arbeitsvolumens zwar durchaus hilfreich sein. Wenn aber jede frei werdende Minute sofort wieder mit Produktivität gefüllt wird, wirken sie kontraproduktiv.

Zeit zum Reflektieren

Ein frei gewordenes Zeitfenster sollte – gleich einem richtigen Fenster – auch mal genutzt werden, um den Blick nach draußen zu wagen, in andere Gefilde. Wenn wir es sofort wieder zustellen, bekommen wir keine freie Sicht, die Welt dahinter bleibt Stückwerk. Wir brauchen aber hin und wieder die Möglichkeit zum Reflektieren, um den Blick für das Ganze zu behalten. Nur so können wir unserem Leben Richtung geben. Durch einen bewussten Umgang mit Zeit, gegebenenfalls durch Verzicht auf überflüssige Energie raubende Aktivitäten, lässt sich die Lebensqualität spürbar verbessern. Welche Aktivitäten Sie streichen, ist eine Frage der individuellen Prioritäten und muss immer wieder neu entschieden werden. In der gewonnenen Zeit können Sie wertvolle Energie sammeln, die wieder in Ihr Leben zurückfließt – dorthin, wo Sie sie am meisten brauchen. Erlauben Sie sich, die Zeit zu nehmen, um öfter mal etwas Distanz zu gewinnen. Und erlauben Sie es auch Ihrer Familie, Ihren Freunden und Mitarbeitern. Diese Distanz ist notwendige Voraussetzung für einen Lebensweg, auf dem wir nicht Flüchtige sind, sondern Wanderer, die ihr Ziel kennen, aber vor allem das Gehen genießen.

Übung: Verpflichtungen überdenken

Überprüfen Sie einmal alle Verpflichtungen in Ihrem Leben. Gehen Sie dazu die einzelnen Lebensbereiche (Beruf und Karriere, Partnerschaft und Familie, Freizeit und Freunde, Körper und Gesundheit, Glaube und Spiritualität) durch und reflektieren Sie jeweils, wofür, in welchem Umfang und für welchen Zeitraum Sie sich für etwas verpflichtet haben. Wenn Sie sich einen Überblick verschafft haben, können Sie jede Verpflichtung einmal überdenken: Was bedeutet sie Ihnen? Verpflichten Sie sich aus innerer Überzeugung oder aufgrund äußerer Erwartungen? War es eine bewusste Entscheidung, zu der Sie heute noch stehen? Wenn Sie diese Verpflichtung aufgäben, würde Ihr Leben sich dadurch verbessern? Welche Folgen hätte diese Entscheidung und könnten Sie damit gut leben? Was hindert Sie daran, eine Entscheidung zu treffen? Wer oder was könnte Ihnen dabei helfen? Es kann ja auch sein, dass Sie sich erneut und mit Überzeugung für bestimmte Verpflichtungen entscheiden, dafür aber bewusst auf andere verzichten und somit insgesamt mehr Stimmigkeit erleben.

Zeit verwenden statt verschwenden

Das Leben ist kurz, weniger wegen der kurzen Zeit, die es dauert, sondern weil uns von dieser kurzen Zeit fast keine bleibt, es zu genießen.

JEAN-JACQUES ROUSSEAU

Leben mit der Uhr

Zum Zeitmillionär werden

Ohne die Zeit, präziser gesagt: das Messen von Zeit mittels der Uhr, hätten wir wahrscheinlich gar nicht das Bedürfnis, ruhiger zu leben. Wir würden die Dinge einfach in der angemessenen Geschwindigkeit (in Eigenzeit) erledigen und uns nicht durch den kleinen Despoten am Handgelenk unter Druck setzen lassen. Allerdings sähe unsere Welt ohne die moderne Zeitmessung auch ganz anders aus. Ist das gut oder schlecht? Im Grunde eine hypothetische Frage, denn wir leben ja nun einmal mit der Uhr. Wenn wir unser Leben weniger komplex und hektisch gestalten wollen, ist es umso wichtiger, gekonnt mit der Ressource Zeit umzugehen, damit es uns einerseits gelingt, unserer Arbeit, den Aufgaben im Alltag und unseren Mitmenschen gerecht zu werden, wir andererseits aber auch ausreichend Freiräume für Muße und Eigenzeit schaffen. Und damit wir zu den Dingen kommen, die uns wirklich etwas bedeuten. Wir müssen dabei immer wieder die Balance zwischen materieller Basis und persönlichem Lebensglück finden. So mancher erkennt vielleicht zur eigenen Überraschung, dass es erstrebenswert sein kann, reich zu werden ohne viel Geld – und wird Zeitmillionär.

Die richtigen Dinge tun

Als der amerikanische Universitätsprofessor und Computer-Experte Randy Pausch an der Universität von Virginia im November 2007 eine Vorlesung zum Thema Zeitmanagement hielt, bekam das Thema für ihn eine ganz existenzielle Bedeutung. Ein metastasierender Bauchspeicheldrüsenkrebs ließ dem 46-Jährigen nur noch wenige Monate Lebenszeit. In seinen Ausführungen behandelt er den Umgang mit Zeit und bringt es in Anlehnung an Peter Drucker auf den Punkt: „Es geht nicht darum, die Dinge richtig zu tun – es geht darum, die richtigen Dinge zu tun.“ Anstatt also die Zeit darauf zu verschwenden, alles möglichst perfekt zu machen, sollten wir lieber darüber nachdenken, was wirklich wichtig ist, und uns diesen Dingen zuwenden. Das gilt nicht nur für die Arbeit, sondern für das ganze Leben.

Eine persönliche Angelegenheit

Wie wichtig Zeit – bezogen auf die persönliche Erfüllung – ist, merken wir, wenn wir uns einmal vorstellen, unsere Lebensuhr würde in wenigen Tagen ablaufen. Könnten wir sagen, wir haben unsere Zeit gut genutzt? Was ist sinnvoll verbrachte Zeit? Ist es richtig, jede Minute mit Aktivitäten zu füllen, Termine hineinzuzwängen? Oder mehr Zeit mit Familie und Partnerschaft, Freunden und Hobbys zu verbringen? Das kommt auf die individuellen Werte und Bedürfnisse an. Aber eines ist klar: Entscheidend für die Lebenszufriedenheit ist, ob wir weitgehend selbst darüber entscheiden können, wie wir unsere Zeit verbringen. Der Wunsch nach Entschleunigung entsteht vor allem dann, wenn sich ein zunehmendes Gefühl von Fremdbestimmung durch Firma, Familie oder Freunde aufgebaut hat.

Bedürfnisse, Werte und Ziele kennen

Der erste Schritt zu weniger Fremdbestimmung besteht darin herauszufinden, was man wirklich will. Das bedeutet, die eigenen Bedürfnisse und Werte zu kennen und sich klare Ziele zu setzen. Dabei ist es allerdings wichtig, nicht nur auf einzelne Aspekte des Lebens (wie etwa den Beruf) zu schauen, sondern das Leben ganzheitlich zu betrachten, mit all seinen Bereichen: Aufgabe, Beziehungen, Freizeit, Umwelt, Sinn. Nur wer bei seiner Zeitplanung die verschiedenen Rollen, die er in diesen Bereichen einnimmt (man spricht von „Lebensrollen“), berücksichtigt, kommt zu einer ausgewogenen Lebensführung. Denn persönliche Ziele in Beruf oder Freizeit haben immer auch Auswirkungen auf andere Aspekte des Lebens, etwa die Familie oder Freunde.

Nicht schnell, sondern gut

Wir müssen uns im Umgang mit Zeit auch vor Augen führen, dass es nicht darum geht, möglichst schnell voranzukommen, sondern möglichst gut zu leben. Das schließt auch und gerade die Arbeit mit ein, ist sie doch ein ganz wichtiger Aspekt des Lebens. Wenn wir bedenken, dass wir vor dem Hintergrund der demografischen Veränderungen unserer Gesellschaft perspektivisch noch lange Zeit arbeiten werden, haben wir auch eine Verantwortung dafür, unsere Leistungsfähigkeit langfristig zu erhalten. Die meisten schauen aber nur auf ihre kurzfristigen Ziele und setzen ihre ganze Energie daran, diese so schnell wie möglich zu erreichen. Bis sie eines Tages völlig erschöpft sind, weil natürlich auf jedes erreichte Ziel, vor allem im Beruf, gleich das nächste folgt – man wird nie fertig.

Es geht also darum, selbst dafür zu sorgen, dass unsere Energietanks regelmäßig aufgeladen werden und dass wir unsere eigenen Ressourcen optimal (also nachhaltig) nutzen. Die Lösung liegt allerdings auch nicht darin, künftig alles nur langsamer zu machen. Das entspräche nicht den realen Anforderungen des Lebens. Das merken wir beispielsweise nicht nur beim Autofahren, wenn es darum geht, in einer Gefahrensituation schnell zu reagieren, sondern auch in anderen Momenten, die ein zügiges Handeln erfordern. Aber manchmal muss man eben auch gezielt das Tempo aus einer Situation herausnehmen, um richtig zu handeln, etwa bei wichtigen Entscheidungen oder in der Vorbereitung und Bearbeitung einer bedeutsamen Sache. Wer die passende Geschwindigkeit für bestimmte Tätigkeiten findet, schont seine Ressourcen: Zeit, Kraft und Geld. Das kann in einem Fall bedeuten, eine Aufgabe mit Ruhe und Konzentration zu bewältigen, in einem anderen, entschieden und beherzt zuzupacken.

Übung: Stille Stunde

Einmal am Tag sollte jeder Mensch die Gelegenheit haben, zur Ruhe zu kommen, Abstand zu gewinnen, sich zu entspannen und die Gedanken zu sortieren. Das ist *Kapitänszeit*, man zieht sich zurück in seine Kajüte und kommt zu sich. Im Zeitmanagement nennt man diese Zeit „Stille Stunde". Das muss nicht eine ganze Stunde sein und kann im Umfang auch von Tag zu Tag variieren. Geeignete Zeitpunkte für eine Stille Stunde sind zum Beispiel der frühe Morgen oder abends vor dem Schlafengehen, eventuell auch die Mittagspause. Probieren Sie aus, welcher Zeitpunkt sich am besten für Ihre Stille Stunde eignet und wie viel Zeit Sie dafür brauchen. Es lohnt sich!

Welche Ziele verfolge ich?

Konkret werden

Alle Lebensbereiche berücksichtigen

Das eigene Leben zu gestalten bedeutet auch, praktische Veränderungen vorzunehmen. Dabei kann es helfen, sich konkrete Ziele zu setzen: Was genau will ich erreichen? Bis wann? Wie werde ich das umsetzen? Dabei sollte jedes Ziel auch die eigenen Wertvorstellungen und den Lebensstil berücksichtigen. Es sollte konkret formuliert und realistisch (also erreichbar) sein und zeitlich genau terminiert werden.

Es ist sinnvoll, Ziele ganzheitlich zu setzen, also unter Berücksichtigung aller Lebensbereiche. Denn in der Regel hat ein Ziel, das wir uns in einem bestimmten Lebensbereich setzen, auch Auswirkungen auf andere, weil die Umsetzung Zeit und Energie beansprucht. Wer zum Beispiel Karriere machen möchte, muss sich mit weniger Zeit für Familie, Freunde und sich selbst zufrieden geben. Und wer für einen Marathon trainiert oder andere hochgesteckte persönliche Ziele erreichen will, steht vor einem ähnlichen Problem. Wir sprechen in diesem Zusammenhang von „Nebenwirkungen von Zielen“.

Was bedeutet das für die Praxis? Wenn ich mir zum Beispiel das Ziel setze, binnen zwei Jahren Abteilungsleiter in meinem Unternehmen zu werden, muss ich dafür einiges investieren. Habe ich es schließlich geschafft, werde ich längere Arbeitszeiten haben, mehr Verantwortung tragen, stärker eingebunden sein und öfter reisen. Welche Auswirkungen hat das auf mein Familienleben und meine Freizeit? Welche rationalen Argumente sprechen dafür und dagegen? Wie stehe ich gefühlsmäßig dazu? Wer sich diese Zusammenhänge rechtzeitig bewusst macht und sich für die Entscheidung ausreichend Zeit nimmt, wird so eine Veränderung sicher positiv erleben. Eine unreflektierte Entscheidung hingegen bringt eine Menge Stress mit sich und kann zu einer echten Lebenskrise führen. Dieser Preis ist dann eindeutig zu hoch.

Ziele mit Bedacht wählen

Wir tun gut daran, unsere Ziele mit Bedacht zu wählen und einmal gesetzte Ziele hin und wieder einer kritischen Prüfung zu unterziehen: Ist das Ziel, das ich mir vor einigen Jahren gesetzt habe und für das ich ständig arbeite, überhaupt noch relevant? Passt es zu meinen heutigen Lebensvorstellungen? Oder renne ich einer veralteten Vorstellung hinterher, strample mich ab, um etwas zu erreichen, das ich eigentlich gar nicht mehr brauche? Ist das Ziel überhaupt geeignet, meine Bedürfnisse zu erfüllen? Könnte ich das auch auf anderem Wege erreichen? Was will ich wirklich? Welchen Preis bin ich bereit, dafür zu zahlen? Das Mittel, das Sie einsetzen müssen, um Ihre Ziele zu erreichen, ist im Endeffekt immer Ihre Lebenszeit. Daher sollte es sich schon lohnen.

Übung: Ziele setzen

Welche Ziele sind für Sie interessant? Welche Vorhaben möchten Sie in welchem Lebensbereich konkret angehen und wie wirkt sich das auf die anderen Lebensbereiche aus? Beschreiben Sie Ihre Ziele möglichst konkret, realistisch und zeitgenau. Ordnen Sie diese auch einem Lebensbereich zu (Arbeit und Beruf, Partnerschaft und Familie, Freizeit und Freunde, Körper und Gesundheit). Versuchen Sie, Ihre Ziele konkret und motivierend zu beschreiben. Anstatt: „Ich möchte nicht mehr so schlecht Spanisch sprechen" könnten Sie zum Beispiel formulieren: „Ich möchte innerhalb eines Jahres meine Spanisch-Kenntnisse so verbessern, dass ich im Job verhandlungssicher sprechen und schreiben kann."

Praxis: Ziele erreichbar machen

Mache Ziele erscheinen unerreichbar, obwohl sie es gar nicht sind. Die Ursache dafür ist oft, dass uns eine genaue Vorstellung fehlt, ein Überblick über die wichtigsten Aspekte, Herausforderungen und Zusammenhänge. Je besser wir ein gesetztes Ziel in seine einzelnen Details gliedern, desto mehr verschwindet dieses Problem.

Ziele werden erreichbar, wenn wir erkennen, welche Aufgaben sich dahinter verbergen. Dies geschieht entweder, indem wir eine Liste mit den entsprechenden Tätigkeiten und Vorgängen anfertigen oder zum Beispiel ein Mindmap zeichnen, um das Ziel aufzugliedern in seine verschiedenen Aspekte und Unteraspekte. Dabei wird das Ziel gut lesbar auf ein großes Blatt Papier (Flipchart o. Ä.) in die Mitte geschrieben und eingekreist. Für diese Technik empfiehlt sich die Verwendung von Stichwörtern. Um das Ziel herum gruppieren Sie nun weitere Begriffe (Teilziele und verschiedene Aspekte). Von diesen Wörtern ziehen Sie Verbindungslinien zu dem Hauptthema und zu weiteren Begriffen, die sich ergeben. So entsteht ein umfassendes Geflecht von Themen, Unterthemen und Assoziationen zu dem Ziel. Die Aufgliederung erfolgt bis zu dem Punkt, an dem konkrete Aufgaben erkennbar werden, deren Planung und Umsetzung anschließend erfolgt.

Als hilfreiche Methode für das Erreichen persönlicher Ziele hat sich auch die Visualisierung erwiesen. Dabei machen Sie sich von dem zu erreichenden Ziel in Gedanken ein möglichst detailreiches und positives Bild. Stellen Sie sich genau vor, was Sie erreichen wollen, und konzentrieren Sie sich dabei auf alle Einzelheiten, die Ihnen dazu einfallen. Wie wird alles aussehen, wo werden Sie sein und was werden Sie tun? Stellen Sie sich Ihr Ziel vor dem inneren Auge so lebendig vor, als wäre es schon Realität.

Man hat bei Untersuchungen an Leistungssportlern festgestellt, dass diese durch ein mentales Visualisierungstraining ebenso gute Leistungen erbringen konnten wie eine Vergleichsgruppe, die im selben Zeitraum körperlich trainiert hatte. Von diesem Phänomen können auch Sie profitieren, um Ihre Ziele zu erreichen. Wenn Sie ein konkretes Bild zu Ihrem Ziel gefunden haben, beschreiben Sie es möglichst genau. Notieren Sie alles, was Ihnen auffällt. Anschließend analysieren Sie Ihre Notizen: Welche Schritte müssen Sie gehen, um das Bild Wirklichkeit werden zu lassen?

Zum Wesentlichen kommen

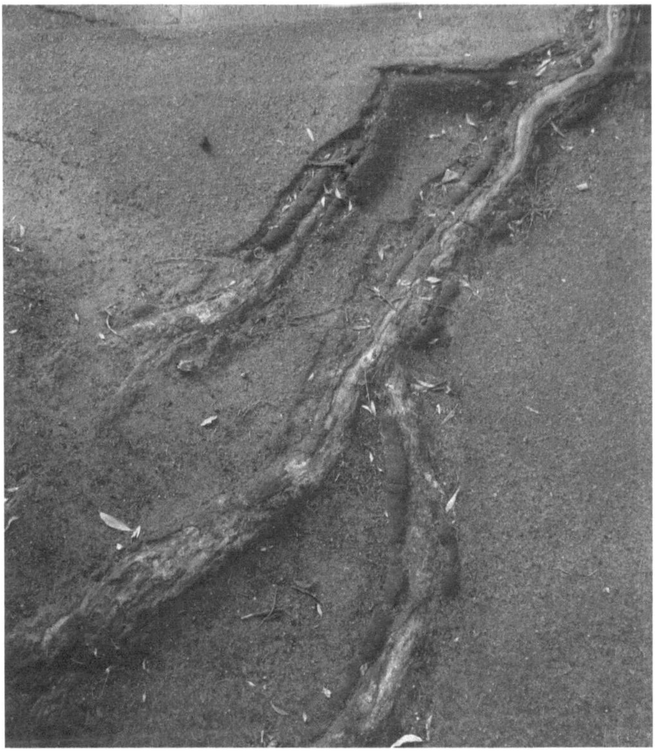

Die Qual der Wahl

Wie man es auch dreht und wendet, es bleibt nie genug Zeit für alle Dinge, die wir gern tun würden oder erledigen müssen. Deshalb kommen wir nicht umhin, eine Auswahl vorzunehmen. Auch freunden wir uns besser mit dem Gedanken an, dass manches unerledigt bleibt. Das zu akzeptieren, fällt vielen schwer. Sie versuchen unter Einsatz ihrer ganzen Kräfte, das volle Pensum ihrer To-do-Listen zu bewältigen, nur um am Ende herauszufinden, dass wieder neue Aufgaben hinzugekommen sind. Die Arbeit hört niemals auf und am

Abend bleibt das schlechte Gefühl, dieses oder jenes wieder aufgeschoben zu haben. Wäre es da nicht befreiend, sich guten Gewissens auf die wesentlichen Dinge zu konzentrieren und das weniger Wichtige zu vernachlässigen? Egal ob Hausmann oder Vorstand, Mutter oder Ärztin (oder beides), jeder muss für sich entscheiden, was im Rahmen seiner Tätigkeit zu den wichtigen Dingen zählt, die unbedingt erledigt werden müssen, und was nicht. Anders geht es nicht, denn erst durch das Priorisieren entstehen Freiräume und die Möglichkeit, seine Kraft auf das Wesentliche zu konzentrieren.

Prioritäten setzen

Bei der Entscheidung über wichtig und unwichtig können uns ein paar einfache Methoden unterstützen. Sie erleichtern uns die Auswahl und legitimieren auch, Aufgaben zu delegieren oder ganz zu streichen. Insofern bieten sie eine hilfreiche Unterstützung, um die Komplexität und das Aufgabenvolumen zu reduzieren und gleichzeitig die Qualität der übrigen Tätigkeiten zu verbessern.

Um über Prioritäten zu entscheiden, sollten Sie sich etwas Abstand und Ruhe gönnen. Am besten geht das in einem ungestörten Moment am frühen Morgen oder am Ende des Tages. Was wichtig oder unwichtig ist, können Sie jeweils nur selbst entscheiden. In diese Entscheidung fließen verschiedene Faktoren mit ein: Wissen und Erfahrung ebenso wie Sachzwänge, persönliche Präferenzen, Moral- und Wertvorstellungen. Die Intuition ist ein wichtiger Ratgeber bei Entscheidungen über die Wichtigkeit von bestimmten Dingen oder Ereignissen. Es gibt aber auch andere Möglichkeiten, herauszufinden, was Ihnen persönlich wichtig ist. So könnten Sie einmal probehalber Ihren Nachruf schreiben. Was soll über Sie gesagt werden? Worum ging es in Ihrem Leben? Was waren Sie für ein Mensch? Worin lag Ihre Aufgabe, Ihr Beitrag? Wenn Sie über diese Fragen nachdenken, werden Sie schnell feststellen, welche Bedeutung das, was Sie tun, tatsächlich für Sie hat.

Eine weitere Möglichkeit besteht darin, über seine Träume nachzudenken oder in alten Tagebüchern zu blättern: Was sagen sie Ihnen? Was für Bedeutungen können Sie daraus erkennen? Was schließen Sie daraus für die Gegenwart?

Beruflicher und privater Bereich

Im Beruf wird die Priorisierung eher vor dem Hintergrund der Funktion vorgenommen, die man innehat, und die persönlichen Präferenzen treten zurück. Man überlegt also: „Was ist jetzt wichtig für das Projekt, das Produkt, den Kunden, das Unternehmen?“ Das bedeutet, dass man auch überlegt, ob eine Sache, die man selbst für unwichtig erachtet, für eine Kollegin oder eine andere Stelle im Unternehmen wichtig sein kann, so dass man sie nicht streicht, sondern weiterleitet bzw. delegiert. Im privaten Bereich entscheiden die persönlichen Interessen und die des direkten Umfeldes (Familie, Partner, Freunde) über Wichtig und Unwichtig. Dabei kommt es darauf an, sich in seinem Urteil nicht von der Dramatik beeinflussen zu lassen, mit der Dinge an einen herangetragen werden, sondern deren tatsächliche Bedeutung zu erfassen.

Kooperativ bleiben

Da Prioritäten immer eine subjektive Angelegenheit sind, ist es sinnvoll, sich mit seinem Umfeld abzustimmen, seien es nun die Kollegen, die Familie oder die Freunde. Das ist vor allem deshalb wichtig, weil ein Leben, das man sich ausschließlich auf der Basis der eigenen Ansprüche konstruiert hat, schnell in Stress ausartet, wenn die Irritationen, Spannungen und Konflikte mit den Mitmenschen Überhand nehmen. Warum also nicht gleich offen mit anderen kommunizieren, um zu einem Verständnis der gegenseitigen Prioritäten zu gelangen? So kann man sich auch wechselseitig bei der Umsetzung unterstützen, anstatt sich zu behindern.

Gleichwohl müssen wir akzeptieren, dass wir es nicht allen recht machen können. Eine logische Folge der Prioritätensetzung ist, dass wir manche Anliegen, die an uns herangetragen werden, ablehnen. Erst durch diese Abgrenzung wird es möglich, mit Freude und Energie Ja zu den wichtigen Dingen zu sagen. Das wird nicht jedem gefallen und wir müssen lernen, damit umzugehen. Es ja auch eine Frage der Kommunikation, der Ton macht bekanntlich die Musik. Wenn wir nicht kategorisch die Mitarbeit verweigern, sondern nachvollziehbar unsere Gründe formulieren, warum wir etwas nicht bzw. nicht jetzt tun möchten, werden wir eher auf Verständnis stoßen. Und wieder ein Stück Lebensqualität realisiert haben.

Die 80/20-Regel

Müssen wir überhaupt immer alles schaffen? Diese Frage stellte sich auch der italienische Volkswirtschaftler Vilfredo Pareto, der das nach ihm benannte Pareto-Prinzip entwickelt hat. Seine wesentliche Aussage: Wenn wir die wichtigsten Dinge erkennen und unsere Energie darauf konzentrieren, können wir mit 20 Prozent der Zeit 80 Prozent der Ergebnisse realisieren. Die restlichen 80 Prozent der investierten Zeit tragen nur noch 20 Prozent zum Gesamterfolg bei. Diese 80/20-Regel ist eine klare Absage an alle Perfektionisten und eine gute Möglichkeit zu entschleunigen, sagt sie uns doch, dass es sich gar nicht lohnt, alles immer hundertprozentig zu machen.

Das Eisenhower-Prinzip

Manchmal lassen wir uns allerdings täuschen. Ein dringender Termin lässt eine bestimmte Aufgabe bedeutsam erscheinen. Tatsächlich bedeutet eine kurze Frist zur Erledigung aber nur: Es eilt! Damit ist noch nichts über die Wichtigkeit der Sache gesagt. Warum sich hetzen, wenn es gar nicht wichtig ist? Das hat sich wohl auch der ehemalige US-Präsident und General Eisenhower gefragt. Und damit einen ganz entscheidenden Aspekt bei der Priorisierung beleuchtet: die Abgrenzung zwischen Wichtigkeit und Dringlichkeit. Das Eisenhower-Prinzip unterscheidet vier Prioritäten:

1. **wichtig und dringend** = höchste Priorität: so bald wie möglich erledigen
2. **wichtig, aber nicht dringend** = hohe Priorität: regelmäßig und rechtzeitig darum kümmern
3. **dringend, aber unwichtig** = niedrige Priorität: delegieren, evtl. später erledigen, absagen
4. **weder wichtig noch dringend** = gar keine Priorität: sofort streichen

Praxis: Das Eisenhower-Prinzip im Alltag

Wie können wir das Eisenhower-Prinzip im Alltag nutzen? Das Problem ist ja oft, dass wir uns allzu sehr von der Dringlichkeit der Aufgaben leiten lassen und so zwar ständig beschäftigt sind (zudem noch in Eile, weil es sich um zeitnahe Anforderungen handelt), aber trotzdem nicht zu den wesentlichen Dingen kommen. Ein paar Beispiele für die vier Prioritäten des Eisenhower-Prinzips:

1. **wichtig und dringend:** Notsituationen, akute Krisen, aufgeschobene und nun drängende ernsthafte Probleme, anstehende Termine von Bedeutung
2. **wichtig, aber nicht dringend:** Vorbereitung und Organisation von wichtigen Tätigkeiten, Umsetzen von Zielen, Lebensbalance (Aktivierung und Ausgleich der verschiedenen Lebensbereiche)
3. **dringend, aber unwichtig:** Störungen und Unterbrechungen, dringlich gewordene oder aufgeschobene Anliegen anderer, viele Nachrichten und Meldungen
4. **weder wichtig noch dringend:** Werbung, Umfragen, Klatsch und Tratsch, Kompensations-Beschäftigungen, hektischer Aktionismus, Pseudo-Aktivitäten

Das Eisenhower-Prinzip bietet Ihnen eine gute Möglichkeit, Ihren Tagesablauf zu organisieren und zwischendurch immer mal wieder zu überlegen: „Was ist jetzt wirklich wichtig, worauf konzentriere ich mich?" Wenn Sie dann die wesentlichen Aufgaben erledigt haben, ist es umso schöner, sich mit gutem Gewissen zu entspannen, auch wenn manches Unwichtige liegen geblieben ist.

Selbstcheck: Orientierung nach Dringlichkeit?

Mit welchen Prioritäten nach dem Eisenhower-Prinzip haben Sie sich während der Arbeit in der letzten Woche am meisten aufgehalten? Listen Sie dafür zunächst Ihre Aktivitäten auf und ordnen Sie diesen hinterher einer Priorität zu. Denken Sie anschließend darüber nach, wie Sie Ihre Arbeitsweise optimieren können, um mehr Aktivitäten mit Priorität 2 (wichtig, aber nicht dringend) zu realisieren. So können Sie Ihre Ziele besser erreichen.

Tätigkeit	**Priorität**			
	1	2	3	4

Übung: Besser delegieren

Eine gute Möglichkeit, Stress zu reduzieren und Burnout entgegenzuwirken, ist konstruktives Delegieren. Dabei geht es nicht darum, wahllos alles abzugeben, was einem unlieb ist oder gerade nicht in die persönlichen Prioritäten passt, sondern die anstehenden Aufgaben möglichst so zu verteilen, dass alle Beteiligten nach ihren Fähigkeiten abwechslungsreich gefordert, aber nicht überfordert werden. Dafür gilt es herauszufinden, wer was am besten kann. Es kann auch vorkommen, dass unwichtige Dinge liegen bleiben. Im besten Fall sollte die Entscheidung darüber, was hinten angestellt wird, gemeinsam getroffen werden. Überlegen Sie sich einmal, wie Sie zukünftig besser delegieren können. Beantworten Sie dazu die folgenden Fragen:

- Welche Aspekte meiner Persönlichkeit hindern mich daran, Aufgaben abzugeben (z. B. Perfektionismus, Kontrollbedürfnis, bestimmte Werte oder Vorstellungen)? Wie könnte ich diese Hindernisse ablegen oder überwinden?
- Welche Gewohnheiten (eingefahrene Routinen oder Arbeitsprozesse) hindern mich daran, Aufgaben sinnvoll zu delegieren? Was könnte ich tun, um diesen Verhaltensmustern entgegenzuwirken?
- An wen (welche Person, welches Team, welche Gruppe, welche Abteilung) könnte ich was delegieren?
- Wie ist die Unternehmenskultur bei uns, lässt sie das Delegieren zu? Oder haben wir eher eine „Selbstmach-Kultur", bei der es zum guten Ton gehört, ständig operativ beschäftigt zu sein? Was könnte man daran ändern?
- Droht mit dem Delegieren möglicherweise ein Verlust von Status, Ansehen oder Prestige? Was bedeutet das für mich? Wie kann ich damit umgehen?
- Gibt es wirklich niemanden, an den ich delegieren kann? Auch wenn ich alle Strukturen, Prozesse, Ressourcen und Befugnisse geprüft habe?

- Gibt es vielleicht die Möglichkeit des Aufgabentausches, damit ich wenigstens mehr Abwechslung im Tagesgeschäft erlebe?
- Wenn ich absolut nicht delegieren kann (oder will): Welche Fristen kann ich im Falle einer Überlastung verstreichen lassen, welche Aufgaben können zur Not unerledigt bleiben? Wie stehe ich überhaupt dazu?

Zeitplanung ist wie Gartenpflege

Es gibt immer etwas zu tun

Selbstorganisation schafft Freiräume

Wir kommen nicht umhin, unsere Zeit in irgendeiner Form zu planen, wenn wir uns das Leben ruhiger und weniger komplex wünschen. Zeit zu planen bedeutet, den eigenen Aktivitäten Richtung und Proportion zu geben, wenngleich selbstverständlich nicht alles planbar ist. Man möchte ja nicht sein ganzes Leben durchorganisieren, sondern auch spontanen Impulsen folgen und sich einmal treiben lassen. Aber genau dafür brauchen wir zeitliche Freiräume, die organisiert werden müssen. Stress, Hektik und Zeitmangel entstehen oft als Folge schlechter Selbstorganisation. Wer also das Gefühl hat, das Leben rennt an ihm vorbei, oder, wie viele sagen: „die Zeit zerrinnt wie Sand zwischen den Fingern", kann etwas dagegen tun.

Gute Zeitplanung ist wie Gartenpflege: Es gibt immer etwas zu tun! Manche Dinge muss man nur einmal im Jahr machen, andere je nach Saison, wiederum andere täglich. Von praktischer Bedeutung für die Zeitplanung sind in erster Linie die Jahres-, Monats-, Wochen- und Tagesplanung. Während wir in der Jahresplanung die großen, übergreifenden Ziele, Aufgaben und Aktivitäten organisieren (zum Beispiel Urlaube, Projekte, Veranstaltungen, Messen, Geburtstage, persönliche Entwicklungsziele oder Weiterbildungen), ist die Monatsplanung eher für die Haushaltsführung und die persönlichen Finanzen relevant (am Monatsbeginn gibt es Gehalt, die laufenden Kosten gehen vom Konto ab und zugleich wird der Haushalt aufgestellt). Die Wochenplanung ist das Feld für die Lebensbalance und die Umsetzung persönlicher Ziele. Während es nämlich an einem Tag kaum möglich ist, den verschiedenen Lebensrollen (zum Beispiel als Mutter, Ehefrau, Kollegin, Freundin, Tochter, Sprachkursteilnehmerin und Sportkameradin) gerecht zu werden, lässt sich das im Verlauf einer ganzen Woche besser organisieren, indem man die Aktivitäten auf mehrere Tage verteilt. Die Tagesplanung schließlich strukturiert die vielen kleinen Aufgaben und Termine, die der Lebensalltag mit sich bringt.

Schriftlich, realistisch und großzügig

Während für das Erreichen persönlicher Ziele und die Lebensbalance die Wochenplanung von entscheidender Bedeutung ist, erleben wir den Alltag eher in der Tagesplanung. Einige einfache Regeln können Ihnen dabei helfen, diese realistisch zu gestalten:

- Alle wichtigen Aktivitäten stets schriftlich dokumentieren
- Prioritäten festlegen und entscheiden, womit wir uns beschäftigen wollen
- Zeitaufwand für die geplanten Aktivitäten großzügig einschätzen
- Ausreichend Pufferzeiten zwischen den Terminen berücksichtigen
- Abends den Tag noch einmal Revue passieren lassen: Was wurde geschafft, was ist unerledigt geblieben?
- Unerledigtes fließt als Übertrag in die nachfolgenden Tagesplanungen mit ein oder wird ggf. gestrichen, wenn es nicht wichtig ist

Das Ganze sollte aber nicht zum Selbstzweck werden. Ziel des Zeitmanagements ist es ja, die Abläufe effektiv im Sinne der Zielerreichung zu gestalten und nicht, Ihnen zusätzliche Zeit mit der Planung zu rauben. Versuchen Sie daher, Ihre Zeitplanung einfach zu halten.

Praxis: Arbeit entschleunigen mit Zeitmanagement

- Arbeiten Sie mit Zeitpuffern. Legen Sie also niemals zwei Termine direkt aneinander, sondern lassen Sie immer etwas Raum dazwischen. Stellen Sie sich Ihre Terminplanung wie ein gut sortiertes, aber locker eingeräumtes Bücherregal vor, in dem problemlos Platz für weitere Bücher wäre.

- Achten Sie langfristig auf eine ausgeglichene Lebensbalance, verteilen Sie die Aktivitäten in den verschiedenen Lebensbereichen über die Woche.
- Behalten Sie Ihre Ziele im Blick und machen Sie sich bewusst, auf welchem Weg Sie sich befinden.
- Benutzen Sie nach Möglichkeit nur ein Zeitplansystem, mit dem Sie sowohl Ihre beruflichen als auch Ihre privaten Termine verwalten.
- Bleiben Sie flexibel und passen Sie sich an, wenn Änderungen notwendig sind. Stures Beharren auf einer einmal festgelegten, nun aber nicht mehr sinnvollen Planung kann Stress verursachen.
- Lernen Sie, rechtzeitig Feierabend zu machen.
- Nehmen Sie keine Arbeit mit nach Hause oder in den Urlaub.
- Arbeiten Sie mit einfachen Listen, auf denen Sie Ihre Aufgaben notieren, priorisieren und regelmäßig aktualisieren, am besten einmal morgens und abends, bei Bedarf evtl. noch einmal mittags.
- Machen Sie keine „Planung der Planung", sondern halten Sie Ihre Organisation möglichst einfach und übersichtlich. Lassen Sie sich auch nicht von Computerprogrammen dazu verleiten, Funktionen zu aktivieren, die Sie eigentlich gar nicht brauchen.
- Rufen Sie Ihre E-Mails, wenn Ihr Job dies zulässt, nur zwei- bis dreimal täglich ab.
- Reservieren Sie ausreichend Zeit für Unerwartetes (ungefähr 20 Prozent des Tages).
- Planen Sie Zeit für Kommunikation und soziale Kontakte ein (ebenfalls ca. 20 Prozent).
- Erledigen Sie Routinetätigkeiten wie E-Mail-Kommunikation, Abrechnung, Telefonate u. a. am besten in Zeitblöcken.
- Halten Sie sich Zeiträume für ungestörtes Arbeiten an wichtigen oder größeren Aufgaben frei.

- Einmal am Tag sollten Sie in Ruhe über die bewältigten und die anstehenden Dinge reflektieren, den Kurs überprüfen und zu sich selbst kommen. Dieser Moment wird „Stille Stunde" genannt.
- Bei hohem Arbeitsaufkommen: Konzentrieren Sie sich zuerst auf die Anspruchsteller, dann auf die Aufgaben. Geben Sie ein kurzes Signal, dass Sie den Auftrag erhalten haben und etwas Zeit brauchen.
- Lassen Sie sich in Ihren Entscheidungen und Handlungen nicht durch Dringlichkeit, sondern von der Wichtigkeit leiten und behalten Sie die längerfristigen Abläufe im Auge.
- Machen Sie sich niemals zum Sklaven Ihrer To-do-Listen und Planungsabläufe, sondern lassen Sie dem gesunden Menschenverstand und Ihrer Intuition genügend Raum, um zu entscheiden.
- Vergessen Sie bei allen Aktivitäten und Pflichten nicht, das Leben zu genießen. Dafür sind kleine Wohlfühlpausen prima geeignet.

Praxis: Effektive Tagesplanung

Eine effektive Tagesplanung besteht aus verschiedenen Elementen. Setzen Sie die Alpen-Methode, Prioritäten und die 60:40-Regel ein, um Ihre Arbeitszeit im Tagesverlauf sinnvoll aufzuteilen. Und nutzen Sie die Stille Stunde, um zu den wichtigen Sachen zu kommen. Behalten Sie dabei Ihre Ziele und die Wochenplanung im Auge.

Alpen-Methode

Aktivitäten und Aufgaben schriftlich notieren
Länge der Tätigkeit großzügig einschätzen
Pufferzeit für Unvorhergesehenes reservieren (60:40-Regel)
Entscheiden über Prioritäten (delegieren, kürzen, streichen)
Nachkontrolle durchführen (Unerledigtes übertragen)

60:40-Regel

Nur max. 60 Prozent der Arbeitszeit für konkrete Termine und Aufgaben verplanen:

- 60 Prozent geplante Aktivitäten
- 20 Prozent unerwartete Aktivitäten (Pufferzeiten, Störungen, Zeitfresser)
- 20 Prozent spontane Aktivitäten (Kommunikation, soziale und kreative Aktivitäten, Erholung)

Zeitblöcke

Versuchen Sie, gleichartige Tätigkeiten wie Telefonieren, E-Mails beantworten, Abrechnung etc. in Zeitblöcken zu erledigen.

Stille Stunde

Ein sehr wichtiges Element der Tagesplanung ist die so genannte Stille Stunde. Hier geht es darum, dass es im Rahmen eines normalen Arbeitstages einen gewissen Zeitraum geben muss – das kann eine Stunde sein, zwei Stunden oder auch nur eine halbe Stunde –, in dem man ungestört an etwas arbeiten kann. In dieser Zeit ist das Telefon umgeleitet oder auf Anrufbeantworter gestellt, es werden keine E-Mails abgerufen und man wird auch sonst nicht gestört. In diesem geschützten Zeitraum kann man in Ruhe Denkarbeit machen: Konzepte schreiben, an Strategien arbeiten oder Entscheidungen reflektieren. Es ist auch ein guter Moment, um seine Zeitplanung zu machen oder sich einfach mal zu entspannen. Damit die Idee der Stillen Stunde auch umsetzbar ist, sollte man sie in Zeiten legen, in denen es ruhiger ist, also beispielsweise den frühen Morgen, kurz nach dem Mittagessen oder den späten Nachmittag.

Zeitschulden vermeiden

Ich hatte früher ein großes Vorbild – Nurmi, den Langstreckenläufer. Der sah beim Laufen auf die Uhr – um zu sehen, ob er nicht zu schnell sei.

FRITZ KORTNER

Zeit ist die Währung des Lebens

Zeit-Ressourcen prüfen

Wenn wir einen Kredit aufnehmen oder unser Haus mit einer Hypothek belasten, überlegen wir uns das vorher sorgfältig. Werden wir aber um einen Termin oder eine Leistung in einigen Wochen oder Monaten gebeten, sagen wir oft spontan ohne großes Nachdenken zu. Bis dahin ist schließlich noch Zeit und gegenwärtig sieht es ja noch ganz gut aus mit der Planung. Was viele nicht realisieren: Ein Termin, eine Zusage oder eine versprochene Leistung ist immer auch eine Zeitschuld, die wir einlösen müssen. Vielen fehlt das Bewusstsein für den richtigen Umgang mit dem Kapital Zeit. Ihnen ist nicht bewusst, dass ihre Zusage einen zeitlichen Anspruch an sie begründet, und sie prüfen nicht, ob ihr „Zeitvermögen“ dafür überhaupt ausreicht. Aus diesem Grund ist es wichtig, sich vor einer Zusage zu überlegen, ob für den Termin oder die angefragte Leistung auch wirklich zeitliche Ressourcen vorhanden sind. Verkannt wird dabei gern, dass der eigentliche Termin in der Regel von Nebenereignissen wie Reisen, Vor- und Nachbereitungen, Telefonaten usw. flankiert ist. Oft sind es gerade diese Begleiteffekte, die unseren Terminkalender sprengen und uns unter Zeitdruck setzen.

Praxis: Zeitschulden vorbeugen

Wenn Sie um einen Termin oder eine Zusage gebeten werden, verpflichten Sie sich nicht ohne Bedenkzeit, nicht früher als nötig, nicht zu langfristig und nicht vollkommen oder unnötig. Das gelingt, wenn Sie auf folgende Punkte achten:

- Bewahren Sie sich stets einen zeitlichen Spielraum.
- Machen Sie sich die tatsächliche Größe der Verpflichtung bewusst.
- Lassen Sie sich nicht unter Druck setzen.
- Setzen Sie sich selbst nicht unter Druck.
- Überlegen Sie sich gute Argumente für das Nein-Sagen.
- Lassen Sie nicht andere über Ihr Zeitbudget verfügen.
- Berücksichtigen Sie Ihre Ziele und Prioritäten.
- Treten Sie ruhig, entschlossen und sicher auf.
- Verhalten Sie sich einschätzbar und zuverlässig.

Wenn Sie sich an diese Regeln halten, werden Sie kaum Gefahr laufen, Zeitschulden zu machen, die Sie irgendwann nicht mehr begleichen können und die zu allem Überfluss Ihr Leben unnötig beschleunigen. Aus dieser Position heraus ist es auch viel leichter, freiwillig seine Zeit anzubieten, um spontan jemandem zu helfen oder sich freudig auf eine ungeplante Aktivität einzulassen. Wer ständig einen Berg von Zeitschulden mit sich herumschleppt, wird sich damit eher schwertun.

Wie Zeitstress entsteht

Verschiebe nicht auf morgen, was auch bis übermorgen Zeit hat.

MARK TWAIN

Kontrast zwischen Planung und Realität

Auslöser für Zeitstress

Ein alltäglicher Auslöser von belastendem Stress ist unsere Abhängigkeit von der Uhr. Nicht immer bestimmen wir selbst über die Zeitabläufe. Vor allem im Beruf oder auf Reisen bewegen wir uns in teilweise fremdgesteuerten zeitlichen Rhythmen. Wenn dann der tatsächliche Lauf der Ereignisse nicht mit dem geplanten Ablauf harmoniert, entstehen Verschiebungen und Spannungen. Zeitstress kann durch verschiedene Einflüsse zustande kommen:

- Für eine Aktivität ist zu wenig Zeit eingeplant.
- Termine liegen zu dicht aneinander.
- Die Pufferzeit reicht nicht aus oder fehlt.
- Jemand ist unpünktlich.
- Etwas Unvorhergesehenes passiert.
- Wir werden unterbrochen oder gestört.
- Ressourcen oder Mittel fallen aus.
- Es kommt zu schlechter Organisation oder Planung (Doppelbelegungen, Überschneidungen).
- Es gibt Fehler im System (z. B. im Verkehr oder in der Produktion).
- Der für eine Tätigkeit ursprünglich vorgesehene Zeitraum verkürzt sich.
- Alte Zeitschulden oder Aufgeschobenes drängen in den aktuellen Tagesablauf.

Sich in Gelassenheit üben

In solchen Situation entscheidet vor allem unsere subjektive Wahrnehmung darüber, wie wir die Ereignisse bewerten und ob sie uns belasten oder nicht. Wenn wir Zeitstress vermeiden wollen, müssen wir neben einer besseren Selbstorganisation vor allem zu einer inneren Gelassenheit im Umgang mit unvorhersehbaren Situationen finden. Durch sorgfältige Planung können wir den Zeitdruck dauerhaft reduzieren und mehr Ruhe und Stimmigkeit in unser Leben bringen. Einer der wichtigsten Schritte im Umgang mit Zeitstress ist zudem, den eigenen Perfektionismus – einen wahren Zeitfresser – abzulegen. 80-prozentige Lösungen reichen nämlich in der Regel aus.

Das Loslassen lässt sich gut im Alltag üben, an kleinen Dingen. So sollte man beispielsweise grundsätzlich nicht dem Bus oder der Bahn hinterherlaufen, sondern lieber in Ruhe gehen und eventuell auf die nächste Abfahrt warten. Auch wer noch bei Dunkelorange über die Ampel fährt, zahlt einen hohen Preis dafür, nicht nur wegen der Unfallgefahr oder des Bußgeldes – auch der eigene Stresspegel steigt durch solche Aktionen steil an. Und an der nächsten Ampel steht man ja doch wieder. Man sollte auch nicht „nur ganz rasch noch etwas erledigen" wollen, es dauert doch meistens länger und erzeugt Stress. Es ist viel besser, stattdessen bewusst eine Entscheidung zu treffen: Will ich das jetzt wirklich noch machen? Wenn ja, dann in Ruhe.

Übung: Gedanken-Stopp/Schultern runter/ Kiefer entspannen

In unserem geschäftigen Alltag sind wir unbewusst häufig verspannt, sowohl geistig als auch körperlich. Unruhige, oft auch negative Gedanken kreisen durch unser Gehirn und versetzen auch den Körper in Anspannung. Gerade Zeitdruck und Stress lassen Körper und Geist verkrampfen. Eine einfache Übung kann uns dabei helfen, diesen Zustand immer wieder aufzulösen und in eine gelassene Grundhaltung zurückzukehren. Sie können diese Drei-Schritt-Übung jederzeit und überall machen: im Stau auf der Autobahn, während einer Besprechung im Büro oder beim Warten an der Supermarktkasse:

1. **Gedanken-Stopp:** Halten Sie das Gedankenkarussell, das häufig von negativen Vorstellungen angetrieben wird, einfach an und versuchen Sie, einmal nichts zu denken.

2. **Schultern runter:** Entspannen Sie Ihre Schulter- und Nackenmuskulatur, indem Sie die Schultern locker seitlich hängen lassen. Weder nach vorne noch nach hinten gezogen, sondern einfach so, wie es von der Natur vorgesehen ist.

3. **Kiefer entspannen:** Lockern Sie schließlich Ihren Kiefer so weit, dass zwischen den Schneidezähnen ein Abstand von etwa 5 mm entsteht.

Anhand dieser simplen Übung können wir erstens feststellen, wie verspannt wir oft sind, ohne dies zu merken. Zweitens können wir sehr rasch einen Zustand der Entspannung herbeiführen, der sich sowohl auf den Geist als auch auf den Körper wohltuend auswirkt.

Chronos und Kairos – von den antiken Griechen lernen

Alles hat seine Zeit

Chronos: Umgebungszeit

Im Leben, das wussten vor allem die Griechen in der Antike, hat alles seine Zeit. So gab es in der Antike zwei verschiedene Zeitbeschreibungen. Chronos nannte man die r egelmäßig ablaufende, genormte Zeit. Sie bildete den äußeren Rahmen, das, was wir auch heute mit Uhren und Kalendern exakt zu beschreiben versuchen. Chronos ist also gewissermaßen der gemeinsame Zeit-Nenner, dem sic h alle unt erordnen, um gemeinschaftliche Aktivitäten zu k oordinieren und eine Norm zu setzen, die der allgemeinen Orientierung dient. Man könnte Chronos auch als Umgebungszeit bezeichnen. Auf das heutige Leben übertragen bedeutet Chronos Terminplanung, geregelte Arbeitszeiten, fest definierte Zeitpunkte und -räume im Tagesablauf. Es sind die Z eitkompromisse, die w ir gegenüber unserem Umfeld eingehen und bei denen wir uns der Umgebungsgeschwindigkeit anpassen. Wir ordnen dabei unser eigenes Tempo und unsere persönlichen Bedürfnisse der offiziellen Zeitrechnung unter. So wird es möglich, gemeinsam Aufgaben zu bewältigen, sich zu verabreden und abzustimmen. Chronos bedeutet: „Ich habe keine Zeit, die Zeit hat mich."

Kairos: Innere Zeit

Aber die alten Griechen wussten auch, dass Zeit mehr ist, als die Uhren anzeigen können, dass es auch ein anderes Zeiterleben gibt: Kairos, die subjektiv ablaufende, innere Zeit. Kairos ist die Zeit, wie wir sie persönlich erleben, mit unseren Gefühlen und in unserer subjektiven Wahrnehmung. Sie richtet sich nicht nach formalen Vorgaben wie Stunden, Minuten oder Sekunden, sondern vielmehr nach dem richtigen Augenblick. Wer nach dem Kairos-Prinzip lebt, handelt in Übereinstimmung mit seiner intuitiven Wahrnehmung von Zeit. Er tut Dinge dann, wenn aus seiner Sicht der beste Zeitpunkt dafür ist, und lässt sich so lange Zeit, wie es braucht, um eine bestimmte Aufgabe zu erledigen. Kairos bedeutet: „Ich lebe die Zeit."

Während eine überwiegende Orientierung an der Außenzeit (Chronos) einerseits dazu führt, dass Menschen sich fremdbestimmt, gehetzt oder eingeschränkt fühlen und eher einen Mangel an Zeit empfinden, hilft ein gemeinschaftlich etabliertes Zeitsystem auf der anderen Seite, das Leben einer Gesellschaft oder Lebensgemeinschaft zu koordinieren und zu strukturieren. Wer sich vorwiegend an den eigenen Zeitbedürfnissen orientiert (Kairos), lebt zwar im Einklang mit sich selbst und den persönlichen Bedürfnissen, wird aber andererseits Konflikte mit seinem Umfeld erleben, weil naturgemäß jeder Mensch sein eigenes Kairos lebt und Verabredungen, gemeinsame Termine oder die Bewältigung gemeinschaftlicher Aufgaben durch die unterschiedliche Interpretation und Wahrnehmung von Zeiterfordernissen problematisch werden.

Mehr Selbstbestimmung erleben

Ein Mensch, der ein ausgeglichenes und erfülltes Leben innerhalb einer Gemeinschaft führen möchte, braucht beide Arten, mit Zeit umzugehen. Er handelt nach dem Chronos-Prinzip, wenn es darum geht, sich mit anderen zu koordinieren, und lebt nach dem Kairos-Prinzip, wenn er für sich ist, in der Freizeit oder im Urlaub. Nicht umsonst gibt es ja Sonn- und Feiertage. Das ist Kairos-Zeit. Problematisch ist allerdings, dass diese Kairos-Inseln oftmals ebenso dem Chronos-Diktat unterworfen werden wie der Arbeitsalltag. Die freien Tage sind bei vielen Menschen derart mit leistungsbezogenen Aktivitäten und Terminen angefüllt, dass sie stressiger sind als die Arbeitstage – eine Folge der enormen Ansprüche. Wer sich getrieben und gehetzt fühlt, wer das Gefühl hat, sein Leben nicht mehr selbst zu bestimmen, muss wieder mehr Kairos in seine Tage bringen. Mehr Momente, in denen er selbstbestimmt und intuitiv entscheiden und handeln kann, in denen er verschwenderisch mit Zeit umgehen, sich darin verlieren kann, wie im Urlaub. Das bedeutet nicht unbedingt, dass man andere Dinge tun muss, aber man kann Dinge vielleicht auf eine andere Weise tun, sich die Zeit nehmen, die es eben braucht, und in aller Ruhe das tun, was man möchte.

Reflexion: Innehalten

Mittags wird im Süden die Siesta gehalten. Wie wäre es also mal mit Ausspannen, wenn die Lebenssonne ihre harten Schlagschatten wirft? Ein wenig ausruhen und zu sich kommen, Mensch sein. Eine Phase der Reflektion, des Innehaltens und Abstandnehmens kann nicht nur wieder den Kontakt mit uns selbst ermöglichen, sondern Türen öffnen, die zurück ins eigene Leben führen. Eingänge, die man verpasst, wenn man schnell daran vorbeihastet. Wir könnten lernen, die Dinge etwas ruhiger anzugehen, weniger statt mehr zu tun, uns Zeit füreinander und die Dinge zu nehmen. Zeichnet das nicht einen reifen Menschen aus?

Chronobiologie – Leben mit der inneren Uhr

Im Rhythmus der Natur

Chronobiologie ist die Lehre von der zeitlichen Organisation lebender Organismen. Menschen, Tiere und Pflanzen haben natürliche zeitliche Rhythmen implementiert, die unterschiedlichste Funktionen steuern. Anliegen der Chronobiologie ist es, diese „inneren Uhren" von Lebewesen zu verstehen und zu beschreiben. Die inneren (endogenen) Zeitsysteme in Tier, Pflanze und Mensch haben unterschiedliche Frequenzen und sind teilweise von innen heraus gesteuert, folgen aber zum Teil auch äußeren (exogenen) Einflüssen. Die können wir manchmal ganz direkt spüren. So werden zum Beispiel im Winter, wenn wir zu wenig Licht bekommen, spezielle Hormone nicht in ausreichender Menge produziert. Die Folge: Winterdepression, auch „Novemberblues" genannt. Im Prozess des Lebens wiederholen sich die Ereignisse kreislaufartig und rhythmisch. Von der Zellteilung über Atmung, Herzschlag und Verdauung bis hin zu bestimmten Verhaltensweisen folgen die Lebensereignisse mehr oder weniger festgelegten Mustern. Die Synchronisation der endogenen biologischen Rhythmen erfolgt durch bestimmte Reize, etwa Licht oder Temperatur. Sie fungieren als Zeitgeber und eichen die körpereigenen Funktionskreisläufe immer wieder neu.

Unsere inneren Uhren sind häufig verstellt

Das Wissen über die chronobiologischen Zusammenhänge hat für uns Menschen vor allem deswegen eine zunehmende Bedeutung, weil unsere Lebensweise oftmals nicht zu unserer biologischen inneren Uhr passt. Während unsere Vorfahren noch mit der Sonne aufstanden und zu Bett gingen, arbeiten wir heute zu allen möglichen Tages- und Nachtzeiten, nicht selten in unregelmäßigem Rhythmus (zum Beispiel bei wechselndem Schichtdienst) oder sogar rund um die Uhr (etwa beim Bereitschaftsdienst oder in bestimmten Serviceberufen). Auch fehlen häufig Ruhephasen, in denen der Körper sich regenerieren kann. Orientierten sich die Aktivitäten und täglichen Aufgaben (ebenso wie die Ernährung) früher an den Jahreszeiten, so nehmen wir darauf heute keine Rücksicht mehr – mit allen positiven und negativen Auswirkungen für Mensch und Natur.

Ernährung, Bewegung, Schlaf

Die chronobiologischen Rhythmen sind in verschiedene Längen unterteilt, von denen die circadianen Rhythmen (also jene, die ungefähr der Dauer eines Tages entsprechen) für den Menschen besonders interessant sind. Der Schlaf- und

Wachrhythmus, Verdauung und Stoffwechsel, die tägliche Leistungskurve und viele andere Phänomene prägen unser Leben jeden Tag aufs Neue.

Es wäre natürlich interessant zu wissen, wo genau die innere Uhr sitzt und ob man auf ihren Lauf Einfluss nehmen kann. Doch dies lässt sich heute noch nicht hundertprozentig sagen, denn es gibt verschiedene Organe, die an den chronobiologischen Funktionen beteiligt sind. Man geht davon aus, dass selbst kleinste Zellen eingebaute „Uhrwerke" haben, die ihre Wachstumsprozesse und ihr Verhalten steuern. Ein großer Teil der Funktionen wird durch den Einfluss von Licht und Temperatur gesteuert. Wir können das wunderbar in der Tier- und Pflanzenwelt beobachten – und eben auch an uns selbst.

Wir können einiges dafür tun, unsere innere Uhr in unserer Lebensweise mehr zu berücksichtigen. Einfluss nehmen wir vor allem über die drei Faktoren Ernährung, Bewegung und Schlaf. Für jede dieser Aktivitäten gibt es, chronobiologisch betrachtet, über den Tag verteilt gut geeignete Zeitpunkte. Halten wir uns daran, dankt unser Körper uns das mit Wohlbefinden. Je mehr wir in unserer Lebensgestaltung die chronobiologischen Bedürfnisse unseres Körpers ignorieren, desto stärker macht er uns darauf aufmerksam, dass etwas nicht stimmt: Missempfindungen und Funktionsstörungen, starke Müdigkeit, Konzentrationsprobleme oder gar Schmerzen sind ein klares Zeichen für verstellte innere Uhren oder eine Lebensweise gegen die innere Uhr.

Alles ist geregelt

Schauen wir uns einige Faktoren an, die durch die circadiane Uhr gesteuert werden:

06:45 Uhr: Blutdruckanstieg (Aufwachen)
07:30 Uhr: Melatonin-Abgabe endet

09:00 Uhr: Testosteron-Produktion steigt an
10:00 Uhr: Gute Konzentration und Aufmerksamkeit
14:30 Uhr: Gute Koordination
15:30 Uhr: Kurze Reaktionszeit
16:00 Uhr: Hohes Körpergewicht
17:00 Uhr: Beste Kreislaufleistung und Muskelkraft
18:30 Uhr: Höchster Blutdruck
19:00 Uhr: Höchste Körpertemperatur
21:00 Uhr: Melatonin-Abgabe beginnt (das körpereigene „Beruhigungsmittel")
24:00 Uhr: Schlaf
02:00 Uhr: Tiefster Schlaf
03:00 Uhr: Hohe Geburtenrate
04:00 Uhr: Hohe Sterberate
04:30 Uhr: Niedrigste Körpertemperatur

Kommt Ihnen einiges davon bekannt vor? Natürlich läuft die circadiane Uhr bei jedem Menschen etwas anders. Interessant ist, dass es Frühtypen gibt, so genannte „Lerchen", bei denen die chronobiologischen Funktionen etwas früher einsetzen, und „Eulen", die gern später aufstehen und entsprechend später zu Bett gehen. Man nimmt an, dass diese Prägung genetisch bedingt ist und insofern nicht wirklich beeinflussbar.

Ist Anpassung möglich?

Allerdings kann sich unsere innere Uhr an veränderte Bedingungen anpassen, wenn diese konstant bleiben. Das merken wir, wenn wir uns in den ersten Urlaubstagen fernab der heimatlichen Klima- und Zeitzone akklimatisieren. Nach einer Übergangsphase hat der Körper sich auf die neuen Bedingungen eingestellt und das circadiane Karussell dreht sich wieder wie zuvor. Problematisch ist es, wenn die Bedingungen sich andauernd verändern, wie zum Beispiel bei Piloten oder Geschäftsreisenden, die ständig zwischen verschiedenen Zeit- und Klimazonen hin- und her fliegen. Hier stellen sich schnell Schlafstörungen, Energiemangel und Verdauungsprobleme ein. Auch Depressionen können die Folge eines chronischen Jetlags sein. Um das zu erleben, muss man allerdings nicht ins Flugzeug steigen. Durchgemachte Nächte, egal ob auf einer Party oder im Büro, haben einen ganz ähnlichen Effekt. Letztlich bleibt es jedem selbst überlassen, seine innere Uhr in der Lebensführung mehr zu berücksichtigen, und es gibt auch nicht das perfekte Leben nach der inneren Uhr, will man nicht als Eremit leben. Aber jedes Engagement für ein Leben in Harmonie mit dem Körper ist eine gute Maßnahme gegen Stress, und eine äußerst angenehme zudem.

Eigenzeit erleben

Es gibt nur ein Tempo, und das ist das richtige.

WILHELM FURTWÄNGLER

Jeder Mensch ist anders

Freiräume für Eigenzeit

Jeder Mensch hat eine eigene Geschwindigkeit, in der er Dinge am besten tut. Der eine braucht etwas länger für eine Aufgabe, der andere ist schneller fertig, benötigt aber vielleicht eine längere Pause danach. Bestimmte Aufgaben, Tätigkeiten oder Prozesse benötigen einfach ihre Zeit – das Gras wächst nicht schneller, wenn man daran zieht. Wenn wir hier über Eigenzeit sprechen, ist damit nicht der naturwissenschaftliche Eigenzeit-Begriff gemeint (die Zeit, die ein System benötigt, um nach einer Störung wieder in seinen ursprünglichen Rhythmus zurückzufinden). Es geht vielmehr um die individuelle Zeit, die ein Mensch für etwas braucht (auch für sich selbst), die Zeit, die er sich nimmt, um in aller Ruhe nach seinen persönlichen Möglichkeiten zu entscheiden und zu handeln.

Im Grunde sollte es heute viel besser als früher möglich sein, das zu erleben. Wozu sonst wären all die „zeitsparenden" Alltagshilfen gut, wenn nicht dazu, Freiräume für mehr Eigenzeit zu schaffen? Paradoxerweise ist aber das Gegenteil der Fall: Die meisten Menschen beklagen sich über einen Mangel an (Eigen-)Zeit und fühlen sich gehetzt und fremdbestimmt. Dabei liegt es in unserer Macht, den Fuß vom Gas zu nehmen. Sicher, nicht jeder Mensch kann seine persönlichen Bedürfnisse unbegrenzt verwirklichen – welchen Sinn hätte eine Gesellschaft von Egoisten? Aber in einem gewissen Rahmen können wir alle darüber bestimmen, wie wir die Dinge tun, welche Alltagsgeschwindigkeit wir zulassen und wo wir Möglichkeiten für Eigenzeit schaffen. Das können kleine Momente zwischendurch sein: eine Tasse Tee, die wir in Ruhe und mit Achtsamkeit trinken, ein Moment des Innehaltens auf einer Bank im Park, ein entspanntes Gespräch mit einem interessanten Menschen. Kleine Rituale im Alltag helfen ebenfalls, Momente zu schaffen, in denen wir Eigenzeit erleben können: ein Entspannungsbad am Abend, ein Spaziergang in der Mittagspause, ein Buch vor dem Schlafengehen.

Ohne Blick auf die Uhr

Um Eigenzeit zu erleben, ist es hilfreich, Aktivitäten nicht mit Blick auf die Uhr, sondern genau in dem Tempo durchzuführen, das angemessen erscheint. Nehmen wir als Beispiel ein einfaches Ritual, das Teetrinken: Gießen Sie sich in Ruhe einen Tee auf und trinken Sie diesen dann ganz bewusst. Nichts einfacher als das? Versuchen Sie, sich ganz dieser einen Tätigkeit zu widmen, anstatt sich nebenbei noch mit anderen

Dingen zu beschäftigen. Sie warten entspannt neben dem Herd oder Wasserkocher, bis das Wasser ausreichend erhitzt ist, füllen den Teefilter achtsam mit Teeblättern oder nehmen in aller Ruhe einen Teebeutel zur Hand. Atmen Sie den Duft des noch trockenen Tees ein und nehmen Sie wahr, wie er sich weiter entfaltet, wenn Sie das heiße Wasser aufgießen. Bleiben Sie auch bei Ihrem Tee, während er zieht, und machen Sie in der Zwischenzeit nichts anderes. Wenn der Tee fertig gezogen hat, können Sie ihn ganz in Ruhe Schluck für Schluck genießen.

Fällt Ihnen das schwer? Werden Sie dabei unruhig und denken an all die Dinge, die Sie in der Zwischenzeit erledigen könnten? Oder freuen Sie sich über diese wunderbare Gelegenheit zum Entspannen und Auftanken? So wie wir unseren Tee (oder Kaffee) trinken, gehen wir oft auch durch das Leben: hektisch, fahrig und unaufmerksam oder ruhig, achtsam und konzentriert.

Das richtige Tempo finden

Eine gute Hilfestellung für mehr Achtsamkeit und das richtige Tempo im Alltag liefert die Atmung. Sie zeigt uns, in welchem Zustand wir uns befinden, ob wir eher gestresst und gehetzt sind oder ruhig und entspannt. Das bewusste Wahrnehmen der Atmung kann uns helfen, den richtigen eigenen Rhythmus zu finden.

Das Besondere an Eigenzeit ist, dass sich das Zeiterleben komplett wandelt, wenn wir uns erlauben, die Dinge in der angemessenen Geschwindigkeit zu tun. Wir fühlen uns wieder mehr als Mensch, als Individuum. Das tut gut in einer weitgehend effizienzorientierten Gesellschaft. Hinzu kommt, dass es nicht immer der beste Weg ist, schnell zu handeln. Wer seine eigenen Möglichkeiten kennt, kann, wenn er die Dinge in Eigenzeit erledigt, besser vorankommen, als wenn er sich beeilt. Eigenzeit kann aber auch bedeuten, dass jemand schneller ist als seine Umgebung. So ein Mensch fühlt sich durch das gemeinschaftliche Zeitdiktat ebenfalls eingeschränkt, denn ständig muss er auf andere warten. Da kann es befreiend sein, dem eigenen inneren Tempo einmal besser gerecht zu werden und schnelleren Schrittes zu gehen.

Übung: Ein Tag ohne Uhr

Legen Sie probehalber einmal für einen Tag (zum Beispiel im Urlaub oder am Wochenende) die Uhr ab und leben Sie in Eigenzeit. Stellen Sie nicht den Wecker, sondern stehen Sie auf, wenn Sie wach geworden sind, essen Sie, wenn Sie Hunger haben, tun Sie die Dinge in der Geschwindigkeit und zu der Zeit, die Ihnen angemessen erscheinen. Und wenn Sie irgendwann müde werden, legen Sie sich schlafen.

5.

Stress durch ganzheitliche Lebensführung reduzieren

Kapitän des eigenen Lebens werden

Stets die Übersicht behalten

Zum achtsamen Dasein gelangen

Kein Skipper käme aufden Gedanken, lediglich nach der Uhr zu segeln, er würde immer auch die Bestimmung des Längen- und Breitengrades vornehmen und sich über die Wetterlage informieren, um Schiff und Besatzung sicher in den Zielhafen zu navigieren. Im Lebensalltag geht uns diese Übersicht oft verloren, zu sehr sind wir getrieben durch die Mühle der alltäglichen Pflichten und Routinen, zu sehr imAußen orientiert, zu wenig bei uns selbst. Irgendwann wird aber klar: Das kann es nicht sein! Doch es ist gar nicht so leicht, den Fokus der Aufmerksamkeit von außen nach innen zu verlegen, vom hektischen Getriebensein zum achtsamen Dasein zu gelangen. Ein Beispiel: Wenn das Telefon klingelt, muss man nicht unbedingt abheben, nur weil es klingelt. Es sollte immer eine bewusste Entscheidung sein. Das gilt auch für E-Mails, SMS und andere elektronische Nachrichten. Aber viele Menschen reagieren reflexhaft, sobald es irgendwo bimmelt, piepst oder brummt, und lassen sich von den Dingen abbringen, mit denen sie eigentlich beschäftigt sind.

Ist das noch normal?

Wer beruflich viel unterwegs ist und die Augen offen hält, fragt sich mitunter, ob das Verhalten so mancher Mitmenschen noch menschenwürdig ist: Kundentelefonate auf der Flughafentoilette, Spülung inklusive. Auch Meetings, in denen die teilnahmslosen Teilnehmer hinter ihren Laptops verbarrikadiert aneinander vorbeireden, gehören vielerorts zum Unternehmensalltag. Hinzu kommen Rempeleien und Pöbeleien im Straßenverkehr, blinder Aktionismus und jede Menge Unhöflichkeit. Vielleicht ist es ja sehr menschlich, sich so zu verhalten. Menschlich insofern, als sich hier deutlich zeigt, was geschieht, wenn ein Mensch überfordert ist – oder achtlos. Wer so agiert – getrieben, gehetzt und rempelnd –, ist nicht mehr Kapitän seines eigenen Lebens, sondern nur noch Frachtgut.

Das Ruder selbst in die Hand nehmen

Worauf kommt es an, wenn ich meine Würde als Mensch zurückgewinnen will? Es ist wichtig, das Ruder selbst in die Hand zu nehmen, sich den Kurs klarzumachen und die Geschwindigkeit zu bestimmen. Ich bin derjenige, der entscheidet, der „ja“ oder „nein“ sagt. Ich bin derjenige, der ans Telefon geht oder auch nicht. Der sich einer Aufgabe widmet oder sich ausruht. Der spricht oder schweigt. Ich bin derjenige, der sein Leben lebt. Ein Mensch, der würdevoll handelt, kennt seine Werte und Ziele, weiß um die Auswirkungen seiner Handlungen und reflektiert bewusst seine

Entscheidungen. Er ist achtsam im Umgang mit sich selbst und anderen und ist sich seines eigenen Wertes bewusst, ohne eitel zu sein. Er übernimmt Verantwortung für sein Tun und kann zugleich den Wert des anderen begreifen und sich öffnen. Ein Mensch mit Würde zeigt Haltung, auch in schwierigen Situationen.

Verantwortlich handeln

Zu gern machen wir äußere Umstände und andere Menschen für den Stress und die Probleme in unserem Leben verantwortlich. Tatsächlich sind wir selbst die Meister unseres Lebens. Wir sind die-jenigen, die denken, fühlen und handeln. Die natürlich auch Fehler machen und Schwächen haben. Aber es bleibt dabei: Nur wir selbst entscheiden, zumindest über die vielen kleinen Dinge unseres Alltags. Über die großen entscheidet vielleicht der Zufall. Oder das Schicksal. Oder das, was wir Gott nennen.

Kapitän des eigenen Lebens zu sein bedeutet, sich der eigenen Ziele bewusst zu sein und die vorhandenen Ressourcen sinnvoll und schonend einzusetzen. Es bedeutet, die Rundumsicht zu haben, Probleme konstruktiv anzugehen und in komplexen und schwierigen Situationen die richtigen Entscheidungen zu treffen.

Ganz ich sein

Viele Menschen spüren eine große Sehnsucht nach einem authentischen Leben. „Ganz ich“ sein, die innere Mitte spüren, wissen, was wirklich wichtig ist – das sagt sich leicht, aber lebt sich schwer. Die Psychologie hat, gestützt durch Erkenntnisse aus der Hirnforschung, diesem Zustand einen Namen gegeben: Selbstkongruenz. Das bedeutet: mit sich selbst in Kontakt sein, mit seinem Inneren (dem Wesenskern) verbunden sein. Ein Mensch in Selbstkongruenz ist selbstsicher, ohne überheblich zu sein, entschlussfreudig und zugleich flexibel, ungekünstelt und glaubwürdig in seinem Auftreten, ruht in sich und ist in der Lage, sich durchzusetzen, wenn es darauf ankommt. Fehlt der Kontakt zum inneren Wesenskern oder ist dieser durch starken Stress gestört, wird der Mensch unausgeglichen und rigide, abhängig und entscheidungsunsicher, schwierig im Umgang, misstrauisch und unzufrieden, er fühlt sich innerlich leer.[1] Aber wo steckt dieser innere Wesenskern und wie erreiche ich ihn? In der Wissenschaft streitet man sich seit geraumer Zeit darüber, ob es ihn überhaupt gibt. Da haben wir sie wieder, die linke Hirnhälfte, die über die Maßen bemüht ist, alles rational zu durchdringen. Aber wie heißt es so schön? Die Abwesenheit eines Beweises ist kein Beweis für dessen Abwesenheit. Viele Jahrhunderte spiritueller Praxis im Osten und Westen haben gezeigt, dass der innere Wesenskern, in dem sich auch die (gottgegebene) Lebensenergie ausdrückt, erfahrbar ist. Hier steht konkrete praktische Erfahrung gegen das abstrakte Verstehenwollen. Das Problem ist nicht, wo ich die eigene Mitte finde, sondern wie ich mich von all den Barrieren befreie, die sie verbauen – den Anhaftungen und Glaubenssätzen, Ängsten und Zweifeln, die mich daran hindern, ganz ich zu sein, ganz Mensch zu werden.

Zeit für Selbsterkenntnis

Was es braucht, um Zugang zur eigenen Kapitänskajüte zu erhalten, ist vor allem Zeit. Zeit zur Einkehr, zum Innehalten, zur Selbsterkenntnis. Man muss nicht meditieren, um ganz Mensch zu werden, auch wenn es dabei helfen kann. Aber man muss sich die Zeit nehmen, sich selbst wieder zu spüren, in sich hineinzuhorchen. Ein Mensch wird nicht als Kapitän in diesem Sinne geboren, jeder Einzelne muss auf seinem Lebenskurs Erfahrungen sammeln, Flauten und Stürme durchschiffen, ja vielleicht sogar einmal Schiffbruch erleiden, um zu erkennen, was im Leben wirklich zählt und wohin das eigene Schiff segeln soll. Und ebenso wie ein Segelschiff dem Wind, den Strömungen und anderen Unwägbarkeiten ausgesetzt ist, lässt sich der Lebenskurs nicht exakt auf der Karte festlegen, sondern muss hin und wieder neu definiert werden: Bedürfnisse, Ziele und Lebensbedingungen ändern sich, ebenso wie das Wetter. Ein guter Kapitän weiß das und nutzt die Bedingungen, so gut es geht. Er versucht den Kurs aber nicht um jeden Preis zu halten, sondern nimmt auch Umwege in Kauf, um sicher den Zielhafen zu erreichen.

Den Kurs bestimmen

Heute werden Schiffe mit GPS und anderen automatischen Systemen navigiert. Auch im Auto sind die elektronischen Navigationssysteme selbstverständlich geworden. Was auf der Straße und dem Wasser hilfreich sein kann, darf aber trotzdem nicht die Grundfähigkeiten des Kapitäns ersetzen. Er weiß, wohin die Reise geht, und trifft die Entscheidungen. Auch wir leben heute mit Mobiltelefonen, Internet und Chipkarten – doch es sind lediglich Werkzeuge. Die Entscheidungen über unser Leben treffen wir immer noch selbst, oder etwa nicht?

Kapitän auf seinem Lebensschiff zu sein, bedeutet, souverän zu handeln, vom reaktiven, defensiven Verhalten zum vorausschauenden Agieren zu gelangen, selbst die Impulse zu setzen. Und sich nicht wie ein blinder Passagier im Frachtraum zu verstecken, ohne je einen Blick auf das Wasser werfen zu können. Allerdings muss der Kapitän sich auch mit seiner Crew abstimmen, braucht ihr Vertrauen und ihre Unterstützung. So ist es auch im Leben, wo viele Ereignisse mit Partner und Familie, Freunden und Kollegen geteilt werden, wo es immer auch um ein Miteinander geht. Der ganzheitliche Blick auf das Leben, also das Bewusstmachen der verschiedenen Lebensbereiche und ihres Zusammenspiels, ist dabei eine echte Hilfe. Also rauf auf die Brücke, Ausschau halten und dann volle Fahrt voraus!

Übung: Zeit allein verbringen

Ebenso wie wir als Menschen den Kontakt zu anderen brauchen, ist es wichtig, hin und wieder Zeit allein zu verbringen. Nur so haben wir Gelegenheit, zu uns selbst zu kommen, Innenschau zu halten und uns über unseren Weg klar zu werden. Gerade wer in einer Beziehung oder Familie lebt und auch bei der Arbeit ständig von Menschen umgeben ist, profitiert davon, sich selbst ab und zu Momente des Alleinseins zu gönnen. Wir kommen dann nicht nur in einen besseren Kontakt mit uns selbst, sondern können anderen Menschen auch wieder offener und bewusster begegnen.

Finden Sie für sich persönlich heraus, welche Situationen sich anbieten, um Zeit allein zu genießen. Das können beispielsweise Spaziergänge oder Wanderungen, vielleicht eine Reise oder ein freier Tag sein. Aber letztlich sind der Fantasie keine Grenzen gesetzt, wenn es darum geht, Zeit mit sich selbst zu verbringen. Wichtig dabei ist, dass wir im Alleinsein auch Ruhe finden und uns nicht gleich wieder neuen Ablenkungen durch Fernsehen oder Shoppingtouren aussetzen. Denn durch das Reflektieren in der Stille kann es uns gelingen, Lösungen für unsere Lebensprobleme zu finden, ein gutes Selbstgefühl zu entwickeln und wieder mehr Achtsamkeit zu erleben.

Den Lebenssinn finden

Woher kommt mein Leben?
Wohin geht es?
Allein sitze ich in meiner Hütte
Und meditiere still.
So viel ich auch nachsinne,
Ich finde kein Woher und kein Wohin.
Da ist nur das Jetzt:
Steter Wandel, alles leer.
In dieser Leerheit besteht das Ich
Mit seinen Ja und Nein für einen Augenblick.
Ich wüsste nicht, wohin damit.
Ich folge den Wellen meines Karmas in tiefster Zufriedenheit.

SOHAKU OGATA

Nach dem Sinn zu fragen macht Sinn

Leben in einer komplexen Welt

Unser Leben hat sich zu keinem Zeitpunkt der Entwicklungsgeschichte so schnell verändert wie im letzten Jahrhundert. Körper, Seele und Geist hatten über Jahrtausende Zeit, sich den langsamen Veränderungen der Lebensbedingungen anzupassen. Seit dem Beginn der Industrialisierung sind indes nur wenige Jahrzehnte vergangen, eine entwicklungsgeschichtlich betrachtet sehr kurze Zeit, um sich an die Bedingungen einer schnellen, komplexen und technisierten Welt zu gewöhnen. Und mit dem Einzug der Informationstechnologie hat sich das Tempo noch einmal vervielfacht, durch die Vernetzung die Komplexität in exponentieller Weise zugenommen. So ist es nicht verwunderlich, dass heute viele Menschen nicht mehr mithalten können, einen Kontrollverlust und somit enormen Stress erleben. Sie spüren, dass ihre Fähigkeiten und Möglichkeiten nicht ausreichen, um unter diesen Bedingungen ein ausgeglichenes und gesundes Leben zu führen. Sie fragen sich: Was soll das alles, was tue ich hier eigentlich? An diesem Punkt kann es helfen,über den Lebenssinn nachzudenken.

Im Labyrinth des Lebens

Worum geht es im Leben eigentlich? Liegt der Sinn unseres Daseins als Mensch vor allem in der Fortpflanzung und Karriereplanung? Oder kann man den Lebenssinn auch in einer Tasse Tee, in einem Essen mit Freunden oder einem guten Witz finden?

Auf einer indianischen Felszeichnung steht ein Mensch vor einem Labyrinth. Es ist Jitoi, der vor dem Labyrinth des Lebens steht, seinem Lebensweg. Es gibt einen Weg durch dieses Labyrinth, der zu seinem Mittelpunkt führt. Dort warten Selbsterkenntnis, Erleuchtung, Erfüllung. Wer die Mitte dieses Labyrinths erreicht, ist ganz bei sich angekommen, hat sich selbst und seinen Lebenssinn gefunden. Bis dahin ist es allerdings ein weiter Weg und der Mensch muss manche Wendungen und Sackgassen auf seinem Lebensweg hinnehmen. Ironischerweise liegt manche Strecke ganz nah am Zentrum, ohne dass es zu spüren wäre. In dem Labyrinth von Jitoi gibt es keine Irrwege oder falschen Pfade. Alles ist Teil des Weges, der zum Zentrum führt, auch wenn dies nicht gleich ersichtlich ist. Aber gleich, ob es nur den einen Weg oder viele mögliche Pfade gibt, es geht um das Gehen, nicht um das Ankommen. Wenn wir endlich einmal irgendwo ankommen, ist dann unser Leben zu Ende? Was gibt es dann noch zu tun? Stehen wir wieder am Anfang? Ist gar Anfang und Ende eins? Es wäre doch schön, am Ende bei sich selbst anzukommen.

Wofür betreibe ich all diesen Aufwand?

Im Lebenssinn liegt die Bedeutung unseres Lebens. Er gibt unserem Denken, Fühlen und Handeln eine Ausrichtung und stellt einen Punkt dar, an dem wir uns bei Entscheidungen und Veränderungen orientieren können. In der Regel stellen wir uns die Sinnfrage erst, wenn unsere Lebensführung nicht mehr gut funktioniert, wenn wir an persönliche Grenzen stoßen (wie etwa im Umgang mit Stress), Enttäuschungen, Sorgen oder Unglück erleben, aber auch wenn wir in eine neue Lebensphase eintreten. In diesen Situationen fragen wir uns: Warum lebe ich? Was ist meine Aufgabe? Worin liegt die Bedeutung meines Lebens? Womit rechtfertige ich all den Aufwand, den ich betreibe, um etwas in meinem Leben zu erreichen?

Auf diese Fragen kann nur jeder Mensch seine eigenen Antworten finden. Dabei wird die Suche nach dem großen Ganzen, der allumfassenden Idee, leicht zur Sackgasse. Denn ebenso wie man eine Erleuchtungserfahrung nicht erzwingen kann, lässt sich Lebenssinn durch Suchen nur schwer finden. Im Umkehrschluss können wir sogar annehmen: Wer die Suche nach dem Sinn aufgibt und einfach sein Leben lebt, jeden Tag aufs Neue und mit allen Sinnen, dem erschließt sich der Sinn seines Daseins von ganz allein. Möglicherweise entdeckt man dabei, dass es eher die kleinen alltäglichen Dinge sind, die den Lebenssinn ausmachen, nicht die großen Ideen.

Aus biologischer Sicht

Biologisch betrachtet liegt der Sinn unserer Existenz darin, unsere Art zu erhalten. Lange Zeit waren die Menschen vor allem mit dem Überleben beschäftigt, vielerorts sind sie es auch heute noch. Mit der zunehmenden Industrialisierung und Zivilisierung unseres Lebens ist das in den westlichen Wohlstandsgesellschaften in den Hintergrund gerückt. Wenn Grundbedürfnisse wie Hunger, Durst, körperliche Unversehrtheit, Schutz, Freiheit und Sicherheit aber erfüllt sind, entsteht Raum für die Frage nach Sinn.

Mit allen Sinnen

Epikur lebte und lehrte mit Überzeugung: „Glücklich ist, wer mit allen Sinnen und in einer gerechten Welt lebt.“ Er glaubte fest daran, dass der Sinn des Lebens nur sinnlich und nicht übersinnlich erfasst werden kann. Der lebens- und sinnesfrohe Philosoph hielt nur wenig von der Religion als Sinnstifterin. Als konsequenter Materialist im philosophischen Sinne nahm er dem Tod und der Hölle den Schrecken: „Der Tod bedeutet Empfindungslosigkeit.“ Umso mehr betonte Epikur die Sinnesfreuden des Lebens: „Ich weiß nicht, was ich noch Gutes ansehen soll, wenn ich die Freuden des Geschmacks, die Freuden der Liebe, die Freuden des Gehörs, schließlich die Erregungen beim Anblick einer schönen Gestalt abziehe.“[2]

Und was sagt die Psychologie?

Die psychologische Forschung hat eine Vielzahl von Merkmalen eines sinnerfüllten Lebens herausgearbeitet[3]:

- Ein sinnvolles Leben ist vor allem „sinnlich“. Wer seine Sinne schult, ein Gespür für Schönheit hat und sich den

Düften, Farben und Formen, den Klängen und Gefühlen der Welt öffnet, hat in der Regel auch eine gute Lebensqualität und mehr Lebensfreude.

- Ein sinnvolles Leben hat Ziele. Es müssen allerdings die richtigen sein, denn wer falschen Göttern dient, macht sich unglücklich und erleidet einen Verlust an Sinnhaftigkeit. Gut gesteckte Ziele sind authentisch, passen zu den eigenen Wertvorstellungen, Fähigkeiten und Bedürfnissen, sind konkret formuliert, erreichbar und bringen eine Verbesserung ins Leben.
- Ein Leben wird sinnvoll durch die Einbettung in ein größeres Ganzes. Das muss nicht ein religiöses Weltbild sein. Wichtig ist die Vorstellung, dass das eigene Leben nicht isoliert, sondern in einem größeren Zusammenhang steht. Dies gibt Halt und Sinn, verleiht Stärke und Zuversicht.
- Ein sinnvolles Leben erfüllt Bedürfnisse, nicht Ansprüche. Während das Erfüllen materieller Ansprüche (zum Beispiel durch Konsum) immer nur einen kurzen Moment der Befriedigung verschafft, um dann gleich wieder neue Ansprüche entstehen zu lassen, macht ein Leben nach den eigenen Bedürfnissen von innen heraus glücklich.
- Das Gefühl der Kontrolle hilft dem Menschen, sein Leben als sinnvoll zu erfahren. Wer sich den Lebensumständen, der Umwelt oder anderen Menschen gegenüber hilflos fühlt, neigt eher zu Depressionen und Sinnkrisen.
- Das Hinterlassen von Spuren gibt dem Leben Sinn. Der Entwicklungspsychologe Erik Erikson sieht darin sogar die Hauptaufgabe von Menschen in den mittleren Jahren. In der Psychologie wird dieser Aspekt „Generativität" genannt. Gemeint ist damit nicht nur die biologische Generativität (das Aufziehen der eigenen Kinder), sondern generell das erzieherische Wirken, auch gegenüber anderen Kindern und Menschen der nachfolgenden Generationen. Das Weitergeben von kulturellen Werten, Fähigkeiten und Wissen, von Weltverständnis und Lebensweisen im

mittleren Alter verschafft Selbstbewusstsein und bringt Erfülltheit auch in die späten Jahre.

Ganz Mensch sein

Der Benediktiner-Mönch und Zen-Lehrer Willigis Jäger beantwortet die Frage nach dem Sinn des Lebens so: „Ganz Mensch sein." Nach seiner Auffassung sind wir aus der ursprünglichen göttlichen Energie (in die wir mit unserem Tode wieder eingehen) hervorgegangen, um auf dieser Erde ganz Mensch zu sein. Um zu erklingen in der „Symphonie Gott" als der Ton, der uns zugedacht ist. Jeder muss herausfinden, was für ein Mensch er wirklich ist, wofür er in dieser Lebensspanne geschaffen wurde. Sinn des Lebens ist es demnach, seinen Ton zu finden und zu klingen. Wie eine Blume, die zunächst Samen ist, dann Keim und Sprössling wird, um zur Knospe zu erwachsen, die sich schließlich zur vollkommenen Blüte entfaltet und eines Tages neuen Samen abwirft. Nach dem Verblühen gibt sie durch ihre Zersetzung der nachwachsenden Blume im nächsten Jahr wieder Nahrung - der Kreislauf setzt sich fort. Aus buddhistischer Sicht existieren immer gleich viele Teile auf der Welt, sie arrangieren sich nur ständig neu.

Reflexion: Nachdenken über den Lebenssinn

Denken Sie einmal darüber nach, was Sie unter Lebenssinn verstehen: Welches Selbstverständnis haben Sie, worin sehen Sie Ihre wesentliche Aufgabe? Wie würden Sie vor diesem Hintergrund Ihren Lebenssinn definieren? Gibt es mehrere Aspekte, die Ihrem Leben Sinn verleihen? Welche sind das konkret? Woher kommen diese Vorstellungen, sind sie übernommen oder entspringen sie der eigenen Erfahrung? Was bedeutet Lebenssinn für Sie und welche Konsequenzen ziehen Sie daraus für Ihre Lebensführung?

Was ist mir wichtig?

Geistige Werte müssen uns ansprechen wie Könige.
Sie dürfen nicht aufgedrängt werden.

Arthur Schopenhauer

Werte als Basis für Veränderung

Persönliche Werte prüfen

Es sind die Werte oder auch Wertvorstellungen, die unseren Gedanken, Gefühlen und Handlungen eine ideelle Basis verleihen und die uns im Leben Orientierung geben. In Bezug auf den Umgang mit Stress ist die Auseinandersetzung mit den eigenen Werten vor allem deshalb wichtig, weil es um eine Veränderung in der Lebensweise geht. Denn die angestrebte Veränderung (zum Beispiel entspannter zu leben) ist nur dann auch langfristig tragfähig, wenn sie im Einklang mit den persönlichen Wertvorstellungen vorgenommen wird. Hat ein Mensch stark ausgeprägte materielle Werte (zum Beispiel Wohlstand, Besitz), kann das viel Stress verursachen, wenn derjenige einen hohen Aufwand betreiben muss, um diese Werte auch zu leben. Er sollte sich fragen: Sind das wirklich meine Werte? Wie wichtig sind sie mir? Wäre ich bereit, sie aufzugeben? Wofür würde ich sie aufgeben? Wenn das Ergebnis lautet, dass diese Werte wichtiger sind als das Bedürfnis nach Veränderung, dann wird es auch keinen grundlegenden Wandel geben. Zeigt sich aber für diesen Menschen bei der Auseinandersetzung mit seinen Wertvorstellungen, dass diese möglicherweise veraltet, nicht mehr so wichtig oder gar überkommen sind, besteht auch bezüglich einer Veränderung im Lebensstil Aussicht auf Erfolg.

Nun muss man aber nicht unbedingt seine Werte ändern, um weniger Stress zu erleben. Viele Wertvorstellungen verlangen geradezu nach einem entspannten Lebensstil – etwa Gesundheit, Sinnlichkeit, Lebensfreude, Harmonie, Schönheit, Liebe, Spiritualität, Freundschaft, Erfüllung, Freiheit, Selbstverwirklichung, Gemeinschaft, Kontakt. Es ist eine gute Idee, die eigenen Werte zu kennen, um die richtigen Entscheidungen treffen zu können und eine Übereinstimmung mit den Lebensvorstellungen zu erreichen, wenn wir unser Leben verändern wollen.

Übung: Meine Werte entdecken

Schreiben Sie für jeden Lebensbereich (Arbeit und Beruf, Partnerschaft und Familie, Freizeit und Freunde, Körper und Gesundheit, Glaube und Spiritualität) eine Handvoll Aspekte auf, die Ihnen besonders wichtig sind. Wenn Sie damit fertig sind, überprüfen Sie, welche Werte sich darin erkennen lassen. Tauchen bestimmte Begriffe in mehreren Lebensbereichen auf, gelten sie vielleicht nicht nur für diesen Bereich, sondern für Ihr Leben insgesamt. Wenn Sie nun alle aufgeschriebenen Begriffe auf insgesamt fünf reduzieren sollten, welche wären das? Diese Punkte sind sehr wichtig für Ihren weiteren Weg. Sie verdeutlichen, was Ihnen wirklich wichtig ist, worauf es Ihnen im Leben ankommt. Wenn Sie Entscheidungen in Ihrem Leben treffen müssen, Probleme lösen wollen, über Anschaffungen nachdenken oder etwas ändern möchten, können Sie diese „Grundwerte" zu Rate ziehen. Sie helfen Ihnen dabei zu überprüfen, ob Ihr Vorhaben Ihr Leben besser machen wird.

Wie sieht meine Lebensphilosophie aus?

Es gibt einen Platz, den du füllen musst,
den niemand sonst füllen kann, und es gibt etwas
für dich zu tun, das niemand sonst tun kann.

PLATON

Leitlinie für mein Leben

Vom Konzept zum Handeln

Unter Lebensphilosophie verstehen wir hier das Konzept oder die Leitlinie, an der man sich in der Lebensgestaltung orientiert. Es ist die „Idee", nach der man lebt. Sie kann sich aus einem Wert oder der Kombination mehrerer Werte ergeben und liefert Hinweise für Entscheidungen oder Handlungen. Es kann auch eine Lebensphilosophie sein, kein bestimmtes Konzept zu haben, sich einfach so treiben zu lassen, denn letztlich drücken sich darin auch wieder bestimmte Werte aus. Eine authentische Lebensphilosophie berücksichtigt, was in einem Menschen angelegt ist, und bringt es zusammen mit seinen Werten, Zielen und Lebensbedingungen.

Askese oder gutes Beispiel?

Ein Beispiel für eine Lebensphilosophie ist die Askese. Sie setzt sich zusammen aus Werten wie Einfachheit, Verzicht, Klarheit, inneres Wachstum, Unabhängigkeit, und kann philosophisch, politisch oder religiös motiviert sein. Wenn sich jemand für ein Leben in der Askese entscheidet, tut er das nicht ohne Grund, sondern in der Regel aus Überzeugung. Meistens ist dieser Entscheidung eine längere Auseinandersetzung mit Werten, Glaubensvorstellungen und vielleicht auch Leiden und Erkenntnis vorausgegangen, so dass der Entschluss auf einer gereiften Basis erfolgt. Wer sich kurzfristig oder spontan für die Askese entscheidet, etwa aus Neugier, Schuldgefühlen oder Kompensation für verhinderte Bedürfnisse, bleibt wohl nicht lange dabei – zu hart sind die Anforderungen dieses Lebensstils.

„Luise" schreibt am 13. Juli 2007 in einer Internet-Community:[4] „Man ist nur ein ganz kleines Mosaiksteinchen dieser Welt. Ich will ein freundliches, glänzendes, hilfsbereites und gutes Mosaiksteinchen sein, das ein bisschen Gutes zu dieser Welt beiträgt. Da reicht oft schon ein nettes Wort oder Lächeln, jeden Tag. Und man muss das, was man macht, gut machen, daraus wächst Selbstbewusstsein. Nichts Großes, aber das, was man macht, ordentlich machen.“

Reflexion: Meine Lebensphilosophie

Wenn Sie sich Ihren Lebenssinn und die von Ihnen definierten Werte vor Augen halten, welche Lebensphilosophie ergibt sich daraus? Versuchen Sie diese in einigen Sätzen möglichst einfach zu beschreiben. Stellen Sie sich dazu vor, jemand fragt Sie bei einem Abendessen, nach welchem Prinzip Sie leben, wonach Sie sich in Ihren Handlungen und Entscheidungen richten.

Welche Träume und Visionen habe ich?

Träume sind Prüfsteine unseres Charakters.

HENRY DAVID THOREAU

Wenn Träume nicht gelebt werden

Das nicht gelebte Leben kann einen bitteren Beigeschmack haben, der manchmal unangenehm aufstößt. Vor allem das Gefühl, so gar nichts aus den eigenen Träumen oder Visionen gemacht zu haben, fällt schwer ins Gewicht, wenn sich eines Tages abzeichnet, dass nicht mehr alles möglich ist. Ein deutsches Wochenmagazin titelte dazu: „Was wäre, wenn … wir nur noch ein Jahr zu leben hätten?“ und befragte Todkranke sowie Menschen, die ein schweres Leid überstanden haben, über Träume, Wünsche und Glück.[5] Befragt wurden auch Gesunde, was sie tun würden, wenn sie wüssten, sie hätten nur noch wenig Zeit zu leben. Die Befragten gaben sehr unterschiedliche Antworten – Lebenssinn und Lebenswerte lassen sich kaum pauschalieren, wollen nicht so recht in eine Statistik passen, wie etwa in die dort zitierte Forsa-Umfrage.[6] Allerdings sagten über die Hälfte der Befragten, dass sie so weiterleben würden wie bisher. Das kann zweierlei bedeuten: Entweder sie sind mit ihrem Leben zufrieden, oder sie scheuen die Veränderung. Was haben die Befragten sonst noch geantwortet? Vielen wäre es wichtig, in Würde von Familie und Freunden Abschied zu nehmen und in Ruhe auf den Tod zu warten. Andere wiederum würden sich am liebsten lang gehegte Wünsche erfüllen und das Leben – auch in materieller Hinsicht – noch einmal voll auskosten. Manche würden alte Rechnungen begleichen und Konflikte beilegen. Einige würden sich auch für wohltätige Zwecke engagieren, um in guter Erinnerung zu bleiben. Befragt wurden rund 1000 Menschen im Alter zwischen 18 und 70 Jahren.

Was wir vom Tod lernen können

Interessanter als die statistischen Aussagen sind die persönlichen Standpunkte aus den Interviews. Wenn der Tod keine ferne Option mehr ist, zeigt sich offenbar ein spürbarer Lebenshunger. Trotz schwindender Kräfte ist es Menschen wichtig, noch bestimmte Orte zu sehen oder an Familienfeiern teilzunehmen. Auch Skifahren, Autorennen besuchen und mit Delfinen schwimmen gehören zu den Wünschen. Oder Disneyland besuchen, offene Fragen klären, mit Kindern zusammen sein, alte Fehler wieder gutmachen und Kontakt zu Menschen aufnehmen, die man nicht gut behandelt hat. Ein Buch schreiben, auf den Eiffelturm steigen, ans Meer fahren. Zeit mit Freunden und Familie verbringen, immer wieder Reisen. Den Moment genießen und keine abstrakten Pläne mehr machen. Auch wenn die Antworten individuell sind, kreisen die Gedanken angesichts des bevorstehenden Todes um eine Handvoll Themen:

- Zeit haben oder sich für etwas Wichtiges Zeit nehmen
- Kontakt zu Familie, Freunden und geliebten Menschen
- Reisen
- lang gehegte Träume
- ungelöste Konflikte, offene Fragen
- unerledigte Dinge
- verpasste Chancen

Der Vortrag des Randy Pausch

Besonders bewegend kommt dies zum Ausdruck in dem legendären Auftritt von Randy Pausch, der sich trotz oder gerade wegen seines nahen Todes entschied, für Angehörige, Freunde, Kollegen, Studenten und Weggefährten, vor allem aber für seine drei kleinen Kinder eine letzte Vorlesung[7] in der Carnegie Mellon University zu halten. Darin lässt er sein Leben noch einmal Revue passieren und hebt hervor, was ihm besonders wichtig war, was ihn glücklich gemacht und erfüllt hat. In seinem Vortrag geht es darum, wie man seine Kindheitsträume verwirklicht und andere dabei unterstützt, ihre eigenen zu leben. Die Videoaufzeichnung dieser Veranstaltung wurde im Internet von über sechs Millionen Menschen angesehen und löste weltweit ein enormes Medienecho aus. Viele Menschen fühlen sich von Pauschs Botschaften persönlich berührt und angesprochen, können darin Trost und Motivation finden.

Auf diese Dinge scheint es also angesichts des Todes anzukommen. Und sterben werden wir alle. Warum also kümmern wir uns nicht früher um das, was uns wirklich wichtig ist? Keiner der Befragten hat offenbar gesagt, er würde gerne noch einmal in aller Ruhe fernsehen. Oder sich Werbung in einer Zeitschrift ansehen. Oder die Bedienungsanleitung für ein Mobiltelefon durchlesen. Oder vor einem Computer sitzen und im Internet surfen. Warum verschwenden wir so viel Lebenszeit auf Dinge, die uns eigentlich gar nicht wichtig sind? Warum können wir uns erst auf das Wesentliche konzentrieren, wenn wir dem Tod ins Gesicht blicken?

Was ist wesentlich?

„Am Grabe der Menschen“, so bemerkte treffend Oskar Jellinek, „trauert, tief verschleiert, ihr ungelebtes Leben.“ Wie würde denn ein gutes Leben für mich selbst aussehen, fragen Sie sich? Das ist eine gute Frage, und es ist gut, sie sich hin und wieder zu stellen. Denn Lebenswünsche und -bedürfnisse ändern sich. Wir haben mit sechzig nicht mehr die gleichen Träume wie mit zwanzig. Und wenn doch, sollten wir uns fragen, warum wir sie nicht verwirklicht haben.

Aber es geht bei einem guten Leben nicht nur um das Verwirklichen von Träumen und Visionen, gar um die „große Idee“. Lebensglück schöpft aus dem Sein an sich. Das zeigt sich gerade an den kleinen Freuden, die das Leben für denjenigen bereithält, der die Sinne und den Geist öffnet für das Schöne im Banalen, die Freude am Gewöhnlichen, die reine Existenz. Das Wesentliche, das können auch einfache Dinge sein: den Garten pflegen, einen guten Wein trinken, ein schönes Gespräch führen. Sachen, für die wir uns im Alltag viel zu selten Zeit nehmen. Wir halten den Schlüssel für unser Lebensglück in der Hand, wissen ihn aber oft nicht zu nutzen. Wir sind die, die ein gutes Leben machen. Und wir sollten nicht warten, bis wir die Chance auf ein zweites Leben bekommen, denn wer weiß, ob das nicht als Frosch stattfindet. Und da fragt man sich natürlich vor dem Hintergrund des Karma-Gedankens: Was kann der Frosch eigentlich tun, um seine Lage zu verbessern?

Reflexion: Wovon träume ich?

Suchen Sie sich einen ruhigen Ort und nehmen Sie sich etwas Zeit, um über Ihre Träume nachzudenken: Wovon haben Sie früher einmal geträumt? Was ist aus diesen Träumen geworden? Wie ist es dazu gekommen? Was haben Sie aus der Vergangenheit gelernt, was bedeutet das für Ihre Zukunft? Wovon träumen Sie heute? Woher kommen diese Träume? Wie können Sie Ihre Träume Wirklichkeit werden lassen, was brauchen Sie dazu? Was würden Sie dafür geben?

Das Fünf-Säulen-Prinzip – Architektur unseres Lebens

Ein stabiles Lebenshaus

Der Weg zu einem Leben im Gleichgewicht führt über das Verstehen der Architektur unseres Lebens. Wer erkennt, dass sein Lebenshaus auf mehreren Säulen steht und dass ganzheitlich leben bedeutet, sich regelmäßig um die Wartung dieses Gebäudes zu kümmern, hat gute Aussichten auf ein ausgeglichenes, glückliches und erfülltes Leben. Genau genommen sind es fünf Säulen, auf denen unser Lebenshaus steht. Sie stellen unsere wichtigsten Lebensbereiche dar: Aufgabe, Beziehungen, Körper, Freizeit und Sinn. Unsere Umwelt können wir als Garten unseres Lebenshauses verstehen.

Aufgabe

Der Lebensbereich „Aufgabe" umfasst das berufliche und gesellschaftliche Engagement. Hier geht es um Karriere und Beruf, Arbeitsbeziehungen, fachliche Kompetenzen und Entwicklungsmöglichkeiten, Ehrenamt oder politisches Engagement.

Beziehungen

Auch die Erziehung der Kinder kann Aufgabe in diesem Sinne sein, berührt aber ebenso den Lebensbereich „Beziehungen". Im diesem geht es vor allem um den Kontakt und das Verhältnis zu nahestehenden und geliebten Menschen, dem Lebenspartner, der Familie, den guten Freunden. Diese Lebenssäule bildet das soziale Gefüge des Menschen.

Körper

Der lebt aber auch in seinem Körper. Daher ist es für die Lebenszufriedenheit und -qualität von großer Bedeutung, dass wir Verantwortung für unser körperliches Wohlbefinden übernehmen und uns um unsere Gesundheit kümmern – nicht erst, wenn es zu spät ist.

Freizeit

Hauptfunktion des Lebensbereichs „Freizeit“ ist es, dem Menschen einen Ausgleich zur Arbeit, eventuell auch zur Familie zu ermöglichen. In seiner Freizeit kann der Mensch persönlichen Interessen nachgehen, seine Fähigkeiten weiterentwickeln, Sport treiben und Hobbys pflegen, sich von den Anstrengungen des Alltags erholen und zu sich kommen, Eigenzeit erleben. Mit wem er diese wertvolle Zeit teilt, bleibt eine Frage der persönlichen Werte und Prioritäten. Oft sind es der Partner, die Familie oder Freunde. Manchmal möchte man aber auch allein sein und Einkehr halten oder einfach mal nur sich selbst erleben.

Sinn

Schließlich gibt es noch den Lebensbereich „Sinn“. Hier geht es um Spiritualität, Werte- und Glaubensfragen, um das Weltbild. Auch ein nicht spirituelles, nicht religiöses oder atheistisches Weltverständnis ist diesem Lebensbereich zuzuordnen, beeinflusst es doch unser Denken, Fühlen und Handeln in Beziehungen, Beruf und Freizeit.

Die Beziehung zur Umgebung, zu Natur und Zivilisation, das Wohnen und Sich-in-der-Welt-Bewegen sind hingegen Aspekte des Lebensbereichs „Umwelt“, der unser Lebenshaus wie ein Garten umgibt. Hier geht es um das territoriale Zuhause des Menschen und seinen Lebensraum, aber auch um Kontakt zu Flora und Fauna, um Bezug zur Region, zur Kultur, zur Welt.

Wie eine gute Lebensbalance entsteht

Ziel einer ganzheitlichen Lebensführung ist es, dieses Gebäude stabil zu halten, das heißt sich regelmäßig um die Erhaltung und Pflege der Lebenssäulen zu bemühen. Kommt dabei ein Lebensbereich vorübergehend mal zu kurz, ist das nicht so schlimm. Ein Haus kann auch auf vier Säulen noch ganz gut stehen. Aber wenn mehrere Lebensbereiche über längere Zeit vernachlässigt und die Säulen brüchig werden, ist die Lebensbalance in Gefahr. Dann reicht ein einschneidendes Ereignis, etwa der Verlust des Arbeitsplatzes, eine schwere Krankheit oder die Trennung vom Lebenspartner, und das Lebensgebäude stürzt wie ein Kartenhaus in sich zusammen, weil die anderen Säulen das Gewicht nicht mehr tragen können. Sind diese jedoch stabil, weil wir uns regelmäßig darum gekümmert haben, werden sie den Druck abfangen. So kann eine plötzliche Arbeitslosigkeit durch ein stabiles soziales Umfeld und eine gesunde Lebensführung ganz gut kompensiert werden und muss nicht gleich zu einer Lebenskrise führen. Das Herstellen einer guten Lebensbalance braucht Disziplin und Engagement, denn die Pflege der verschiedenen Lebensbereiche ist eine ständige Aufgabe. Die Mühe lohnt sich jedoch, denn ein ausgeglichener Lebensstil bringt auch eine spürbare Gelassenheit mit sich: Weil unser Lebenskonstrukt stabil aufgestellt ist, kann es Krisen und Herausforderungen überstehen und wir können uns vertrauensvoll entspannen.

Übung: Meine Kraftquellen

Denken Sie einmal darüber nach, wie Sie besonders gut „auftanken" können:

- Wo finden Sie tiefe, innere Entspannung?
- Wie sammeln Sie sich und ordnen Ihre Gedanken?
- Wodurch erlangen Sie neue Kraft und Vitalität?

Gehen Sie dazu im Geiste die verschiedenen Lebensbereiche durch: Überlegen Sie, welche Orte für Sie besonders inspirierend sind und Ihnen gute Energie geben. Oder mit wem Sie sich gut entspannen, Freude erleben und positive Impulse austauschen können. Und schließlich: Welche Tätigkeiten oder Aktivitäten (auch: Nicht-Aktivität, Nichtstun) geben Ihnen besonders gute Energie, Entspannung und Ausgleich?

Körper, Seele und Geist in Harmonie

Wie seltsam und außergewöhnlich,
Wie wunderbar ist das!
Ich hole Wasser, ich trage Brennholz.

D. T. Suzuki

Im Gleichgewicht der Kräfte

Ganzheitliches Sein

In Asien geht man davon aus, dass ein Mensch nur dann vollständig gesund und glücklich ist, wenn sich Körper, Seele und Geist im Gleichgewicht befinden. Auch die christliche Lehre ist der Ansicht, dass es leib-seelische Wechselwirkungen gibt. Egal ob wir arbeiten, Zeit mit Partner, Kindern oder Freunden verbringen, Sport treiben, unsere Wohnung renovieren, meditieren oder ein Buch lesen, stets sind Körper, Seele und Geist beteiligt. Daher findet auch die Bewältigung unserer Lebensaufgaben nur dann erfolgreich statt, wenn wir uns mit unseren Aufgaben und Zielen ganzheitlich, also mental, physisch und seelisch auseinandersetzen. Das gilt für die Bewältigung einer Krankheit ebenso wie für die Familienplanung oder eine Karriereentscheidung.

Körper und Seele kommen zu kurz

Leider führt der westliche Lebensstil dazu, dass wir dieses Gleichgewicht über weite Strecken unseres Lebens vernachlässigen. So ist es zum Beispiel für die mittlere Lebensphase, die durch ein starkes Engagement für Beruf und Familie geprägt ist, bezeichnend, dass Körper und Seele zu kurz kommen. Konkret bedeutet das, dass wir zu wenig Zeit und Aufmerksamkeit für Liebe, Gefühle, Spiritualität und innere Erfahrungen sowie für Bewegung, gute Ernährung und ein gesundes Körpergefühl haben. Die Kommunikation in der Partnerschaft leidet ebenso wie der Kontakt zu Freunden unter der enormen Präsenz des Berufs. Und der Körper wird entweder vernachlässigt oder als Folge eines kompensatorischen Verhaltens übertrainiert und extremen Belastungen ausgesetzt. Die wenigsten Menschen nehmen sich in diesen Jahren ausreichend Zeit, um achtsam in sich hineinzuhorchen und herauszufinden, was sie brauchen, um das innere Gleichgewicht wieder herzustellen.

Klar, es gibt immer wieder Zeiten im Leben, da steht das nicht an erster Stelle, weil es existenziellere Probleme gibt, oder? Aber ist das nicht etwas sehr Existenzielles, unsere innere Balance? Spüren wir nicht ganz konkret und schmerzhaft, wenn hier etwas grundlegend nicht stimmt? Und leidet im Endeffekt nicht das ganze Leben darunter, die Lebensfreude, die Motivation, die Leistungsfähigkeit? Insofern stellt sich die Frage: Kann es überhaupt etwas Wichtigeres für den Menschen geben, als sich um die Balance von Körper, Seele und Geist zu bemühen? Macht ihn diese Balance doch erst zu einem glücklichen und gesunden Wesen, das anderen Liebe geben kann und mit Kraft und Energie sein Leben und die damit verbundenen Herausforderungen meistert.

Die individuelle Balance finden

Es wird uns kaum gelingen, das Gleichgewicht zwischen Körper, Seele und Geist immerzu perfekt herzustellen. Auch gibt es keine genaue Vorgabe, wie so eine Balance auszusehen hat. Wenn es sie gäbe, wäre das ein Trugschluss, denn jeder Mensch hat individuelle Voraussetzungen und Bedürfnisse. Aber wir können spüren, wenn dieses Gleichgewicht da ist. Wir merken es daran, dass wir uns in unserem Leben wirklich zu Hause fühlen, dass es uns rundum gut geht, dass wir gleichermaßen bei uns selbst und unserer Umgebung sind, dass wir konzentriert und zugleich gelassen im Augenblick verweilen können und einen guten Kontakt zu allem haben, was das Leben ausmacht. Dafür braucht es keinen großen Aufwand, aber Bewusstheit und ein wenig Disziplin. Denn wir müssen uns für Körper, Seele und Geist Zeit nehmen und aktiv werden. Das muss nicht permanent für alle drei Ebenen zugleich geschehen. Aber im Verlauf einer Woche sollte es uns möglich sein, etwas Sport zu machen oder dem Körper auf andere Weise Gutes zu tun, Momente der Liebe, Einkehr und Besinnung zu erleben und den Geist angemessen zu fordern. Wenn wir das regelmäßig tun und diese Aktivitäten ein fester und selbstverständlicher Bestandteil unseres Lebens werden, bekommen wir ein gutes Gefühl dafür, wie wir unser inneres Gleichgewicht herstellen und halten können. Mehr noch: Wenn unsere Achtsamkeit und Bewusstheit für den Augenblick ausreichend groß sind, können wir einen Zustand des Fließens und der Verbundenheit mit dem Leben erfahren und ganz in dem aufgehen, was wir gerade erleben. So wird Zeit wieder lebendig spürbar – und das ist Entspannung pur.

Anmerkungen

1. Kapitel

1 In Anlehnung an: Stollreiter, Marc/Völgyfy, Johannes/ Jenicus, Thomas; *Stress-Management;* Weinheim 2000; S. 36 ff.
2 Willigis Jäger; *Geh den inneren Weg – Texte der Achtsamkeit und Kontemplation;* Freiburg im Breisgau 1999; S. 81

2. Kapitel

1 Quelle: www.propatient.info, Stand: 07/2009
2 Quelle: www.propatient.info, Stand: 07/2009
3 Aus: Lark, Liz; *Super-fit mit Power Yoga;* München 2000; S. 145
4 Hermann Hesse: *Mit der Reife wird man immer jünger; Betrachtungen und Gedichte über das Alter,* herausgegeben von Volker Michels; München 1997; S. 35

3. Kapitel

1 Im Interview in: Stern 38/2008, S. 118–119
2 Aus: Cees Noteboom; *Ich hatte tausend Leben und nahm mir nur eins, Ein Brevier, ausgewählt von Rüdiger Safranski;* Frankfurt am Main 2008; S. 9
3 Im Interview mit Christoph Ulhaas in: Gehirn und Geist Nr. 11/2007, *Wir sind eine todesversessene Gesellschaft;* S. 59
4 Ders. a. a. O.
5 Randy Pausch; *Last Lecture – Die Lehren meines Lebens;* München 2008; S. 29

6 In: *Einfach Leben!* Natur & Heilen Ausgabe 04/2008
7 Ebda.

4. Kapitel

1 Vgl. hierzu: Csikszentmihalyi, Mihaly: *Flow, Das Geheimnis des Glücks;* Stuttgart 2004

5. Kapitel

1 Vgl. hierzu: Frank Gerbert; *Das bin 100prozentig ich,* in: Focus 27/2008; S. 91–100, S. 93
2 Zit. nach: Michael Schmidt-Salomon; *Epikurs Glück;* in: Psychologie Heute Compact, Heft 17/2007; S. 63–65, S. 64
3 Ursula Nuber; *Wo ein Sinn zu finden ist;* in: Psychologie Heute Compact, Heft 17/2007; S. 73–77, S. 75 ff.
4 Quelle: http://www.gutefrage.net/frage/habt-ihr-eine-eigene-lebensphilosophie, Stand: September 2008
5 Stern Nr. 8 vom 14. 02. 2008; S. 111–124
6 Forsa 2008, a. a. O.; S. 124
7 Gedanklich vertieft und for tgeführt in: Randy Pausch; *Last Lecture – Die Lehren meines Lebens;* München 2008

Übungsverzeichnis

1. Kapitel

2. Kapitel

3. Kapitel

4. Kapitel

5. Kapitel

Der Autor

Lars Baus, geb. 1967, beschäftigt sich seit vielen Jahren mit Fragen der ganzheitlichen Lebensführung. Er ist Gründer von Personal Business Training und arbeitet als Autor, Führungskräfte-Trainer und Berater für namhafte Unternehmen und Institutionen. In seiner interdisziplinären Arbeit beschäftigt er sich schwerpunktmäßig mit den Themen Stressbewältigung, Work-Life-Balance sowie Zeit- und Selbstmanagement. Der ganzheitlichen Lebensweise fühlt er sich auch persönlich verbunden: Gutes Leben und Arbeiten sind für ihn kein Widerspruch, sondern Ausdruck eines Lebensstils, der seine Balance in liebevollen persönlichen Beziehungen, gesundem Umgang mit dem eigenen Körper, kreativer Arbeit, authentischer Freundschaft und erfülltem Sinn findet. Dass diese Balance nicht nur aus einer inneren Haltung, sondern ebenso einer lebendigen Alltagskultur resultiert, gehört zu seinen wichtigsten Erfahrungen.

Mehr Informationen zum Autor im Internet:

www.larsbaus.de

www.stress-burnout-beratung.com

www.personalbusinesstraining.com

Literaturverzeichnis

Backhaus, Manfred: *Nie mehr Stress*, Rastatt 2001

Bancroft, Anne/England, Roger: *Zen. Spirituelle Kostbarkeiten*, Freiburg im Breisgau 2002

Baus, Lars: *Da hilft nur Leben. Wie chronische Krankheiten zur Chance werden können*, München 2008

Beck, Charlotte Joko: *Zen im Alltag*, München 2000

Brewer, Sarah: *Entspannung. Übungen und Anregungen für Ihr Wohlbefinden*, Köln 2006

Brunton, Paul: *Der Weg nach innen*, Bern 1991

Csikszentmihalyi, Mihaly: *Flow. Das Geheimnis des Glücks*, Stuttgart 2004

Cobaugh, Heike M./Schwerdtfeger, Susanne: *Work-Life-Balance. So bringen Sie Ihr Leben (wieder) ins Gleichgewicht*, München 2003

Fontana, David: *Meditation Woche für Woche*, Köln 2008

Fritz, Hannelore: *Besser leben mit Work-Life-Balance. Wie Sie Karriere, Freizeit und Familie in Einklang bringen*, Frankfurt am Main 2003

Fromm, Erich: *Haben oder Sein*, Hamburg 2006/2007

Hamilton, Mina: *Relaxt durch den Tag. 40 Ruheinseln in der alltäglichen Hektik*, München 2002

Hansch, Dietmar: *Evolution und Lebenskunst. Grundlagen der Psychosynergetik*, Göttingen 2002

Harrison, Steven: *Nichts tun. Ein Leitfaden zur inneren Freiheit*, München 2003

Jäger, Willigis (Hrsg.): *Geh den inneren Weg. Texte der Achtsamkeit und Kontemplation*, Freiburg im Breisgau 1999

Lark, Liz: *Super-fit mit Power Yoga*, München 2000

Lesch, Matthias/Förder, Gabriele: *Kinesiologie. Aus dem Streß in die Balance*, München 1999

Löhr, Jörg/Spitzbart, Michael/Pramann, Ulrich: *Mehr Energie fürs Leben*, München 2000
Müller, Eberhard P.: *Entspannungstraining in der Rehabilitation. Grundlagen und Anwendung der gezielten Selbstentspannung*, Balingen 2000
Nooteboom, Cees/Safranski, Rüdiger (Hrsg.): *Ich hatte tausend Leben und nahm nur eins.* Ein Brevier, Frankfurt am Main 2008
Nussbaum, Cordula: *300 Tipps für mehr Zeit*, München 2007
Olschewski, Adalbert: *Progressive Muskelentspannung. Einfache Übungen fürs Wohlbefinden*, Bindlach 2005
Plattner, Ilse E.: *Sei faul und guter Dinge. Vom Sinn und Unsinn des Erfolgsstrebens*, München 2000
Ritskes, Rients: *Der ZEN-Manager*, München 2003
Rosenberg, Christiana: *Endlich stressfrei! Das Fitnessprogramm für mehr Lebensqualität*, München 2002
Seiwert, Lothar: *Das Bumerang-Prinzip. Mehr Zeit fürs Glück*, München 2002
Servan-Schreiber, David: *Die neue Medizin der Emotionen*, München 2006
Sonntag, Robert: *Blitzschnell entspannt*, Stuttgart 1998
Spork, Peter: *Das Uhrwerk der Natur. Chronobiologie – Leben mit der Zeit*, Reinbek 2004
Stark, Michael/Sandmeyer, Peter: *Wenn die Seele S.O.S. funkt. Fitneßkur gegen Streß und Überlastung*, Reinbek 1999
Stollreiter, Marc/Völgyfy, Johannes/Jenicus, Thomas: *Stress-Management*, Weinheim 2000
Thoreau, Henry David: *Walden. Ein Leben mit der Natur*, München 2007
Wagner-Link, Angelika: *Aktive Entspannung und Stressbewältigung*, Renningen 2000
Wendlandt, Wolfgang: *Entspannung im Alltag. Ein Trainingsbuch*, Weinheim 2002
van de Wetering, Jan Willem: *Der leere Spiegel. Erfahrungen in einem japanischen Zen-Kloster*, Reinbek 2007

Stichwortverzeichnis

PROUDLY PRINTED IN THE USA

ISBN: 0615841066
ISBN-13: 978-0615841069

Acknowledgements

A heartfelt thank you to my wonderful team...

Ashley - Many of you don't realize that Ashley is the real brains behind the operation :) Everything you see and do on the website is all her GENIUS. I simply smile for a camera and talk about flight training. Ashley is the one who then makes it all happen.

Larry - My ground school members already know Larry but some may not. Chances are if you've submitted a question you received a short, throughly researched novel type reply from our pal Larry :) Who we call around here "The Instructor In Command" No one on earth has more passion for aviation and the creation of safer pilots than Larry!

Johnny - Early on I use to edit all my own videos (Usually poorly done and taking weeks of my time) Since bringing Johnny on I'm sure you've noticed that quality of videos and instruction has increased a TENFOLD! Johnny is a pro and visionary when it comes to inflight video. Every video you see in this book was professionally done by him.

Additional praise to: *Tim Broom, John Helms, Dan Bryant, Ed Craig* and *Jerry Fowler* without them this video book would have never come to fruition.

OTHER TITLES BY JASON

By: Jason Schappert - MzeroA.com

About Jason

My lovely wife and I are SO BLESSED to be doing what we're doing. MzeroA.com fans are the most loyal and best bunch of pilots anyone could ask for... I mean it.

We wouldn't have 7 (soon to be 8) best selling titles and the #1 Rated Online Ground School if it wasn't for you guys.

I was very thankful to have gotten such an early start in aviation with GREAT mentors along the way. Many of whom have shaped the way I teach today.

I've learned that in everything I do on MzeroA.com boils down to one simple question... "What can I do today that will create safer/smarter pilots?"

It's the answer to that question that I dedicate each video to you guys.

Enough about me and my ramblings... Let's get to some landings!

Forward By Larry M. Diamond CFII

I have been a pilot for 29 years with 6 of those years being a CFI. We have all taken our friends and relatives for a scenic flight for the infamous "Hundred Dollar Hamburger." If we are all true to ourselves and asked our passengers how they would rate the flight, I will bet the first comment was the landing. You could have flown through the Grand Canyon or around the Statue of Liberty, but the whole flight's success was how good the landing was. You know it to be true since we are being honest with ourselves.

I was introduced to Jason Schappert and MzeroA.com when I had a student that was 3 weeks away from his checkride and I needed a way to visually show my student the technique of short field takeoffs and landings. It took 3 minutes for me to realize that I had struck gold and caught lightning in a bottle. Jason's explanation and demonstration of the short and soft field landing at North Captiva Island (Salty Approach) turned me into a Jason Schappert flight student. His resume as an instructor is one of a teacher and instructor well beyond Jason's true age. He was the top collegiate flight instructor in 2008, has over 8,000 hours of dual training, best selling aviation author and is the creator of the top rated online ground school. His Pass Your Private Pilot Oral Checkride is a publication that is required reading for all my students getting

ready for their checkride and I also use it for the oral portion of the flight reviews I give as an instructor.

It is tantamount for all pilots to know how to land in the safest and most proficient manner. I will give you some statistics from the NTSB. In Instructional Flight from 2007-2009 there were 116 Abnormal Runway Contacts and 25 Collision on Takeoff or Landing Accidents. That takes my breath away and gives me a nauseous feeling in the pit of my stomach.

What you will find in “The Secret To The Perfect Landings” are simple, easy to understand and time tested ways for you to make consistent, right on the center, smooth as silk landings. Jason has provided for you more tools for your aviation tool box that work and will make you better pilots. It will also make you a better “LANDER”. For every takeoff there must be a landing. Why not make them Perfect Landings.

Larry M. Diamond, CFI

Chapter 1: How This Book Works

This book is different than any other book you've ever read. As you go through each chapter I'll link to actual videos showing you exactly what I'm talking about inside of each chapter in greater detail.

This new format helps to capture pilots of all types (visual leaners, kinesthetic learners etc...)

So at the end of each chapter will be that chapters video. eBook users this will be an actual clickable link to make things SUPER easy for you. Paperback readers there will be a URL you can actually type in on your computer or mobile device.

So lets test out this new “vook” (video/book) model by checking out your first video below...

After you watch the video come right on back and lets dig into chapter two.

http://www.m0a.com/s2pl-trailor

Chapter 2: What Makes A Great Landing?

I'm often asked this question: "Jason what can I do to make GREAT landings?"

I answer this question the same way every time and will share that with you in this book in HUGE detail.

This next sentence is the second biggest tip you'll learn in this book and is key when it comes to making great landings...

A Perfect Landing Starts With A Perfect Pattern.

Think about it...

When a basketball player lines up to shoot a free throw he does the same thing every time.

"dribbles twice, spins the ball in his hands once, dribbles once, exhales, and shoots"

Or when a golfer lines up and approaches a putt.

These professionals have routines. Trying to make every shot the same. Your landings are the same way!

How can you expect to have a perfect landing when your approach is different each time?

This time you're too high, next time too fast, next time too low. You're trying to shoot a different landing every time. How can you expect to get good at something when the variables are ALWAYS different. The worst part is those variables are all input by you the pilot.

So let's go back to that last important phrase "A Perfect Landing Starts With A Perfect Pattern."

To break this down step by step in our sequence. We can say that a perfect landings starts with a perfect takeoff.

Chair fly with me your perfect takeoff...

You're cleared onto the runway (or announce your takeoff at a pilot controlled airport).

You smoothly lower your feet off the brakes, heels to the floor. You double check "lights, camera, action." (Lights on, transponder on altitude, and mixture rich) You give a quick glance down final one last time to make sure the runway really is yours. From there you smoothly apply full power.

As you accelerate down the runway you quickly glance inside and note "Airspeed alive...Engine gauges green" and return your focus to the outside. After all we're making a VFR takeoff right? Don't find yourself GLUED to the instruments.

You start to feel the controls getting lighter as your perfectly trimmed airplane almost takes itself off the ground. Entering into your climb you glance once again inside to establish Vx or Vy on the airspeed indicator depending on your situation.

As you trim for that airspeed you glance quickly over your shoulder to confirm you are flying that runway straight out.

Just because you took off runway 36 and are flying heading 360 doesn't mean you're flying straight out as planned. The wind can play some nasty tricks and push you to either side of that runway early on.

After all isn't our goal to fly a perfect pattern? However too many students let their pattern get away from them early on even in this case of the takeoff.

Our pattern is to be a perfect rectangle. Not a crazy trapezoid or some other made up shape. Fly that perfect pattern every time.

As you continue your Vy climb out it's important to be on alert for other traffic as well.

Check out The Secret To Perfect Landings Takeoff Video Below.

http://www.m0a.com/s2pl-glandings

Chapter 3: The Crosswind Turn

It seems like such a small part of our traffic pattern yet the crosswind plays a big role in our “perfect pattern” It’s here where you first deal with wind pushing you where you don’t exactly want to go and it’s quite easy in this case to drift back closer to the airport and fly a incorrect “Trapezoid” style pattern.

I like to keep everything very systematized. I also like to teach directly out of the FAR/AIM which suggests you make your crosswind turn 300ft below TPA. (Traffic Pattern Altitude)

So for an example my TPA at home is 1,000ft AGL (above ground level) so I turn my crosswind at 700ft AGL or 300ft below my TPA...

Make sense?

On crosswind at pilot controlled airports I teach students to "Turn and Talk"

As you start that turn make your radio call:

"*Dunnellon Traffic Cessna 512R Turning Left Crosswind Runway One Zero Dunnellon*"

Why do we do it this way? Two reasons really, first its easier to spot a turning aircraft. When someone makes the above radio call where are you going to look? Directly at the crosswind and you'll see me because a turning aircraft is easier to spot.

The second reason is procedurally. A perfect landing has a system and a procedure so you do the same thing in the same spot each and every time.

If for ANY reason you feel right now you're unable to turn and talk dictate that responsibility to someone else like your CFI. There is NO REASON to be falling behind the airplane this early on. Dictate small responsibilities now and slowly work them back into your procedure.

Remember to keep all turns standard rate and use your DG (direction gyro/heading indicator) to help you in each turn.

For example if you just departed runway 36 you know a left crosswind would be roughly a turn to heading 270 (give or take what the wind is doing)

However YOU ARE MAKING A VFR LANDING. Don't be glued inside the cockpit. Spending too much time inside the cockpit is a huge pitfall for 50% of student pilots early on in their training.

Let's take this a bit further and check out The Secret To Perfect Landings Crosswind Video Below.

http://www.m0a.com/s2pl-crosswindturn

Chapter 4: The Downwind

The downwind is the longest leg in our pattern and the leg where your landing first has a chance to really get away from you.

I say that because of this:

You've already got a tailwind on downwind. It's easy for your airspeed to get away from you. After all airspeed is KING when it comes to landings right?

You're not going to require your usual RPM setting to maintain level flight so adjust accordingly and don't let that airspeed get away from you.

But lets take a step back first...

When should we even turn downwind?

I teach 50ft from TPA (Traffic Pattern Altitude)

So 50ft from TPA I do three things this time.

I turn, talk, and throttle. The 3 T's I slowly roll into my turn just 50ft from TPA as I also make my radio call and bring that throttle back to what will be my cruise RPM setting on the downwind. This allows my nose to fall to level flight and plenty of time for me to not completely blow through my altitude.

Keeping in mind that I already have a tailwind. So focus on not letting that airspeed get away from you.

On downwind you want to parallel your course (the runway) and you can do this easily by flying the runways reciprocal heading (that is assuming your DG is correctly aligned).

You want to constantly be looking outside and making sure you're not creeping towards or away from the runway. Even the slightest crosswind can push or pull you in relation to the runway.

The goal is to maintain the same distance from the runway on downwind.

Now to start your descent...

When you come abeam your touchdown point. By that I mean when the point you want to touchdown is abeam (perpendicular) to your shoulder you need to start your descent procedure.

For example in my airplane when I come abeam my touchdown point it's: *Carb Heat, Power Back, 10 Degrees of Flaps*

Now it's going to be different for every aircraft and I suggest you chat with your CFI and consult your POH (Pilot's Operating Handbook) to figure out what works best for you.

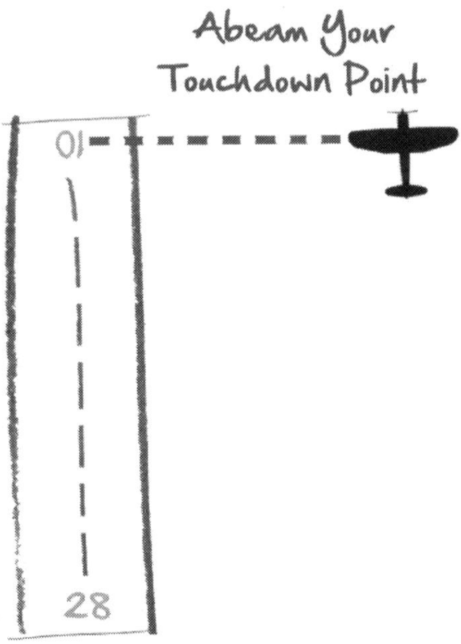

The main objective is two-fold...

The first objective is to have a system so it's the same every time and the second is to get the airplane coming down.

It's important to note that as you add flaps the airplanes tendency is going to be a nose up attitude. You need to be prepared for this and KEEP THE NOSE COMING DOWN.

The next thing I'm about to say to you may take a bit to sink in. But once it does you'll be a master at landings...

You Pitch For Airspeed and Power For Altitude

Let That Sink In...

"Pitch for Airspeed and Power For Altitude"

Meaning if I'm slow I need to nose down. If I'm low I need to add power etc...

A common pilot error at this point is to go through your descent procedure (carb heat, power back, 10 degrees of flaps). And notice because you added the flaps the nose came up and your airspeed decreased. The solution is lower the nose. The common pilot error comes into play when pilot add power in this situation. The next thing you know you haven't lost any altitude and it's time to turn for final.

Pitch for airspeed, power for altitude.

I promise if that makes sense your next landing will be 10 times better.

So your homework is this... Find and/or create your descent procedure so next time you reach your abeam point you'll be systematized.

Let's take this a bit further and check out The Secret To Perfect Landings Downwind Video Below.

http://www.m0a.com/s2pl-downwind

Chapter 5: Turning Base

We first must understand WHEN to turn base. Remember back on downwind when we made that "abeam our touchdown point?"

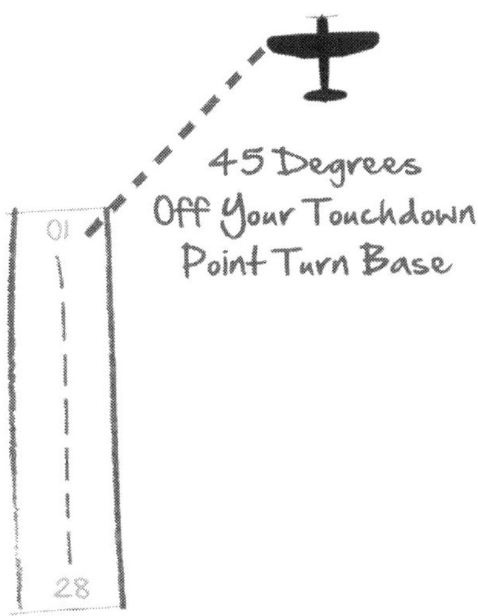

Well once get to a 45 degree angle off that point we turn base.

Meaning... Once that point is 45 degrees off our shoulder you'll begin your based turn.

On base be sure to keep that nose coming down

REMEMBER: Airspeed is KING

On base feel free to add the next notch of flaps**

** There maybe certain situations that less flaps is actually better. For example a crosswind landing or landing in gusty conditions*

*** Never add flaps in during a turn. You're low, slow, and turning. Why would you want to further play with the aerodynamics of your airplane?*

As you add flaps continue to keep that nose coming down pitching for your appropriate airspeed.

This is the point where you ask yourself:

"Am I too high? Am I too Low? Or am I right on glide path?"

To answer this ask yourself one more question.

If I lost the engine right now would I make the airport?

Maybe not the runway but at least the airport property where it's clear.

If the answer is **no** you're too low. Add a few RPM's.

Lastly make life easy on yourself. USE TRIM.

Trim for your airspeed. Trim is a poor mans autopilot use it to your advantage.

Let's take this a bit further and check out The Secret To Perfect Landings Base Video Below.

http://www.m0a.com/s2pl-base

Chapter 6: Final

Well it all comes down to this: Turning Final

You want to time your turn (keeping it close to standard rate) so you roll out perfectly on centerline. Not to early and certainly not to late.

Knowing where the wind is coming from and how strong it is can play a huge role in this.

In the left seat you want to put that centerline on YOUR right shoulder. For those of you sitting in the right seat your want to put the centerline on YOUR chest.

On final once again asking yourself “Am I too high? Am I too low? Or am I right on glide path?”

This next part I’m about to share is **IMPORTANT!**

I want you to fix your eyes on a point...

Let's say your point you want to touchdown on is the runway numbers.

Fix your eyes on those numbers and track what they're doing in relation to your windscreen.

Is that point climbing on your windscreen? If so you're getting too low and need to make an adjustment (add power).

Are you losing that point below your cowling? If so you're getting too high and need to make an adjustment (reduce power)

Once again pitching for airspeed and power for altitude to maintain that perfect approach and airspeed.

PHOTO: *Fixated on a point (such as the numbers) trying to hold it constant on approach*

This keep in mind is the ONLY time I want your eyes fixed during the landing sequence.

As you continue on your approach remember to keep "babying" out power sometimes just millimeters at a time back on that throttle.

As we get lower and closer you're waiting for the "Runway Made Point"

Meaning if that engine quit right now you know you've got that runway made more specifically you've got your touchdown point made.

At that point you can safely and smoothly bring that throttle back to idle as you enter into what some would call the most difficult part of landing. The touchdown.

Trust me the hardest part of landing is behind you based on what I'm going to share with you in these next couple of videos touchdowns will no longer be your problem.

I've shared with you some great tips that I've highlighted throughout the book so far.

For those of you that struggle with touchdowns this next phrase will be the most important...

Loose the word FLARE from your vocabulary!

The space shuttle on landing flares a 787 flares. General aviation aircraft don't flare!!!

Rather than flare we "transition" work on making a transition to level flight.

PHOTOS: *Flare Vs Transition*

Shortly before we enter ground effect (roughly 25 feet above the runway we start our transition.

Your entire goal is to simply try and fly the airplane level down the runway...and before you know it you've touched down.

But lets back up a bit first.

When you enter into this transition mode you need to take your eyes down the runway.

So I was previously focused on my touchdown point. Eyes glued to it. I now realize I have the runway made and smoothly bring that power back to idle.

As I enter into ground effect I transition the nose up to level or maybe just a degree or two above level.

This is IMPORTANT:

As you transition the nose you also transition your eyes down the runway.

Take your eyes 300, 400, 500ft down the runway. Heck even look towards the tree line at the end of the runway.

This alone is going to help you BIG TIME in judging your altitude above the runway.

Larry Diamond who works alongside me here at MzeroA.com made an OUTSTANDING comment to me once during a webinar.

By: Jason Schappert - MzeroA.com

He said *" Landing an airplane where you pitch the nose so high that you can't even see the runway is like a Braille landing. You've lost the whole sight picture."*

Every landing you conduct is VFR. No matter what.

Landings are the MOST visual maneuver you'll ever do. It's all about sight picture and all about where you put your eyes.

So back to my transition theory...

I'm not suggesting a three point landing. The main wheels do touchdown first. All I'm saying is try to fly the airplane LEVEL down the runway.

At this point you're in a glorified version of slow flight.

Why do you think we practice slow flight in the first place? It's to get more comfortable with operating the aircraft at slower airspeeds.

After touchdown simply let that airplane rollout yet keep flying it!

Just because you're on the ground doesn't mean flying has stopped. You're the PIC of that aircraft until its locked up back in the hanger or ramp.

A FEW **BIG** TIPS:

Practice slow flight down the runway.

If you're struggling with touchdowns or with what that sight picture is suppose to look like, I encourage you to go out and find a nice long runway on a day thats not too busy.

Fly a beautiful (normal) traffic pattern all the way up until short final. Then right as you'd normally make your "transition" take your eyes down the runway and give it a little power.

Just enough to keep you flying.

I want you to hold that airplane INCHES off the runway. Do your best not to touchdown.

Now in some situations you may actually touchdown. No big deal however if you're at a towered airport do request a "low approach with an option" just in case you do actually touch down.

The main focus of this exercise is 3 fold:

The first goal to accomplish is to burn that sight picture into your brain. You want to know what 50 feet above the runway looks like what 25 feet above the runway looks like. What sight picture you have shortly before touchdown.

The second goal is to feel the airplane. Your ailerons are not very effective at these slower airspeeds. What you'll find most effective though is your rudder.

Give it tiny rudder input and feel how much pressure does what etc...

The third goal is confidence... If you can hold an airplane just inches off the runway you are TRULY a Pilot In Command!

THE SECRET TO PERFECT LANDINGS

Landing is no big deal once you can do slow flight down the runway.

Another big tip of mine is this: Don't be afraid to go-around at ANY POINT in the traffic pattern.

You can go-around on the crosswind, downwind, final it doesn't matter!

Never force a landing! If you find that your airplane is getting away from you or your pattern is a bit sloppy simply go-around, regroup, and try again.

Also understand that the use of flaps will vary from aircraft to aircraft and approach to approach. Like I alluded to earlier. I tend to use less flaps in a crosswind or landing in gusty conditions. The import thing is to NEVER add flaps in during a turn!

My last tip for this then we'll cut to the video is to use your peripheral vision during transition to maintain your horizontal situation on the runway.

So as you transition the nose and transition your eyes a few hundred feet down the runway. You'll use your peripheral vision to help you maintain your horizontal situation on the runway (keeping it on centerline)

Let's take this a bit further and check out The Secret To Perfect Landings Final Video Below.

http://www.m0a.com/s2pl-turnfinal

Chapter 7: Crosswind Landings

Don't be discouraged by crosswind landings. I know private and instrument rated pilots who STILL are not comfortable with landing in a crosswind. Trust me I was one of them. Then one day during my COMMERCIAL PILOT training (I know I'm a late bloomer) it all clicked.

Crosswind landings are a hard thing to teach and even harder for a student to grasp so it was by no fault my instructors.

So with the tips I'm about to share I'll hopefully save you the embarrassment I had of being almost a commercial pilot with no idea how to tackle a crosswind :)

By: Jason Schappert - MzeroA.com

For starters its important to know where the wind is coming from and how strong it is.

Before you even leave the ground you should be thinking about how you're going to taxi with a crosswind (Ailerons into the wind unless dealing with a tailwind then it's dive away)

Where are you going to position your yoke on takeoff? How is this crosswind going to effect your pattern? On downwind will it be pushing or pulling you from the runway? Etc...

All of this needs to be thought of well in advance.

Focus on flying your pattern based on the wind. If you've never practiced the maneuver "rectangular course" I'd encourage you to get out there and try it on a windy day

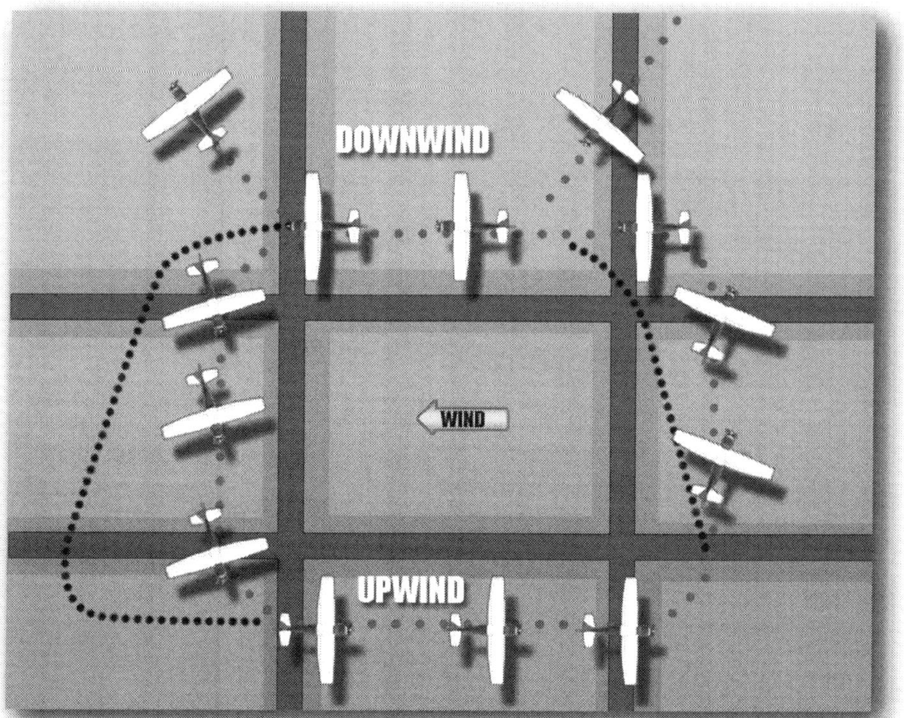

Rectangular Course

You can see above how even a strong headwind can cause you to fly what I call a "Trapezoid Pattern"

You have to fly the airplane you can't let the airplane fly you!

In the pattern I teach the crab method. Where you literally crab or yaw into the wind. Remember just because you're flying a 360 heading doesn't mean your ground track is actually a 360. The wind can and will dictate where you go and thats why this crab method is so important.

Treat your landing just like you normally would with the exception of having your crab input and more than likely using less flaps.

I tend to use less flaps in gusty or crosswind conditions. Using less flaps gives you greater aileron control. Yes you do come in a bit faster and land a bit longer but if you have the runway it makes for a much easier landing.

So using my less flaps I'm holding my crab angle in on final. Using it to keep me on centerline as I continue down on my approach.

When I enter into my approach phase I switch to my sideslip. (more on why I don't side slip the entire time later).

So as I enter the transition I release a little rudder pressure which swings my nose out of the crab.

I want you to remember two things

1. Aileron into the wind

2. Upwind wheel touches down first

So as I exit my crab I apply aileron INTO THE WIND. However If I just did that I would begin to turn. So I'm going to counterbalance that by applying equal and opposite rudder pressure. Using that yaw to help me track true down the centerline.

Your upwind wheel should touchdown first followed by the opposite main wheel then the nose.

Upon rollout proper crosswind correction should be applied into the wind just like you did for taxi and takeoff.

Remember the flight doesn't stop just because you're on the ground.

Crabbing Into The Wind On Takeoff

Learning how to land in a crosswind is quite difficult and honestly shouldn't be attempted until you're GREAT at normal landings.

Don't be discouraged if they don't come easily at first.

Why Don't You Just Sideslip Down Final The Entire Time?

I get asked this question A LOT.

Because A LOT of CFI's do teach this method.

Let me first explain what it is and why I'm not promoting it.

The sideslip method is where rather than entering a crab on final you enter into the sideslip once on final (the aileron into the wind opposite rudder that we do in the final transition phase). Some people view this as "easier" because once it's setup you're good to go there is no transition out of crab like in my above method.

However look at it from this perspective. In a slip one wing is producing more lift than the other (The main factor that aggravates a stall into a spin). Also in a slip you're cross controlled and uncoordinated (The second main factor that aggravates a stall into a spin.)

So hear me out...

You're low...

You're slow...

You have added drag (flaps)...

One wing is producing more lift than the other...

You're uncoordinated...

Those to me look like 5 ingredients for a stall/spin and none that I wish to add to an already difficult landing.

Let's take this a bit further and check out The Secret To Perfect Landings Crosswind Landing Video Below.

http://www.m0a.com/s2pl-crosswindland

A Few More Crosswind Landing Videos:

http://www.m0a.com/s2pl-yt-crossland

http://www.m0a.com/s2pl-yt-crossland2

Chapter 8: Short Field Landings

Short field landings involve landing not only on a much shorter strip but also clearing an obstacle. After all have you ever really seen a short field without an obstacle? The field is short for a reason usually because of that certain obstacle they had to build around.

Short field landings require a little more skill. Your goal is to hit a specific point on that runway (usually the end of it). You're going to come in with slower approach speeds and a higher approach to clear that obstacle.

The easiest way to make this happen is to use more flaps. It's going to be important for you early on to learn how to land the airplane in various flap settings.

The thing I want you to focus on in relation to a short field landing is this...

Aim ahead of your point.

You know you're going to float at least a few hundred feet down the runway as you transition.

So aim at least one hundred feet in front of your point.

To give you a real life example... Let's say I want to land at the beginning of the third centerline stripe.

I want to actual aim for the start of the second centerline stripe knowing I'm going to float.

By that I mean base everything on that aiming point. When you start your descent (your abeam point) when to turn your base (the 45 degree point) etc...

Below are some great videos of actual short field landings including my breakdown... Enjoy

http://www.m0a.com/s2pl-shortfieldland

Another Short Field Landing Video

http://www.m0a.com/s2pl-yt-shortfieldland

Chapter 9: Soft Field Landings

A soft field landing is anytime you land on something other than a paved runway. Grass, dirt, gravel all constitute as soft field landings.

The main focus of a soft field landing is this....

Protect the airplane.

Runways that aren't paved could be in any condition. Pot holes, fox holes, tall grass, dry, wet etc...

It's important you always work to protect that airplane.

The first thing to note is that you **DO NOT** use carb heat in a soft field landing situation. Carb heat is simply unfiltered air that is heating up over the exhaust manifold than shot directly into your carburetor.

Meaning if you touchdown and the grass is dry or maybe it's a dirt strip. When you kick up a dust cloud all of that junk is going straight into your fuel system.

Now if it's cold and you feel you must use carb heat do so on downwind base and long final.

The other area of focus in regards to protecting that airplane is to protect that nose wheel.

That nose wheel oddly enough is quite fragile. You want to avoid catching it in any potholes or divots along the runway. Every time that airplane dips into a hole along the runway you loose the little bit of prop clearance you have risking a prop strike.

Upon touchdown you want to smoothly and slowly apply full back yoke pressure and attempt to hold that nose wheel off and make it as light as possible for as long as possible.

Even through your taxi you want to hold that yoke as far back as you can in an attempt to protect that nose wheel.

When landing on a soft field don't ever be afraid to add a little bit of power.

Sometimes a little bit of power not only cushions the landing but it helps you to hold the nose off making for a better touchdown.

Just always remember... Protect the airplane and specifically protect the nose wheel.

Below is my soft field breakdown video in addition to some great actual soft field landing videos.

http://www.m0a.com/s2pl-softfieldland

Another Soft Field Landing Video

http://www.m0a.com/s2pl-yt-softfieldland

BONUS CHAPTERS

I always try to under promise and over deliver. So I wanted to include inside of this book my other best selling "vook" (video book) titled Inflight Emergencies - A Step by Step Guide To Handling The Unexpected."

Over the next few pages you'll be able to enjoy a few chapters from this book and see some great inflight video showcasing these actual emergencies...

Enjoy! - Jason

INTRODUCTION

How This Book Works

The book you hold in your hand is unlike any other aviation book in the market. This is more like a "vook": the term, which I am coining, is derived from a combination of video and book. This is because at the end of each chapter, I will be sharing a URL or link pointing to videos of interviews with aviators sharing real-life inflight emergency scenarios for you to watch and learn from. Each video will complement the text in the book in order to help you further your knowledge as you become a safer private pilot and help you learn the unexpected: Inflight Emergencies.

The first rule is always to follow your POH (Pilot's Operating Handbook). The details you'll read in this book are simply big picture guidelines. You will have aircraft-specific items that would need to be done in various emergencies. So, always follow your POH. A great way to use this book is to read the chapter, watch the videos and then pick up your POH and see what aircraft-specific items relate to that emergency.

WHY INFLIGHT EMERGENCIES ARE UNDER PRACTICED

For whatever reason, we train, and focus hard on inflight emergencies. However, once we obtain our private pilot

certificate, certain concerns like inflight emergencies fall on the sidelines and become less practiced. In truth, we need to practice inflight emergencies every single flight. The unexpected can happen anytime, and you need to always be prepared.

I know you're already doing a great job on this because you've picked up this book and decided to take further action on planning for the unexpected.

WHAT YOU'LL LEARN IN THIS BOOK

Inside this book, we're going to learn more than just inflight emergencies. We'll talk about things like:

- ☑ Engine fires on startup
- ☑ Inflight fires
- ☑ Electrical fires
- ☑ Engine failures on takeoff (with and without runway remaining
- ☑ Ditching
- ☑ Unusual attitudes
- ☑ Alternator failures
- ☑ Vacuum pump failures
- ☑ Radio failures
- ☑ Hypoxia
- ☑ Ice emergencies
- ☑ Night emergencies
- ☑ The unexpected.

By: Jason Schappert - MzeroA.com

So sit down and hang on tight, because we're about to prepare you for the unexpected. Enjoy!

ENGINE FIRE ON START

You wouldn't think an engine fire on start-up would fall under the category of inflight emergencies However, it's a very serious emergency and we need to understand it. That's why we're covering it in this book.

How do you start a fire in relation to an airplane? The three "ingredients" to start that fire are the following: fuel, air, and ignition. One thing that is mandatory for you to prepare is a flow checklist. Imagine this scenario: You're starting the engine and it catches fire.

Are you going to know what to do or will you be fumbling around with the checklist wondering what to do as the fire worsens and grows larger?

Specifically, there are two scenarios that you need to have down to pat.

IF THE ENGINE STARTS….

If the engine starts, continue to run the engine. In fact, rev the engine up to a higher RPM setting. The philosophy here is that you want to suck the flames back down into the

engine in an effort to extinguish the fire. Wait 60 - 90 seconds... Did that extinguish your fire? If Yes then turn the fuel off, mixture back to IDLE and inspect the damage. If not turn the fuel off, mixture back to IDLE **evacuate** and **extinguish**.

> REMEMBER: Just because you extinguished your engine fire on start that doesn't mean you're going flying that day! There is a deeper problem you need to solve.

Look for the "Engine Fire On Start" section inside the POH. 90% of the time you'll be told to turn off the fuel, set mixture to idle, turn off the master switch and ignition, evacuate the plane and extinguish the flame.

IF THE ENGINE DOES NOT START...

If the engine does not start, you are to continue cranking. Some of my students have pointed out that this might be bad for the starter, but in a situation where there is a fire threatening your airplane, the starter is the LEAST of your worries. You want to continue cranking in order to suck the flames back into the engine and extinguish the fire as described earlier. If the flames are not extinguished after 60 - 90 seconds of cranking, it is time for you to **evacuate** the airplane and try to extinguish the flames.

THIS IS WHY WE BRIEF...

Every time before that engine starts, you should be doing a briefing on the scenario.

My students do a pre-start briefing where we discuss both scenarios, i.e. the fire occurs when the engine starts and when it does not start.

One of the scenarios we always discuss in the briefing is that, assuming that there are two of us in the airplane and the engine catches fire, I will continue to crank the engine if it does not start while my student or co-pilot evacuates and

retrieves the fire extinguisher in the hangar. In essence, the pilot-in-command will crank as the co-pilot reaches for the extinguisher and snuffs out the flames. You can call it crew resource management, (CRM) and you should incorporate that in a preflight briefing each time so you know what to do in each case. The last thing you need to be doing is fumbling around with the checklist in the scenario. Have this memorized; it's absolutely vital.

PREVENTING AN ENGINE FIRE ON START...

There's an easy way to prevent engine fires on start. First off, **do not over prime**. Adding too much fuel to the engine and flooding it is a classic way to ignite fires on engine startup. A very common occurrence of this is during the winter time. It's hard for the engine to start already because of the cold temperatures. So the pilot usually thinks that the engine needs *"a little more"* prime to start. You're actually feeding the fire in this scenario, do not overprime the engine.

Also, make sure that your air filter is clean. If your air filter is clogged, dirty, or filled with grass from your last soft field landing, you're in danger of an engine fire on start-up. Here's a general rule of thumb: If you hear a backfire on start, (*bear in mind that is not supposed to happen).* Sit for

15-30 seconds and be alert. A backfire on start is not normal.

INFLIGHT FIRE

An inflight fire is really two emergencies in one. Not only do you have to extinguish the fire, you are now encountering an engine failure inflight and looking for a place to land. Knowing your inflight fire emergency procedures is going to prove crucial if that were to happen.

Detecting an inflight fire will not be as easy as you would think. Most people imagine, smoke will fill the cabin, flames would be everywhere etc... However, because of air flow, an inflight fire will be difficult to detect. Some things to look for include a drop in fuel pressure or a rough running engine. These are both common early signs. The best thing to do is to trust your nose. Smell is the best way to tell whether or not you're having an inflight fire.

HOW DO YOU ADDRESS AN INFLIGHT FIRE?

The first step after determining that you have an inflight fire is to turn off the fuel source. You can do this by turning off the fuel selector or by pulling the mixture back to **IDLE**. A common misconception is that pilots should leave the engine running and begin an emergency descent. This plan, however, can backfire quickly. (no pun intended) :)

PAY CLOSE ATTENTION THIS NEXT STEP IS IMPORTANT...

↓

After turning off the fuel selector and pulling the mixture back to idle, you should then **turn the cabin heat off**. This step is almost always overlooked by new pilots and seasoned pilots alike. The cabin heat is simply heat from your muffler shroud that comes into your cockpit, **and will lead flames into the cockpit if left on**.

If smoke has filled the cabin, open up a window or vent to ventilate the cockpit. If the fire continues, you should then

begin an emergency descent in order to attempt to extinguish the blaze.

> REMEMBER: An inflight fire is really two emergencies in one. First you must extinguish the fire and second find a place to land!

In an emergency descent, you simply nose the plane over to VNO or inside the airspeed indicator's yellow arc. The goal is to down quickly and put as much airflow over the fire in an attempt to extinguish it. This seems contrary but the added airflow may help extinguish the fire. This process is the start of the second phase of your emergency, which is the emergency landing. That's the disadvantage of an inflight fire: it's really two emergencies rolled into one package that you have manage one after the other.

To hear Jason's story about his run-in with an inflight fire, click or visit the URL below:

http://inflightemergencies.com/fire

Eager to learn more about emergency landings? We'll talk about this more in a later chapter.

ELECTRICAL FIRE

You could often detect an electrical fire long before it becomes an actual blaze. Your first clues might be a low-voltage warning, a popped circuit or, most obviously, the smell of hot or burning insulation. These clues can lead you to an electrical fire long before it turns into an actual blaze.

If you catch it early enough, turn off the electrical source of power via the master switch.

THE ENGINE WILL CONTINUE TO RUN EVEN THOUGH YOU TURNED THE MASTER SWITCH OFF...

This should be enough to extinguish the fire on its own. However If the fire has grown too hot, you'll need to use a fire extinguisher to put it out. Regardless, you need to be making a beeline for the nearest airport.

There's also the option of isolating the problem.

ISOLATING THE PROBLEM...

We often learn that with an electrical fire, we can isolate the problem. This means turning on every electrical component one by one to troubleshoot. For example, I want to manually turn off everything. Radios, GPS, transponders, etc. I then turn on the master switch and wait for a second. From there, I turn on the transponder. If the smell doesn't persist or there is no smoke, we can deem the transponder to be ok.

If we go and turn on our GPS and the smell comes back strong or smoke begins to come back out, we can consider the problem isolated to the GPS. We turn the GPS off and turn on the other electrical components, assuming that everything else is still okay and we've isolated the problem to be the GPS. However, this runs the risk of actually restarting the same scenario you have worked so hard to extinguish. In any case, regardless of whether or not you've isolated the problem, you still should be flying towards the nearest airport.

The last step to extinguish an electrical fire is to open the vents and windows to ventilate the cockpit. The last thing you would want to be doing is inhaling the smell of burning insulation.

ENGINE FAILURE INFLIGHT

When we think about inflight emergencies, the first one that comes to mind is this *"The Engine Failure Inflight."* It's the one we practice and prepare for the most because it can sometimes be the most severe. We're going to look at a few different scenarios related to an engine failure inflight.

- ☑ Failure On Takeoff With Runway Remaining
- ☑ Failure On Takeoff Without Runway Remaining
- ☑ Engine Failure At Altitude
- ☑ The Impossible Turn

AT ALTITUDE...

The engine failure inflight at altitude is what we constantly train for. I want to share with you guys what I call the ABCs of an emergency, and it goes like this.

The A in our ABC's is our **airspeed**. The moment that engine quits or it runs across a problem, you need to get to your airplane's best gliding speed so I can stay aloft as long as possible to troubleshoot the problem.

The B in our acronym stands for **best landing area**. Keeping in mind that the best landing area may be behind you or below you. A common problem with any pilot is that we get tunnel vision in vital situations. What I mean by that is, if the engine quits, pilots will usually concentrate on what's immediately out in front of them. They forget about looking behind or below them and there's often a beautiful airport or great field right below or just behind them. It's your job as a pilot to make some shallow turns and not forget about what's behind you or below. Nine times out of ten, that's usually where your best landing area is.

> REMEMBER:
> **A** - Airspeed
> **B** - Best Landing Area
> **C** - Checklist

The C in our ABCs is for our **checklist**. This is time permitting. As we have learned earlier, we need to have a flow check memorized. You should have what is called a "flow check" using muscle memory to perform this checklist. So picture this with me now. This is the emergency procedure flow-check for my Cessna 150.

I'm sitting in the left seat so my right hand starts on the floor, on my fuel selector valve. My fuel selector valve is ON, and my right hand comes up to the mixture. The mixture is RICH. I next work my hand over to the left, to where my throttle is. Next, I turn ON my Carb Heat. I

continue working on the left, checking everything as I come across. I check the ignition to make sure it is in the ON position and the primer is IN and LOCKED. After that, I attempt to restart the aircraft's engine via the ignition switch.

That is my ABCs for emergencies. You need to have that flow check memorized. The last thing you need to be doing is fumbling around with the checklist when you're about to make the most important landing of your flight career.

Want to see a great flow check in action? Click or visit the link below...

http://inflightemergencies.com/flow

WHAT MAKES A GREAT LANDING AREA?

Ultimately, the great landing area I want is an airport. That should go without saying, "Don't forget too about the private airports." It's important to be familiar with the little grass strips in your area. In our practice areas, I go out and make sure my students know where the private grass strip airports are so they can include these in their options if they encounter an inflight emergency.

Other great landing areas include large fields. Of course, you have to look not only for animals in these large fields. You also have to watch out for fences!

Some roads and beaches can also make a good landing area. Take note that I say a *good* landing area, and not a *great* landing area. I'm not a fan of roads. If it's my last resort, I will absolutely land there but it's not my first choice. That's because, if I'm going down, I don't want to take anybody with me. You've got to remember that if your engine quits, your aircraft is running silent as it approaches the road or beach you choose to land on. This makes you more accident prone as you do not have any horn to honk and warn people with, you're just sneaking up on them in a sense.

There's an unfortunate story of a gentleman whose engine quit and he decided to land on the beach. He had beautiful approach and even better touchdown in the hard packed sand. Up until this point it was a nearly successful landing.

However; another gentleman was jogging on the beach in the same direction to the landing aircraft with his headphones in. The jogger, unaware of what was happening behind him was struck by the aircraft's wing. The jogger unfortunately passed away, but the pilot survived unscathed. However, he had to live with the decision he made.

Again not blaming the pilot one bit for this! Just using this to make point. What landing area gives the greatest chance of survival to yourself and others?

Remember that your aircraft is running silent when your engine has quit. People or animals on the road or beach that you choose to land on may have little to no warning of your approach at all.

Here are some other great ideas when landing off airport.

Avoid using flaps until that field is made. **It's much easier to lose altitude in that situation than it is to get it back.** Don't use flaps until you know you've got that field made.

One last point I want to make is: you can attempt to make a restart. If the engine does start, that's great! You still need to be going to that landing area ASAP. Just because the engine started back up, it doesn't mean that it will stay back on for some time.

What does a real engine failure, failed restart, and off airport landing look like? Click or visit the URL below to see one.

http://inflightemergencies.com/engine

"If you're faced with a forced landing, fly the thing as far into the crash as possible."

--- Bob Hoover

ENGINE FAILURE ON TAKE-OFF WITH RUNWAY REMAINING...

There are two scenarios that we're going to look at:

- Engine Failure With Runway Remaining
- Engine Failure Without Runway Remaining

The first is engine failure with runway remaining. The one thing that you need to understand is that, if you were to have an engine failure on take-off, you're already <u>low</u> and <u>slow</u>.

The moment you take away that thrust, your airspeed will drop like a rock. Your number one priority is to get that nose over. If there's runway remaining, you just put the aircraft right back on the runway you just took off on.

CHALLENGE!

> *If this is a scenario you haven't practiced yet, then go out and find the longest strip you can and practice with an instructor. Takeoff and climb to about 100 feet and smoothly bring the power back to idle. You'll notice how quickly you'll lose airspeed and altitude. Push the nose over and put your aircraft back on the runway. It's going to happen so fast that you may not even realize it. The main thing is getting that nose over!*

In these scenarios, there is no time for a checklist. Instead, it is a matter of muscle memory which means having that flow check memorized. Be prepared ahead of time. Here are some more important points to remember:

- ☑ Airspeed Is King. Get The Nose Down!
- ☑ If You Have Time, Make a Radio Call.
- ☑ The Most Important Matter Is To **FLY THAT AIRPLANE!**

By: Jason Schappert - MzeroA.com

ENGINE FAILURE ON TAKE OFF W/OUT RUNWAY REMAINING...

The first thing to remember when encountering an engine failure on takeoff without runway remaining is **DO NOT** attempt a turn back to the runway. This is called the impossible turn. Think of it this way... If you're under 1000 feet, turning back to the runway is not an option.

You are low, slow and at a high angle of attack without any thrust. Without regard to these factors, some people think that they'll just do a 180 degree turn back to the runway. Attempting a 180 degree turn back to the runway in that situation will put you on a downwind!!!

You have to make a 230 to 240 degree turn to get back around in order to have a shot at even making airport property let alone getting back on the runway. Under 1000ft AGL turning back is not an option.

What you're going to and should do in this scenario is to land straight ahead inside of your 60 degree window. You only have 30 degrees to the left and right to pick from. You're basically just going straight ahead. Again, the most important thing in this situation is to fly the airplane. If you have a chance to make a radio call, that's great. In any case, simply focus on flying that airplane.

I have a very good friend who was flying a Piper Arrow and had his aircraft's engine quit at about 400 feet on takeoff. He thankfully was in a position to make another runway, a crossing runway, fit into his 60 degree window. I had a great chance to interview him and you can check out that video at the link below.

http://inflightemergencies.com/takeoff

By: Jason Schappert - MzeroA.com

Curious to see what a turn back to the runway looks like? In the video clip below a gentleman in a Mooney loses his engine just above 1,000ft AGL and attempts a turn back to the runway.

http://inflightemergencies.com/impossible

"When all else fails fly the airplane."

--- Jason Schappert

Would you like to read the rest of "Inflight Emergencies - A Step by Step Guide To Handling The Unexpected"?

CLICK HERE TO GRAB YOUR COPY

Other great books by Jason

The Big Finish...

You guys are awesome! I hope you were really able to take something away from this book that will change the way you fly.

What's the next step? Why not go take my 31 Day Safer Pilot Challenge? See what other steps you can take to become a safer pilot everyday.

http://mzeroa.com/31dayspc

Enjoy!

and remember...

That a GOOD Pilot is ALWAYS Learning!

See ya,

Jason "always learning" Schappert

YOUR NOTES:

YOUR NOTES:

79325712R00057

Made in the USA
Lexington, KY
19 January 2018

THE SECRET TO
PERFECT LANDINGS
+ OVER 4 HOURS OF VIDEO INSIDE!
JASON SCHAPPERT

Though the book displays a didactic confidence which could provoke a resistance and hesitation, it is not a dry academic account of some new ideas. Quite the reverse: it is resolutely founded in what we feel from birth onwards – and especially dealing with the trauma of birth. Despite being repetitive at times, it is resolutely personal in the repetitions. Real experiences we can recognise throughout life are evoked, as well as the various slow advances in meaning and understanding.

There is an emphasis on "eye-pleasure", and that neglects, shall we say, "ear-pleasure" – music and poetry, although this omission can be balanced by the reader's own reflections. Nor is psychorealism to be seen as necessarily curative; rather, it is potentially preventative. And a section of the book extends the argument forwards to encompass a hope for the reconstruction of society, too. Misguided child-rearing perpetuates internal aggression and expressed destructiveness, such as war. The pressure of collective attitudes coordinated by unconscious social conformity maims imagination and inhibits creative expressiveness. Child-rearing is an underlying cause, and it points to prevention through the artistic aims of psychorealism. However, we are warned it will take generations of revised and permissive care of infants' early experiences to nurture creativity and to modify internal aggression maximising – or freeing – of the creative impulse.

This social aim is the product of the 20th century and its two World Wars. As Pailthorpe watched the world recover from them, the demand is we listen to the swinging balance between destruction and creativity, between painful helplessness and the violence that caused it. As a result, we must reflect on the profound implications of various forms of education and child-rearing.

The book does not lack ambition. But it is an ambition accompanied by a thrilling inspirational emphasis on creativity. By expressing the deepest empathic descriptions of the early infant, we reflect on adult experiencing as well as in spontaneous artistic expression.

The book is limited as it is not a practical manual on how to use a psychorealist method. Without the instigators Grace Pailthorpe and Rueben Mednikoff, as teachers and supervisors, it might be difficult to gain the necessary insights that they had developed. We do not have an academic account here, nor a handbook of practice; its strength is its imaginative empathy into a living baby, the birth of its emerging mind and the legacy in adults and societies. Their decades of practice and experience give us a comprehensive immersion in the experience. What is psychorealism? – explore it here.

Bob Hinshelwood
July 2024

Acknowledgements

Sincere appreciation is owed to the late Tony Black for granting us permission to publish Grace Pailthorpe's manuscript. Kirstie Meehan, the Edinburgh Dean Gallery archivist, was also of much help when accessing the archive's contents as well as Professor Emeritus Elizabeth Cowling's (University of Edinburgh) supervision of the research on the life of Grace Pailthorpe.

Finally, a sincere thank you to Professor Emeritus Robert Hinshelwood from the University of Essex. He has consistently played an essential role in all projects connected to the life and work of Grace Pailthorpe.

Introduction

Lee Ann Montanaro and Alberto Stefana

Grace Winifred Pailthorpe (1883–1971) was an English medical surgeon who specialised in psychological medicine. She was also a distinguished member of the British PsychoAnalytical Society and a creative artist. Born in St. Leonard's on Sea, Sussex, on 29 July 1883, she was the only daughter and a sibling to nine brothers. Her father, Edward, played a prominent role in the stock market, while her mother, Anne Lavinia (née Green), pursued a career in tailoring. Coming from a family that followed the rigid Plymouth Brethren faith, Pailthorpe had a strict and conservative upbringing, a lifestyle she later chose to move away from.

Pailthorpe received her early education at home in Redhill. This was a customary practice among the Plymouth Brethren to shield their children from any external influences (Pailthorpe, 2008). Her formal medical education began at the London School of Medicine for Women (Royal Free Hospital) in 1908. By 1914, she earned her bachelor's degrees in medicine and surgery from the University of Durham at the age of 31. To put it in context, during her studies there, the medical college hosted 204 men and a mere 13 women, thus proving how uncommon it was for women to study medicine at the time.

Following her studies, Pailthorpe rendered her services as a medical surgeon with the French and British Red Cross amidst the tumultuous times of World War I. Her military medical service spanned various regions from 1915 to 1918, including France, England, Malta, and Italy. Pailthorpe's war journals provide an insight into how her interactions and treatment of war casualties propelled her interest towards psychological medicine as she noted the profound emotional depths and sensitivity of her patients. This encouraged her to study the unconscious.

After the war, Pailthorpe decided to go to Australia to visit her brother Douglas. She travelled there with her friend M. A. Cullis. As seen in her unpublished travel journal "Truants", this trip was not just a family visit. Her journey was intertwined with professional ambitions and the chance to explore new scenery, especially given the restricted avenues for female doctors in Britain in the 1920s. The prevailing scenario did little to promote professional growth for women, necessitating they possess not just intelligence but resilience to thrive in a predominantly male-centred international medical scene.

DOI: 10.4324/9781003563242-1

Figure 1.1 Self-Portrait by Grace Pailthorpe (not dated)

Between 1919 and 1921, while practising general medicine in Australia and New Zealand, Pailthorpe's interest in criminology was most probably sparked due to Australia's historical association with convicts who were transported to the penal colonies there by the British government as a more compassionate alternative to capital punishment.

Upon returning to England (Southampton) in 1922, Pailthorpe's experiences during the war and her general medical practice in different parts of the world influenced her to study Freudian psychoanalysis, likely indicating a transition from general medicine to a more specialised field. The era was marked by a growing inclination towards understanding mental health. Pailthorpe approached Ernest Jones, then at the helm of the British PsychoAnalytical

Society and chief editor of the *International Journal of Psychoanalysis*, as he was credited with pioneering therapeutic psychoanalysis and transmitting Freudian theory in Britain. She underwent an analytical training program under Jones from 1923 to 1930, joining the BPAS at the outset of her training. Correspondences between Jones and Pailthorpe from 1925 to 1932 suggest that Jones held her analytical endeavours in high esteem.

As she began her analytical training, Pailthorpe initiated her investigation of female offenders. This venture was in collaboration with Maurice Hamblin Smith, who is acknowledged as Britain's inaugural instructor in criminology (Garland, 1988) and the first to adopt the title of "criminologist" (Soothill, Peelo, & Taylor, 2002). As Hamblin Smith believed, psychoanalysis, deemed an evolved branch of psychology (Hamblin Smith, 1922), served as a means to discern the personalities of the offenders and address their mental turmoil, which he perceived as the root of criminal behaviour (Soothill et al., 2002). This dynamic duo jointly penned the article "Mental Tests for Delinquents: and mental conflicts as a cause of delinquency" (Hamblin Smith & Pailthorpe, 1923). The article was published in the medical journal *The Lancet*. Their investigative piece encapsulated findings from various psychological tests administered on Birmingham Prison inmates, pinpointing mental unrest as the catalyst for delinquency. Their pioneering efforts paved the way for psychoanalytic methodologies in Britain's correctional system (Cordess, 1992). Notably, Pailthorpe's role as a criminologist was unparalleled, positioning her as a trailblazer (Montanaro, 2010).

In 1926, inspired by Hamblin Smith's counsel, Pailthorpe embarked on an evaluative study of a cohort of female inhabitants, aged 16 to 30, who were based at various Rescue and Preventive Homes (Pailthorpe, 1926–27). Her research technique encompassed dialogues with incarcerated women and those in prevention and rescue shelters. She dedicated up to 10 hours to her conversations with each individual and made as many as seven visits per case. It soon became apparent to Pailthorpe that many felt a sense of solace upon realising her genuine interest in their emotional well-being (Montanaro & Stefana, 2024). Pailthorpe's focal point was discerning "mental conflict", meticulously charting life events, emotional patterns, physical responses, and other pertinent behaviour.

Pailthorpe's research findings were reflective of Freud's theory of hysteria as it was extremely prevalent during the 1920s in Britain. Pailthorpe's distinctive approach centered on understanding and pre-empting criminal behaviour rather than mere punitive actions. She was keen on decoding the subconscious motives behind the heinous acts and using psychoanalysis as a therapeutic tool for the offenders.

Pailthorpe's findings were incorporated in a report and forwarded to the Medical Research Council (MRC) in 1932. The report emphasised the psychopathological origins of criminal behaviour and advocated for psychotherapeutic intervention (Pailthorpe, 1932a). The publication underwent extensive scrutiny, alterations, and subsequent revisions before its release (Glover,

1933; Montanaro, 2010). At the same time, Pailthorpe wrote *What we put in prison* (Pailthorpe, 1932b), an uncensored publication that merged clinical observations with psychoanalytic theories.

A pivotal moment in 1931 witnessed the inception of the Association for the Scientific Treatment of Criminals (ASTC), an initiative cofounded by Edward Glover and Pailthorpe. Pailthorpe's prior research served as foundational support for the ASTC committee, whose notable members included Ernest Jensen and Victor Neuburg. Renamed the Institute for the Scientific Treatment of Delinquency (ISTD) the following year, it championed scientific analysis and rehabilitation of criminals (Jones, 2016). In 1933, the Psychopathic Clinic, later rebranded as the Portman Clinic in 1937, was launched, wherein Pailthorpe, along with her colleagues, embarked on treating criminal patients through psychoanalytic therapy. During this period, Pailthorpe reached out to Freud, seeking psychoanalytic treatment from him. However, he was unable to accommodate her request and instead suggested his associate, Dr. Ruth Mack Brunswick, who shared Pailthorpe's interest in Criminology (Kahr, 2018).

Within the therapeutic framework of the ISTD, several patients produced drawings and paintings as part of the treatment process. Pailthorpe interpreted these paintings as symbolic representations of their subconscious desires. Incorporating art as a pivotal component of treatment, she connected the subjects and forms in the artworks to the unique mental characteristics of the patients. These creations often mirrored life events and underlying conflicts. Her meeting with the artist and poet Reuben Mednikoff in 1935 further ignited her passion to delve deeper into using art as a means of probing the unconscious. While she held a prominent role within the ISTD during its inception and remained its vice-president until her death in 1979, Pailthorpe's active engagement with the institution dwindled after crossing paths with Mednikoff.

Soon after their first encounter at a gathering hosted by Pailthorpe in Dorset Square, London, the synergy between Mednikoff, a commercial artist, and Pailthorpe, an established surgeon and psychoanalyst, was palpable. Despite their age difference, with Mednikoff being 29 and Pailthorpe 52, their mutual admiration was evident. A mere month after first meeting, Mednikoff introduced Pailthorpe to Surrealist automatism and encouraged her to experiment with automatic writing and sketching. Reflecting upon their discourse, Pailthorpe mentioned her aspirations to uncover a more expedited method to access the profound realms of the unconscious, hinting at art as a potential medium. Mednikoff's ability to understand and decipher symbols made him an appropriate research counterpart in her eyes.

Pailthorpe's inclination veered towards Klein's theoretical framework over the traditional Freudian approach. She deemed the latter approach to be deficient in addressing the intrinsic needs of both the therapist and the patient. This perspective was possibly influenced by her interactions with Jones or Glover.

Figure 1.2 Portrait of Reuben Mednikoff (1935)

Subsequently, Pailthorpe and Mednikoff established their research base in a charming cottage in Cornwall. Their investigative pursuit revolved around the therapeutic potential of art, expressed through various artistic mediums. This endeavour spanned multiple phases: (I) their initial rendezvous leading up to their dissociation from the British surrealist wave (1935–40), (II) their period in North America (1941–46), (III) their subsequent return to London (1946-mid-1950s), and finally (V) the ensuing phase of Pailthorpe's life (mid-1950s–1971). Mednikoff's active participation dwindled after their return to England in 1946.

During the course of their research, the couple devised a technique which they called the "satiation analysis". This technique involved offering food and drink to the patient prior to the analytical session to mitigate any existing anxiety. Subsequently, the patient was urged to embrace unrestricted artistic expression. Although the analyst refrained from intervening during the art-making process, they could exhibit gestures of affirmation or comfort if deemed necessary through the patient's demeanor. Comprehensive reflections after art creation were imperative. This repetitive analysis and documentation of the artworks served to deepen the understanding and assimilation of unveiled subconscious layers.

Although Pailthorpe originally intended to adopt a traditional analytic approach where she played the analyst and Mednikoff the patient, their research soon evolved beyond these roles. They embraced a Ferenczian-style mutual analysis, swapping roles every two weeks. Their feedback on each other's work became integral to their individual self-analysis. Intriguingly, Pailthorpe's interpretation of Mednikoff's art predominantly revolved around his perception of her as a maternal figure. The notable age gap between them, with Pailthorpe being 23 years older, could have contributed to Mednikoff's frequent references to her as the "mother-figure".

The free-form art produced by both Pailthorpe and Mednikoff paralleled the verbal free associations in psychoanalytic sessions which aimed to unearth the subconscious. Their artistic endeavors served as tools to alleviate repressive thoughts and emotions. Art historian Michel Remy (1999) observed their art as an embodiment of psychoanalytic liberation, emanating from unrestrained emotional and artistic expression.

Driven by their faith in the therapeutic power of such creative freedom, Pailthorpe linked the subconscious desires with early life experiences. She delved into the notion of the "trauma of birth", postulating that anxieties originating from birth lay the foundation for future fears. This concept echoed Otto Rank's proposal, suggesting that all of a child's fears have their roots in the trauma of birth. Pailthorpe believed that pleasant experiences in the womb are abruptly interrupted following the birth process, with suppressed early memories influencing one's behaviour throughout life.

This line of thought inspired Pailthorpe's "Birth Trauma Series" in 1938. She produced six series (dated 23rd April to 11th May) which together consisted of 42 drawings and watercolours. This collection portrayed the mental state of the foetus during gestation, hence suggesting a foetus's acute awareness of external stimuli even within the womb. The series encapsulated the range of emotions and fantasies that a baby might experience before and during birth. Pailthorpe was convinced that the transition from the womb to the world profoundly impacts an individual, as it influences both their personality and behaviour.

From 1938 to 1941, Pailthorpe published four articles, co-authored with Mednikoff, detailing the outcomes of their collaborative research. Their writing underscored the unconscious mind's ability to communicate essential details for understanding one's emotional state. Their article, "The analysis of a poem", found its place in the revered *International Journal of Psychoanalysis*. Another, "The Scientific Aspect of Surrealism", was featured in the London

Bulletin, a prominent outlet for Surrealist discourse in Britain. This particular issue was available during their first solo art exhibition at the Guggenheim Jeune Gallery in London's Cork Street.

In the introduction to their exhibition catalogue, Pailthorpe references "The Scientific Aspect of Surrealism". The article underscores the parallels between the duo's exploration of psychoanalysis and art and the Surrealists' fascination with the unconscious. Pailthorpe uses several of their spontaneous art pieces as evidence, emphasising to viewers that the subconscious fantasies that inspire these artworks remain hidden during the creation process. Her arguments consistently resonate with Klein's theory of early infantile fantasies.

Pailthorpe's insights from the couple's work culminated in another article entitled "Primary processes of the infantile mind demonstrated through the analysis of a prose-poem" (1941). Presented in the *International Journal of Psychoanalysis*, Pailthorpe delves into the rudimentary processes governing the newborn mind. It is likely that the prose-poems central to her analyses were penned by Mednikoff. In another article, she contends that an infant's energy is meticulously modulated by defenses against recurring pre- and postnatal traumas, influencing the life trajectory of the individual.

Following disagreements with the surrealist group, prompting them to distance themselves from its confines, the pair relocated from London to New York, eventually settling in Berkeley, California. Their artworks found a platform at an exhibition showcasing contemporary art from Britain, Canada, and America in 1941. Severing ties with the surrealist movement gave birth to Pailthorpe's term, "psycho-realism". Rooted in spontaneous creativity, psychorealistic art symbolises psychic realities, offering a fresh perspective on art where the emphasis lies in the symbolic essence of the psyche and its profound impact on the broader human persona. Pailthorpe proposed that this art form and its interpretation methods could illuminate the hidden triggers of societal chaos and dive into the intricate facets of human behaviour. The couple's move to America to further their research was made possible through a $2000 grant from the William C. Whitney Foundation.

In summer 1942, the duo transitioned to Vancouver. Pailthorpe secured a position at the province's premier psychiatric hospital, known for its advanced mental health care practices. Here, she initiated the Association for the Scientific Treatment of Delinquency (ASTD), echoing the ISTD's objectives in London but with an accentuated focus on juvenile misconduct. While spearheading the ASTD, Pailthorpe participated in a series of lectures, conferences, and discussions. The "automatic" artistic therapeutic approach they employed piqued the interest of the Ladies' Auxiliary of the Vancouver Art Gallery. Recognising her expertise, the group invited Pailthorpe to a discussion on Surrealism in 1944.

In April 1944, Pailthorpe delivered a landmark lecture at the Vancouver Art Gallery, marking the first by a surrealist artist at that venue. This talk provided the Western Canadian public with an introduction to Surrealist Art, emphasising its roots in subconscious expression. Following the success of her initial lecture, she presented a similar one during the opening of her and Mednikoff's joint art exhibition. This exhibition garnered significant attention, leading the Canadian Broadcasting Corporation's "Mirror for Women" program to invite her to give a lecture on Surrealism. She introduced listeners to Surrealism's history and philosophy, shedding light on the intricate relationship between the consciousness, dreams, and irrationality. Through her efforts, Pailthorpe played a pivotal role in ushering in Canadian surrealism and indirectly aiding the evolution of the psychoanalytical movement in the country.

In March 1946, Pailthorpe and Mednikoff relocated to Sussex, England, thus taking a step back from the limelight. While Pailthorpe maintained her dual roles as an artist and clinician, Mednikoff ventured into antiques. The dynamics of their relationship took an unusual turn in 1948 when Pailthorpe legally adopted Mednikoff, leading him to adopt her surname and affectionately address her as "Mother Flower". In the 1950s, they pioneered the establishment of the first art therapy school in Dorking. In 1969, Pailthorpe made a brief return to the public eye, showcasing her recent artwork. Sadly, she passed away from cancer on 29 July 1971 at the age of 88.

What sets Pailthorpe and Mednikoff apart from their Surrealist contemporaries is their therapeutic and scientific orientation, viewing Surrealism as a lens to explore the unconscious mind. While their collaboration with the Surrealist community amplified their research to a broader audience, Pailthorpe's unique perspective combined medicine's methodologies with the expressiveness of art. Her extensive writings underscore her adeptness at bridging psychoanalytic theories with art, drawing inspiration from Freud, Klein, and the practice of surrealist automatism to craft subconscious visual narratives.

However, despite her contributions, Pailthorpe's recognition remains limited within the spheres of art history and psychoanalysis. A search within the Psychoanalytic Electronic Publishing Archive reveals a mere 17 articles referencing her, with only a fraction offering in-depth analysis. Pailthorpe and Mednikoff's collaboration stands out as a rare blend of art and psychoanalysis, demanding a psychological interpretation of their visual creations. Yet, Pailthorpe's profound theoretical contributions remain undervalued. This compilation, along with the previous collection of essays edited by us (Stefana & Montanaro, 2023), aims to reintroduce her writings and insights to the wider audience that they deserve.

For readers interested in gaining a deeper understanding of the life of this author, we refer you to the biography *Surrealism and Psychoanalysis in Grace Pailthorpe's Life and Work* (Montanaro & Stefana, 2024).

References

Cordess, C. (1992). Pioneers in forensic psychiatry. Edward Glover (1888–1972): Psychoanalysis and crime – A fragile legacy. *Journal of Forensic Psychiatry & Psychology, 3*, 509–530.

Garland, D. (1988). British criminology before 1935. *British Journal of Criminology, 28*(2), 1–17.

Garland, D. (2002). Of crimes and criminals: The development of criminology in Britain. In M. Maguire, R. Morgan, & R. Reiner (Eds.), *The Oxford handbook of criminology* (3rd ed.). Oxford: Oxford University Press.
Glover, E. (1933). What we put in prison: By G. W. Pailthorpe, M.D. (Williams & Norgate, London, 1932. Pp. 159. Price 5 s. net.). *International Journal of Psycho-Analysis, 14*, 278–279.
Hamblin Smith, M. (1922). *The psychology of the criminal*. London: Methuen.
Hamblin Smith, M., & Pailthorpe, G. W. (1923). Mental tests for delinquents, and mental conflict as a cause of delinquency. *Lancet, 2*, 112–114.
Jones, D. W. (2016). *Disordered personalities and crime*. London and New York: Routledge.
Kahr, B. (2018). *New horizons in forensic psychotherapy: Exploring the work of Estela V. Welldon*. Routledge.
Montanaro, L. A. (2010). *Surrealism and psychoanalysis in the work of Grace Pailthorpe and Reuben Mednikott, 1935–1940* (Doctoral dissertation). University of Edinburgh.
Montanaro, L. A., & Stefana, A. (2024). *Surrealism and psychoanalysis in grace Pailthorpe's life and work*. Routledge.
Pailthorpe, G. W. (1926–27). *Report on a psychological investigation of the inmates of preventive & rescue homes in London*. Edinburgh: Dean Gallery Archives (File 7).
Pailthorpe, G. W. (1932a). *Studies in the psychology of delinquency*. London: Medical Research Council.
Pailthorpe, G. W. (1932b). *What we put in prison and in preventative and rescue homes*. London: Williams and Norgate.
Pailthorpe, G. W. (1941). Primary processes of the infantile mind demonstrated through the analysis of a prose-poem. *International Journal of Psycho-Analysis, 22*, 44–59. Reprinted in A. Stefana & L. A. Montanaro (Eds.), *Grace Pailthorpe's writings on psychoanalysis and surrealism* (pp. 62–64). Routledge, 2023.
Pailthorpe, G. W. (1944, July 10). *Transcription of speech on Surrealism for the program 'mirror for women'*. Canadian Broadcasting Corporation.
Pailthorpe, R. (2008). *Personal communication with Lee Ann Montanaro*.
Remy, M. (1999). *Surrealism in Britain*. Brookfield, VT: Ashgate Publishing Company.
Soothill, K., Peelo, M., & Taylor, C. (2002). *Making sense of criminology*. Cambridge: Polity Press.
Stefana, A., & Montanaro, L. A. (Eds.) (2023). *Grace Pailthorpe's writings on psychoanalysis and surrealism*. Routledge.

1 The Springboard of Thought

It is now generally accepted by psychologists and others that the unconscious is a postulated region of the mind, the contents of which are not readily accessible to memory. To the uninformed such a definition means little. For my purpose it is essential that the nature, character and behaviour of this 'unknown' region be clearly understood. That is the aim of this chapter.

As a result of investigations carried out by my colleague R. Mednikoff and myself, hitherto unplumned depths of the unconscious mind have been examined and as a result it has become possible to produce an authentic 'picture' of the building up of the psyche from its very beginnings and, in so doing, to give an indication of what really occurs in a simple and easily comprehensible manner. By such a description of the unconscious it is hoped the term no longer will remain a generalised definition but assume the power of bringing vividly to mind the whole character, nature and behaviour of this region of the mind, which, as will be seen, is infantile in its activities and conceptions.

Only the essential outline of this area of the mind will be revealed here. The material and incidents contained in this narration are based upon clinical matter.

Obviously the mind begins to function, prior to birth. Obviously, it does not operate in terms of words. Although the foetus cannot express itself in words it expresses its emotions in other ways.

The earliest experiences of the foetus and infant are important, for, from the moment of first consciousness of life, the character of the individual begins to form. Intra-uterine events, and all the happenings in the process of birth and immediately after, are the foundations upon which the superstructure of the adult character is built.

What are the important events?

The beginning of life is filled with pain, seemingly endless and varied. Birth is an agony of indescribable tortures for which the infant's rudimentary mind can find no explanations. This is not an exaggeration.

While the infant's frail and sensitive body still aches from the pressure of the contractions of the womb the shock of noise, of unpleasant odours and sharp stabs of pain at the navel are felt. Further early days of life continue to be filled with pain and the only ease from suffering is in sleep. Every

DOI: 10.4324/9781003563242-2

new experience adds to its torment. The contact of fingers and towel and the smarting of its sore navel when being bathed increases the burden of pain. For days and nights these terrors are inseparable from the act of living.

The babe comes into the world endowed with the faculty for logical reasoning. With the painful awareness of the effect upon its person of the avalanche of events which suddenly enters its sphere of consciousness, this logical faculty is immediately thrown into violent action. Its mind is bestirred for the first time by sensations of discomfort in the womb. The moment discomfort arises it tries to discover why it is made to suffer it. The dominant desire, before and after birth, is to be rid of pain. With this purpose in view it seeks to find out why its peace is being disrupted. It instinctively feels that if the cause of pain can be discovered it will know why hurt is inflicted. The infant considers its behaviour immediately preceding an unpleasant experience and then the pain that followed its behaviour. From this consideration of the juxtaposition of the two events it draws a conclusion.

It remembers that it turned and kicked just before and while the vise-like compression (of the womb) repeatedly overwhelmed it and that it was then 'thrown out' of the womb. This being so, it reasons, then its violent movements had been the cause of its suffering. Corroboration of this theory comes soon after, for when it cries the noise is followed by a head pain. The act of crying, like its violent movements in the womb, so it feels, results in a hurt. It also quickly learns that every time it evacuates it is lifted from its cot and 'attacked.' The twisting and turning of its small body, the cold air, the rough textures of towels and diapers, are all felt in the first few days of life as painful assaults upon its body. Thus it becomes convinced that its conclusions are correct – that its acts of crying, kicking, evacuating and so on are not liked.

Having, as it believes, solved the mystery of the 'attacks' it seeks a remedy. There is only one obvious way out of the situation for the infant. It can avoid a recurrence of these shattering experiences, it thinks, by putting a curb on the acts that lead to disastrous conclusions. Yet even though its attempts to do so meet with little success, it continues to make every effort in this direction; and its inability to control its instinctual acts do not change its opinion. Furthermore, it fears being without an explanation of its hurts, for without a reason it would have no means of knowing how to protect itself against a repetition of its tortures; or of directing its efforts upon something that might end pain. To be helpless and in pain is an intolerable situation. And it has no other means of interpreting its experiences of pain.

An explanation for every unpleasurable sensation is found in this same way. That is, it tries to remember what was the last act on its part that preceded the pain, and then argues 'post hoc, ergo propter hoc.'

Very soon after birth the infant recognises its incapacity to check its actions and this awareness increases its fear, for not only is it made to suffer but it is utterly helpless to avoid it. Terror at its powerlessness makes it frantic to discover further ways of escaping hurt. Consequently other methods of avoiding the terrifying 'punishments,' in addition to curbing its actions, are evolved.

These new defences are different in character. Now other original faculties of the mind are stimulated into action.

The power of imagination comes into service when the baby for the first time experiences a condition in which it is free from danger whilst actively using its limbs or making noises. It realises it has done something without being attacked. The cause and effect of such a situation is carefully observed. For example, the infant may have become aware that it is never molested while being fed from the breast. The discomforts and pains of the cleaning-up process do not immediately follow feeding, and, further, the pain of hunger, which it previously felt, is relieved. From these observations it decides that being fed brings freedom from assault and dispells hunger-pain. It uses such a situation to provide an effective means of protection against suffering. For instance, as soon as it is threatened with an attack, or imagines it is about to be punished for some activity on its part, it will begin an active sucking. By so doing it gives itself a sense of security. It is once again, in imagination, placing itself where attack does not come. The efficacy of this method of escape from imminent danger is immediate since it instantly relieves the tension of fear. In such a way the protective power of fantasy is determined.

On the basis of similar circumstances other fantasy situations are selected. But their effectiveness varies. According to what the nursling experiences soon after the setting in action of such a fantasy, so does it decide the value of the dream, that is the imagined situation, which it has employed for its protection. Such a fantasy may be found to be partially or wholly effective. Where a fantasy is felt to be only partially capable of warding off danger, then a combination of protective dream incidents is built up, each episode being created as a defence against a specific source of pain. In this way a very complex system of defence-mechanisms is set up. This development occurs within the first weeks of life.

Since the infant finds that attack does not instantly follow its dreams the potency of this form of protection becomes a reality. It naturally assumes that its fantasies are real happenings. Even though it may already feel its fantasies to be realities other incidents take place which strengthen this belief. Once again the principle of cause and effect helps in bringing about this reinforcement of its beliefs. It frequently happens that the baby is taken from its cot and bathed while actually asleep and indulging in a satisfying and protective dream. Because of the interruption to its fantasy it assumes that the wish and purpose behind the dream are disliked; and because it is again made to suffer the hurts of cleaning it thinks its wish to be free of pain and the fantasy-act that brings this about are forbidden, and are being punished by a painful awakening. If punishment follows the imagined fulfilment of a wish it therefore must be because the dream is real, so the infant is forced to believe, just as kicking and crying are real acts, conscious acts, that brought hurt in their wake.

Any doubts as to the reality of its dreams that may have hovered in the baby's mind in the beginning are completely dispelled. To it, the acting out of a wish or impulse in dream life is now as real and as dangerous as its other instinctual acts.

With the passage of time the methods of avoiding pain are increased in number and grow more complicated. The 'forbidden' fantasies and wishes are indulged in under other guises. Physical deeds like kicking and crying, which cannot be completely checked, are partially controlled. Fortunately, imagination cannot be wholely curbed either. It is only very slightly checked. The fantasies are disguised. The only protection for its dreams that the infant can contrive is to disguise or hide the fantasy; or to increase the number of protective incidents, hiding one behind the other.

If a particular dream becomes dangerous it is not discarded. Its value still lies in the imagined belief that it can protect against pain, even though the dream may have been succeeded by pain. The character of the dream is changed but not its purpose. Behind the screen of other defensive preparations that are brought into play the perilous fantasy is acted out. The dream process merely becomes further complicated. For example, in one case the nursling found a fantasy of pushing off pain had become too hazardous and that its effectiveness could be made possible only when linked to the act of passing water freely and without restraint. The infant then first dreamt of itself in deepest sleep, imagined itself to be feeding from the breast next, and then of being gently tittilated. Deep sleep is a state of non-awareness, where suffering cannot be felt. That is the first defence. Breast-feeding is assurance of freedom from molestation. It is the second line of defence. Gentle tittilation is thought to be permission to empty its bladder since previous experience of this, while being powdered after a bath, had not been followed by instant punishment for wetting. Thus it offers itself parental permission to function in this way. It is the third defence which protects against punishment. This last fantasy dispells the fear that is imposing restraint upon the free action of the bladder. The infant is now in a safe position to do as it greatly desires – to have the pain-relieving fantasy. This last and dangerous episode to its dream is a vital necessity because it helps the baby to relieve itself of the hurt of strain caused by holding back its flow, which fear of punishment for urinating has imposed. The dream-illusion of parental permission, of tittilation, changes the character of the initial fantasy which before had not been associated with any form of permission. And so by this complicated mechanism the baby is now able to get by its fear of relieving its bladder in sleep.

The combinations are endless and unceasing and, as the baby grows older, they become more tangled and involved. The sequence of dream incidents can be compared with the process of locking a door after entering one room before turning towards the next room and repeating the process as each succeeding room is entered. With each turning of a key feeling a sense of greater security.

The manner in which defences become more and more complicated also helps to demonstrate the way in which layer upon layer of fantasies are built up. This process of stratification occurs, in some way or another, in relation to all pain and pleasure experiences and activities, both physical and mental. These operations are continually in action throughout infancy and early childhood right on into adult life, but the conscious awareness of the mechanisms employed is not present. All recollection of these early painful experiences of dangerous wishes, fantasies and activities is buried beneath the layered structure of the mind.

With every stage of the building of these ramparts of the mind, and during all phases of mental developement, important processes are at work which serve many firmly to clamp down each course of the structure. Controls and checks of instinctual desires that are felt to jeopardise the existence of the infant are brought into action. The chief of these is the act of repression. Fear is the force behind repression. The suffering that is brought on by the emotion of terror is felt in the same way as physical pain. It brings about a state of tension which is unbearable. The wish to forget, that is to suppress the feeling of terror, is as strong as the desire to throw off bodily pain. If terror can be destroyed in no other way then it must be repressed. It must be forced out of the mind. Repression is a mechanism by which unpleasant happenings can be obliterated from the conscious mind.

This does not complete the picture of what goes on in the mind of a baby, nor have all the factors that shape its character and life been revealed; but enough has been given to show how the mind begins to function.

This limbo of forgotten ideas, desires, memories, fantasies and fears, this storehouse of early infantile suffering, the repressed part of the mind, has been named the 'unconscious.' Although forgotten, it remains active throughout adult life.

Not only did every activity come to be felt as a source of danger, but the actual memory of any incident that had been associated with pain was thought to be dangerous and, therefore, not allowed into consciousness. Thus activities become inhibited, and the reasons for their inhibition are unknown because the memory of them has been firmly repressed. Memories are perilous and have to be repressed because they revive the emotional stress experienced at the time of suffering. The shock of remembered fear as well as the emotional re-experience of remembered agony are to be avoided at all cost. Shock and emotional distress are hurts. But, in addition, memories are particularly disliked by the infant because they invariably cause it to cry with terror; with terror of its helplessness, and of the 'irrevocable' law of life which has taught it that suffering comes upon it sooner or later, and of its crying which causes its head to ache. And, worst of all, the noise of crying always attracts the presence of the parent who adds to the burden of suffering by hurting it still more. Memories are dangerous because they hurt and lead to further pain.

When this realisation comes, the defences that are already at its command for preventing other hurts are then brought into action to nullify the danger presented by subsequent memories. Sleep, the state of unawareness of pain or danger, is also a way of ridding itself of such reminders of pain. Consequently the infant always falls into deep slumber whenever it is in a position of being unable to throw off fears associated with a memory of unbearable 'torture.' Thumb-sucking, to revive actively the breastfeeding fantasy of protection, is also practiced. Of the many defences that are put to use in such a situation there is one that is most important. The habit of substituting the true cause of an 'attack' by a false one is greatly valued as a means of avoiding the memory of a painful occurrence. Instead of maintaining the belief that kicking in anger, for instance, was punished by the worst of pains, it tells itself that it is not the kicking but the crying in anger (that took place at the same time as the kicking in anger) that is the real cause of the punishment that followed. This self-deception does not alter its ideas about the danger of kicking but only alters the cause of the punishments. It still believes it is the instinctive flailing of its limbs against pain that is punished, but the horror of having continually to realise this every time it wishes to 'fight' against pain in this way is too much for it to bear. The need to kick when experiencing excruciating agony cannot be controlled, but the terror of doing so inhibits its need and makes its suffering greater. It is some relief to kick even though it does not disperse pain, and not to be able to struggle freely seems to make the suffering greater. Thus the necessity of transferring the cause of the punishment for kicking is in order to permit freedom for kicking when in pain. In addition, the change thus made helps it to forget that it is the kicking that is the source of greatest danger. The fear of kicking is suppressed and awareness of the crying as the punishable act is retained. Since it has told itself that the noise it makes in anger is disliked it makes every effort to check its cries, and, meanwhile, continues to kick with energy. By concentrating upon the control of its cries the memory of its fear in relation to limb activity is gradually submerged. With the forgetting of this fear all the emotional stress and shock of fear related to the punishment for kicking ceases to return. The need to avoid the memory of the fear of kicking is thus plainly seen to be the only way it can arrange for a condition in which it can kick with freedom when beset with unbearable pain. The horror of the memory would cause it to impose the effort to control this activity of kicking, and if this is done it forces it to become conscious of its incapacity to cope with pain, which is almost as unbearable to recall. While it feels able to kick without restraint it has at least the power to act out the wish to throw off pain, and this partially alleviates the terror of not having a means of protection.

And so it is seen that a memory of suffering can be a dangerous thing; and this explanation helps to show why there is such resistance to recalling memories of infancy and childhood, later in life, and why forgetfulness is such a common characteristic of the human at all periods. To forget a painful situation as soon as circumstances allow, and to resist all efforts to recall these earliest moments of agony, are the earliest of the infantile characteristics that remain unaltered throughout an individual's existence.

But of all the defences the infant has built up as protection against the varied experiences it is forced to suffer, there is one that is, above all others, the most powerful. It is that of the destruction of the inimical object, or the infliction upon such an object of a hurt so great as to deter it from attempting to hurt the baby again. The reason why the baby feels that this defence is the most efficacious is the result of its own feelings and ideas under conditions of this kind. This important defence mechanism will be given full consideration later; and knowledge of its purpose and the frequency with which it is applied will serve to illustrate a major aim that persists, asleep or awake, until death robs us of all awareness.

To restate the situation briefly:

The mental life of an individual is divided into conscious and unconscious activity. The unconscious side is not allowed into consciousness because memories revive the terrors and dangers once experienced, and are a source of harm themselves. Thoughts are dangerous too, for to think or fantasy a wish or desire is equal to the actual doing of what is wished. Thoughts or fantasies that are not liked by the parents are punished. They possess a magical property of becoming real; and, because of this quality of reality, any recollection of suffering is capable of reviving painful emotional experiences which are felt as real pain. Repression is one of the major means employed for keeping dangerous mental and physical activities in check. Since life is interpreted by the nursling as the experience of a conglomeration of pains, which cannot be avoided, every effort is made to minimise them, and mental activity is utilised in the creation of fantasy situations that are defences against the experience of physical and emotional suffering.

Many more details could be given to make clear the character and nature of the many complications of thought that become locked within the mechanisms of the infant's mind, but to present them would be to add confusion to the simple description of an involved subject.

There is, however, another problem which requires consideration, the solution of which will help to explain the permanent separation that is established between the conscious and unconscious sides of the personality. This problem is: why does the mind function in these two separate ways, and how is the split first made? The answer to this will show how the infant, after recognising certain traits in its behaviour and personality, organises these features in a manner that enables it to cope with life, both in respect of the matter of protection and of satisfying its other needs.

The experiences that lead to a separation of conscious and unconscious activity vary with each individual, but as these happenings bring about the same form of mental organisation in all babies the story that follows will describe the process as it actually occurred in the case of a particular infant. It will, nevertheless, serve as a model of the mental behaviour that is brought into being in all infants by the experience of pain.

Because the desire for freedom from pain remains the greatest aim, the division in the personality of this infant is brought about to serve as a defence mechanism The baby had realised that when not actually in imminent danger or being forced to suffer pain, it could think and plan its defence fantasies against future but certain attacks. After it had been bathed and fed, placed in its cot and left undisturbed, its mind, no longer agitated by the experience of actual suffering, is able to function in an orderly fashion and to prepare for dreams that, it imagines, will assure it some freedom from molestation; and also to concentrate its mental energy upon the task of trying to control its dangerous functions while asleep. But when danger is actually present its fears of the moment completely dispel all power to marshall its thoughts or to keep concentrated the energy that is being applied in checking the acts that lead to punishment. In other words, when panic is present fear disperses its power to maintain its prescribed mode of behaviour and it can no longer hold in check the very functions that lead to the infliction of hurt. Panic in this way increases the threat to its existence. What little power of control over its functions it possesses, at this stage, vanishes. It screams, kicks and struggles in terror and with the utmost vigour, thus placing itself in peril of attack for these acts. Its power to think, not only of the hazards that such acts bring, and so to remember the imperative need to restrain them, but of fantasies that might lessen the horror of the situation, is shattered by its terror. It is left absolutely defenceless against danger.

Its awareness of these distinctly different states is followed by the belief that there are two sides to itself which act separately; one that is calm and capable and able to prepare against possibilities of danger beforehand, and another that is timid and which easily loses control over itself. This latter side of the personality feels that the capable side is really able to manage or control situations and thus avoid harm, since it has foresight and ability to think with clarity. The timorous part of the personality then decides always to have this capable part of itself at hand, never to let it depart, and in this way to be able better to cope with danger and not to allow itself to get into an endangering panic.

The capable self is active before sleep and is not present when the infant is wakened and cleaned up. Only the timid self is there when such an awakening takes place. Because of this it becomes imperative to keep the efficient self alert even in sleep, while dream-life is in progress. This decision is an important one. A facet of the mind is kept awake and watchful at all times, ready to warn the timid ego of any danger, or to forestall it. This power is developed and eventually assumes complete charge, controlling fantasy and waking life. The calm, clear thinking, capable ego takes on the task of directing and guarding the easily frightened ego while it is engrossed in fantasy activities. All its decisions are accepted.

This division of the mind is maintained because it is felt to be a protection against being suddenly attacked when in a state of unpreparedness. It is in just such a vulnerable condition, that is in sleep, when the attack that brings on the uncontrollable panic comes. When it is asleep the part of its mind which keeps intact the control or restraint upon its punishable functions is no longer at its post. It, too, is resting. That is the weakness in its defence against attack. Until now defensive preparations have preceded sleep, but none have existed to guard against any instinctive reaction to pain when an assault takes place during sleep.

It happens that the infant has suffered its most excruciating agonies when awakened from sleep by a particularly severe pain, and fear of this experience was so extreme that it lost all power to control itself, and had flailed and screamed until exhausted. This uncontrolled activity only caused it further suffering, for not only was the state of utter exhaustion painful, but subsequent struggles to rid itself of the pain that was still present brought on increased pain in its head, which was already aching from the earlier screaming and struggling. The recrudence of screaming immediately made the aching of the head more acute. Thus the infant was forced to recognise that this panicked behaviour was a source of further and more trying hurts.

Its interpretation of those events was that its too energetic kicking and screaming to get rid of pain was disliked and punished by additional hurts. It was therefore necessary to prevent itself ever again becoming panicked and so being in a position of not being able to stop itself behaving in this perilous way. The division of its personality enabled it to do this. It was a defence of vital importance to its peace of mind.

Since the infant's life is, for the most part, lived in fantasy, in dreaming, and it is invariably awakened by the movement of the parent's hands while changing diapers, the need for this defence is a permanent one. Not only does it believe that a wish is the equivalent of a real act, but the repeated practice of installing this defensive division of the ego brings about the reality of this separation. Not only does it believe it has made the separation permanent, but the habit of doing so makes this division of the mind take on a fixed character. It becomes conditioned. Furthermore, the efficient ego exists mainly in fantasy-life, which is thought to be a state of reality; and what is created in that realm can exist and function at all times.

This first split in the personality is later followed by another. The need for the second and separate mental function is for the purpose of watching for signs of danger, both in respect to the infant's own actions and those of the parent. It is a division of the efficient side of the ego. The duties of this new section of the mind are only to warn when danger is at hand. The rest of what is left of the capable side of the ego maintains its directorial and controlling assignments.

This new partition of the mind will, at the first sign of approaching danger or of a wish to indulge in a risky act, instantly warn both the capable and timid sides of the personality of the proximity of the menace. The necessary defensive fantasies are immediately brought into action and the controlling energies are concentrated ready to prevent any loss of control during the expected moments of discomfort and pain.

This warning side of the mind is always awake. It only relaxes its vigilance after it is assured that danger is not close by, that is, after very strong defensive measures are installed.

Under the shelter of these protective faculties the timid self indulges in its normal way of living. It acts as if it is completely free from molestation, enjoying the pleasures of fantasy gratification until it is apprised of the imminence of danger, and then the efficient self takes command and marshalls all defences to cope with the possibility of attack.

Meanwhile, a further conclusion has been arrived at. A preference for dream-life and a strong abhorrence of waking life brings awareness of the fact that sleep is free from suffering while conscious life is fraught with all manner of torment, so the decision to reject conscious life whenever possible is made. Two planes of existence are recognised. One the infant is forced into by the parent, and the other which it knows to be free from parental influence. Waking life is directed by the parent and, later, becomes the major part of the act of living. It is filled with the task of growing up, learning to be clean and controlled, and filled with all sorts of frustrations of pleasure. On the other hand, dream life is the antithesis of waking life, and not only preferred but greatly desired. So throughout this period the desire to continue this dream existence grows stronger. It becomes more separated from reality. These conditions are as distinct as are, to the infant, the partitions erected in its mind. Unconscious life and conscious life become clearly defined separate ways of living.

It is worthwhile stressing that conscious awareness is something the infant is compelled to accept against its will, while unconscious or dream existence is a condition from out of which it is always being taken.

Under the protection of the two divisions of the personality, which remain conscious of the outside world, the timid ego basks in the pleasures of dream existence. It does not permit itself consciousness of the real world which is filled with pain. It persists in remaining in the realm of its own choosing and allows only a part of itself to keep contact with external realities, sufficient to assure itself of protection from that undesirable existence.

When, as naturally and frequently happens, awareness of pain and of the external world forces itself through these defences, it only increases the demand for complete immunity from consciousness, and the resumption of dream-life takes place as soon as the infant is free to do so, for only while in that state is it free from the horrors of the 'new' world.

In the refusal to remember, and in the repression of all memories of suffering, together with the necessity of avoiding awareness of pain by rejecting conscious existence, the means of holding intact the established divisions of the personality are found. Because memory is not allowed to function the easily frightened part of the infant mind is not fretted by reminders of danger, and so the dream state is not disturbed. The capable and warning sides of the ego are also at hand to protect it while it is immersed in fantasy.

In this way the frail human creature who is suddenly thrust into an awareness of pains and fears organises its mental capacities, solely for the purpose of avoiding cognizance of the external world. The personality of every individual is evolved in a similar fashion, and unconscious and conscious functioning become separate spheres of existence in order to protect the timid nursling from all hazards. In other words, the infant segregates the essential core of its being, the easily frightened self, and shelters it from all mental and physical pain.

Thus the unconscious, seething with silent and hidden activities, is intent only in keeping intact the peace of mind of the frightened and uncontrollable ego of the individual, and helping it avoid awareness of the inimical power reigning supreme in the realm of consciousness.

Later, in early childhood, the conscious side is occupied with the tasks imposed upon it by the parent. But by this time the unconscious parts of the mind have their separate existences well established. The conscious part of the person is now comprised of only a portion of the whole potentiality, sufficient to manage the problems met with in daily life. This conscious part learns to grow up because it is compelled to do so. The unconscious side remains at the earliest stage of developement since it remains static in its purpose of keeping itself free and immune from the painful influences of the outer world.

But peace of mind is not all that the timid, undeveloped, infantile side of the personality requires.

Since life is present the satisfaction of its pleasure needs remains to be fulfilled. As the child grows up it obtains satisfaction of its needs through everyday acts. But satisfaction of its immediate conscious needs does not suffice to satisfy the whole personality, since the pattern of conscious behaviour strictly limits the means of gratifying unconscious pleasure needs. The unconscious side, still beset by fears, is forced to obtain its satisfactions through the old channels of fantasy, and in a way that it feels will not bring on punishment for such fantasy-satisfaction. The gratification of its desires, as has already been shown, is obtained with safety with the aid of defensive fantasies.

As the needs of the body and the necessity of obtaining safety are matters requiring frequent attention every day, infantile fantasy activity goes on unceasingly.

Fantasy activity is not only characterised by the power of the mind to imagine the required situation in dream-life, as is the case in early infancy. By the time the infant has grown to childhood, life is equally divided between sleeping and waking, and the problems of conscious life cannot so easily be avoided as in dream life. The child is no longer free to sleep when it wishes to do so. Fantasy activity, as a consequence, has to be carried out in a conscious state. The need for fantasy persists for the child is still powerless to contend with the pains and comforts and deprivations imposed upon it by the parents. Fantasy defences are still an imperative need and the yearning to gratify unsatisfied desires still is present. But, in addition, the conditions relating to waking life develop different needs in the child and so it becomes vitally important to it to convey these needs to the parent.

To this end the still partially inarticulate child applies itself to the observation of what seems to attract the parents, and how best to convey its wants to them. The results of these observations are the basis of the symbol language it uses before it is able to speak with any sort of coherence.

Actually the value of symbols is recognised long before the forming of any understandable sounds. Whenever the infant has managed successfully to convey a need, it supposes this result to be due to the fact that its method of communication has been comprehended, that the parent has understood its 'language,' which, of course, is not necessarily so.

With the aid of symbols it also continues its fantasy life in the day time. But now the purpose of its fantasies is twofold: firstly, to gratify unsatisfied needs and, secondly, to try to make the parent understand the exact nature of its wants, for, it feels, if it can make the person in command of it understand, it will not be forced to suffer needlessly, as, at times, when it has been able to make itself understood the parent has been sympathetic and instantly helped it.

Before proceeding to show the manner in which this phase of life is lived, some explanation of how this 'language' is developed and of the character of the symbols used is necessary. This follows in the next chapter.

2 Symbol Language

Knowledge of the value of symbols is obtained within the first weeks of life. It grows in the nursling from observing the effect of its behaviour upon the parent, and of once more applying the principle of cause and effect.

When the infant cries it discovers the mother is instantly close by. A crying sound, therefore, is realised to be a means of gaining attention. Because it cries when damp and uncomfortable it assumes that its noise tells the parent of its predicament. Noise symbolises the need for attention.

Crying is also thought to be a sign of its wish to hurt since it always makes this noise when angered and wanting to hurt whatever is causing it pain, and because it is usually 'attacked' after it has expressed itself in this way about the cleaning-up and bathing it so frequently gets. It thinks it is 'attacked' for its signs of anger, and the wish to hurt. It is also aware that when it makes such a sound it feels a hurt in its head from headache. Because it experiences this pain and is also 'punished' for crying, it presumes that the infliction of suffering is retaliation for the hurt its noise must have likewise caused the parent. It reasons that if the sound it makes can hurt it (the headache), then it also is able to hurt others. It becomes convinced that this is the case because of the distress that follows from diaper changing, which it feels as retaliation. Crying or noise is in this way imagined to be a way of hurting others, as well as being an indication that it wishes to attack, or that it has made a mess.

An angry sound is not only a symbol with two meanings, but it is also a dangerous activity because it hurts the mother who then retaliates. Because of this it becomes necessary to make some distinctions so as to prevent a recurrence of the painful consequences of hurting with noise. The crying that is intended as a hurt, and that which indicates the need for attention, take on different characters. Screaming with the full power of the lungs becomes the indication of the wish to inflict hurt and of actually doing so, for that is always what it wishes to do when forced to shriek with the agony of an acute pain. Such high pitched noise comes when it is terror-stricken at the feeling of the stomach binder being unwrapped, for it knows that this is always a prelude to an unbearable hurt, and its shrieks are attempts at hurting the hands busy unbinding it in order to prevent them completing their task. And always this loud, full throated noise brings on the additional pains, so it feels, caused by

DOI: 10.4324/9781003563242-3

the lifting of the navel dressing. Thus noise made with all the available energy at hand is dangerous, and is interpreted as an act of destruction and a sign of the wish to annihilate the attacker. Ordinary crying does not bring such results, and it is not instantly followed by pain. Furthermore, a less piercing noise only comes when a milder hurt, such as hunger or discomfort, is felt, and the mother never fails to interpret such a sound as meaning a need to have these distressing conditions removed.

With the realisation of what takes place after loud shrieking and after ordinary crying, the infant is careful to control the pitch of its cries when it is merely desirous of alleviation from discomfort. It has learned that degrees of sound have different meanings for the parent.

All other acts take on specific symbolic meanings too, according to the results that follow. Usually, because some sort of distress is experienced afterwards, they are felt to be similar in nature to loud crying, that is, they cause a hurt. For example, movement or kicking is thought to hurt the mother because she never fails to thwart this activity by a tighter wrapping-up which restricts movement: and, also, similar movement in the womb had been punished by a painful ejection from the womb. Kicking, consequently, is felt to be a sign of a wish to hurt, and of anger.

Apart from these acts and the feelings they symbolise there are the meanings attached to the various objects with which it comes into contact, such as the breast, the nipple, the diaper and so on. Their shapes are easily recognised and their role is always the same. The breast is like a large ball, and the nipple, too, is round, but considerably smaller. The diaper is sometimes seen as a square and sometimes as a triangle. Their colours never vary and so become related to the symbolic meaning each of these objects eventually assumes. Thus the colour white which is associated with purity also means something clean, which in turn implies something unsullied, which equals an object that is not dirty, so, finally, to signify a clean diaper. Thus, in the infant mind, a small red ball is essentially a representation of the nipple which supplies fluid food: a large pink ball becomes a symbol of the breast which acts as container of this food: while a diaper is a symbol with various meanings, sometimes signifying a container or pocket to hold any form of body excretion, and at other times serving merely to indicate other wrappings or clothes.

Colour and shape are not the only associations giving particular meanings to a symbol. Movement, texture, light and warmth, and a variety of other sensations add to the symbolic values of colour and shape. And then there is the similarity in the shapes of different parts of the mother, and of other articles.

The identity of different objects are merged and become interchangeable because of their similitude either in our or shape. Because of this the pupils of the mother's eyes are thought of as nipples, as there is a similarity in their size and shape, and so are felt to be a source of food. Any small round object becomes desirable because it symbolises the nipple. But shape and size are not the only factors that lead the infant to believe the pupil and nipple possess the same qualities. Although it may believe that there is this significance attached to the resemblance between objects, the infant seldom allows itself to become convinced without further corroborative experience.

In the case of the baby who imagines eyes to be another kind of nipple, the story of the process leading to the belief in the similarity of attributes is interesting. While being nursed at the breast it sees the mother's moving, twinkling eyes above it. The movement and glint of the reflection of the firelight in the parent's pupils excite it pleasurably. Also the changing colour of the eyes (caused by the flickering light) is a source of pleasurable excitation. The warmth of the fire is always felt whenever these small round objects dance before it. As the pupils are imagined to be the fount of this extra pleasure, they become desirable, and the fantasy of eating them soon follows. The fantasied eating of the pupils occurs while sucking the nipple. The sensation of taking in milk is related to the wish to take in the attractive pleasure-giving orbs, and thus the imagined act is transformed into a reality. And so, to the baby, coloured balls have actually become nipples that excite pleasurably, and which increase the feeling of warmth that comes with feeding (since their presence is always accompanied by the warmth of a fire); and, because the lactiferous property of the breast has been transferred to the eyes, they possess the nipple quality of supplying a fluid that brings a feeling of well-being.

As a result of this interpretation of its experiences, any small, round, coloured object that moves attractively symbolises a nipple which gives milk endowed with the power of supplying greater pleasure than the breast-nipple.

The orange-red reflection of the fire in the mother's eyes is associated with the additional warmth the pupils are imagined to give with their milk, and so this colour becomes a symbol of warmth.

It is from such experiences and associations that colour takes on a particular meaning.

Another example of this sort also links up colour with breast-feeding. In this instance the baby is feeding from a breast covered by a blue shawl which tickles it, and this excitation causes it to pass water with pleasure. The colour blue, as a consequence, becomes inseparably linked with a breast which tickles and whose milk brings about this particular pleasure. And so a blue ball becomes a symbol of a breast which supplies the fluid that induces a pleasurable tittilation that encourages an exciting relaxation of the bladder.

The combination of a particular shape and colour conveys an exact and detailed meaning. Colour and shape comprise one of several alphabets in the language of symbols.

The symbolic value of a shape is not steadfast since there is considerable lattitude in its symbolic usage. This is not the case with colour. For instance, a wooden toy brick may be used in play to represent a symbol of a breast, a house, a baby, or food; and again, an irregular shaped piece of paper may signify a flower, a baby or food. Should the toy brick be red or the piece of paper be yellow they will then have an exact meaning. If red is intended to imply the idea of warmth and the toy brick represents a baby, it may mean that the baby is warm, or wants to be warm, or has been fed from the breast that gives it warmth, whichever may suit the story in the fantasy.

A colour, even though it may possess several interpretations, never loses its intrinsic meaning-values, whereas a shape or object may do so, although some retain their initial symbolic purpose at all times. Of these latter the circle or ball is an example, since it has been found invariably to have a breast connotation, directly or indirectly.

All colours, and even variations of a hue, are accorded a specific meaning. Black, because of its obvious correspondence with darkness, symbolises deep sleep, or death, or the wish to destroy, or the act of destroying, or a hate that would kill if it could; also unconsciousness, or the absence of any awareness of light. Also, because of black's plain connection with dirt, it often symbolises dirt that can hurt severely (kill), or dirt that is intensely disliked, and so on.

In portraying degrees of the wish to destroy, or of the intensity of hate felt, varying tones of black are used. And grey is also used in conveying degrees of light or the feeling of semiconsciousness.

In the illustration reproduced in plate 8 the angry looking figure is drawn in black to indicate that it is filled with the desire to hurt to kill. Black, in this case, is making plain that the anger is not merely the hurting sort, but the intensely destructive kind.

Because of the colour of blood the association of red with pain is plain, particularly as the appearance of blood is accompanied by painful sensations. Red, therefore, is used to denote pain or the wish to hurt.

The combination of red and black, to indicate the wish not only to destroy but to make the act a painful one, is frequently made use of by the infantile unconscious. In some instances this combination of colours tells of a pain that is so great that it brings on unconsciousness.

The colour yellow is frequently linked with pleasure and food. In one case the infant's awareness of the fact that it is always fed when in light, led to the association of sunlight or gaslight with the pleasurable sensations induced by food. With yet another infant yellow, or the presence of light, is associated with pleasure of relief from pain because relief from the agonies of birth came when outside the womb and in light. This pleasure of relief from pain is also indentified with the enjoyment obtained from food, so to denote the feeling of well-being yellow is again employed.

With different people there are entirely other meanings for these same colours, or similar associations are based upon different experiences. To illustrate this point there is the example of a baby who was conscious that a person dressed in black had inflicted a terrible pain upon it, and from then on black always symbolised the idea of a pain that destroyed with its intensity of agony. There is also an instance where yellow is used to represent pain and light because the infant suffered pain most often when in light, and its first experience of acute pain came when born into light. Yellow, for this infant, forever after stood as a symbol of pain; and at no time did it express the idea of food or comfort. Thus it is seen that every infant possesses its own personal symbol language.

Shapes and objects, as already shown, vary in meaning, but to make the nature of this changeability clear some illustrations follow.

In order to record the fact that the infant is unable to use its arms and legs effectively, a ladder is used to indicate the wish to be able to reach something out of range. So whenever a ladder appears in the symbol-language story it reveals this incapacity. With a change in the story this ladder symbol takes on a different meaning. It now stands as a symbol of the mother, who, to the infant, is a series of platforms – knees or lap, arms in which it often is held, and the highest of these platforms being the projection of the mother's bosom. These are surfaces over which the infant often crawls, and so a ladder becomes a suitable cipher for the mother. So now the appearance of the ladder suggests the wish to climb up the mother, and so on. In the same way a stairway takes on a similar symbolic meaning.

Equally, the drawing of a mouth has several interpretations. It may represent a place where things can be left in safety, because the infant knows that it itself is not permitted to take things out of the parent's mouth. It may also signify a storehouse, since it is the place into which food is put by the parent. Mouths are also dangerous because of their biting teeth, so the representation of a mouth may indicate a fear of or the wish to attack. For example, an article or child drawn inside a mouth may either mean it is there for protection, or as food added to the store already possessed by the parent, or as being in danger of attack, whichever purpose is being served by the mouth-symbol. And, of course, it will also have the simple meaning of being quite an ordinarily functioning mouth.

But should a ladder or mouth be coloured yellow the indication of its meaning becomes instantly seen. If yellow is meaning food or comfort to the infant unconsciously using this colour it may be saying that it either wants to get this pleasure by climbing up the mother, or that it is thinking of the parent (the ladder) as the source of milk, and so on. In the case of the yellow mouth, it may be saying the mouth wants food, or has stolen food, and so on.

Exactly how a precise interpretation is made in such cases is a matter too involved for explanation here, and is extraneous to the purpose of this book. It would mean the discussion of a newly evolved technique of psychological investigation, for which more than one volume is needed.

3 The Application of Symbol Language in Early Life

Having briefly reviewed the early development of the hieroglyphic system of communication employed by the unconscious mind, the next step will be to demonstrate how the infant or child applies this language in daily life.

For this purpose, it is supposed that a child of eighteen months, who knows it is not permitted any longer to have the nipple, is wanting to be fed from the breast and pesters its mother endlessly to that end; also, that a new baby has arrived and is seen being suckled.

As the new arrival is being given the very thing the child is wanting and kept from having, and much more attention besides, the child naturally imagines that this preferential treatment is due to the fact that the baby is loved more than he. And as he is still unable to give verbal expression to his needs, the problem of conveying his predicament so that the mother will know of his hunger, both for love and food, becomes formidable. The child feels that if the mother could be made to understand she will promptly ease his suffering. He is loath to believe that she does not know what he wants and why he hungers for the breast, for that makes existence too painful to bear, but prefers to think that the mother withholds her favours because he has somehow been unable exactly to convey his distress.

Since the few sounds he can articulate are not sufficient for his purpose the language of symbols is the only means of communicating his thoughts. The child, therefore, begins to act out the story of his needs in play. He knows that he was fed after being cleaned up, when he was the only baby. The breast-milk was given after he had made his offering to the mother. A dirty piece of paper is soon found and presented to the parent. It symbolises a dirtied diaper, the 'gift' that must precede the feed. The offering of this 'gift' is making known his wish to be fed from the breast, and is indicating his love and desire to be loved in return. Actual physical hunger is not the thing that requires satisfaction. Breast feeding is an act that signifies the mother's love, which, in turn, is interpreted as an assurance of protection from all hurts. The deflection of her love has aroused the child's fear of being left entirely unprotected. To be fed from the breast would dispell this fear, cease the hurt caused by the feeling of being discarded, and satisfy the hunger that has been created by anxiety.

DOI: 10.4324/9781003563242-4

But should the scrap of paper prove of no avail the child may then offer a ball and, by so doing, indicate his willingness to give this breast-equivalent of his to the new baby so that it shall not be without a breast, and so make it possible for the mother to give him the real breast. Any article coloured pink or yellow may serve as a symbolic breast should a ball not be at hand.

To be able to act in this characteristic baby fashion with safety is impossible without permission being granted, since such behaviour has been too frequently reprimanded. Parental permission would dispel this fear.

Now a blue object is sought for, to present to the parent. This time the 'gift' represents the breast that encourages micturation by tickling, and the proferring of it is asking for this assistance. If the mother will accept the article and respond either with the desired feed or tickling play, it will indicate her permission and wish to have him behave thus.

But seldom does the parent understand the purpose of this play, or have the time to amuse the child. More often than not it is placed where it can come to no harm and is given other toys with which to amuse itself and left to cry at the sadness of its plight. When alone with its playthings its hunger for love is partially appeased through the fantasy fulfilment of its denied request. If too young to easily handle its toys, it will unfailingly place something in its mouth and nibble or suck; but if it is able to play with its toys it will resume its interrupted attempt to make the parent understand its needs.

The performance that follows will be the enactment of its desires. Anything will serve to represent itself if a doll is not among the toys, and any object will stand for the breast with which it will pretend to feed itself, that is, the object symbolising itself. The game will not only be a fantasy gratification of its wish, but also a clearer presentation of its story. The parent's attention is drawn to this play and the act of feeding the object that represents itself repeated several times. Frequently a child's persistent demand to be played with by the parent is so that its fantasy shall be understood and accepted by the parent. Her joining in the play often helps the infant to feel a sense of security, that it is getting consideration and attention to its needs, and that the fantasy or wish in the play is permitted by the mother.

There are numerous ways in which a child will try to make itself understood with the aid of symbols. Sometimes a wet piece of paper, intended to denote a wet diaper, may be brought to the parent's notice, or an offering of a pretty coloured scrap for the mother to eat as food, for which the proper return will be expected.

If all efforts fail, play will be continued to gain relief for unbearable emotions, as a means of expressing its hate. Now the wet piece of paper, if that is what is being held by the child, will be destroyed, or any easy-to-reach object picked up and banged on the ground. The thing thus attacked will either be the mother or the interloping baby, or a combination of both.

But frequently even this means of eating its shattered spirit is not permitted, because more often the child's method of hurting the mother is to make itself dirty, since it knows this is not liked. It is not allowed to play out its fantasies in peace and its soiled toys are snatched away. Then, of course, comes a bath and bed.

Although the tantrums of an angry child are known to be a reflection of its desire to hurt the parent, it is not realised that its play is acting as substitute for speech. Furthermore, it is not yet thought that the inarticulate infant still unable to walk possesses this symbolic language. It is this unawareness that makes the child's life more difficult than it need be, for even the most unsuccessful attempts to try to understand what the youngster is conveying will dissolve its fear of being quite beyond parental sympathy. The wish to understand its needs will be recognised by the infant and will do much to lessen its distress. The infant's urge to be understood is very strong, for to it the world is full of danger and it feels so helpless. Security is a desperate need.

Perhaps one of the most difficult things for the adult mind to realise is that the infant can, by means of its symbol language, tell its story at all, let alone that it does so with remarkable exactness of detail. Hitherto there have not proofs of this, or the material that has been presented to indicate this fact has not been sufficiently convincing. Now a verification of this peculiarity of the infantile mind is at hand. The actual processes of thought can be demonstrated by the aid of a system of symbols; and the unconscious mind itself presents the examples of this mode of communication. Examples of the stories and needs thus portrayed will be shown in due course, but in the meantime there is an additional difficulty in the life of an infant that must be discussed. This last subject is the grappling and frustration of the imagination.

Although the infant's mind functions continuously on the imaginative or fantasy plane, this imaginative activity is felt by it to be prohibited; but even though its dreaming is felt to be an offence, the infant is entirely unable to check this performance. Fortunately dream-filled sleep is seldom blended with pain and is, therefore, felt to be the safest and least fearful means of total fulfilment. Furthermore, 'punishment' does not come while fantasy is in progress but after the infant has been forced out of its dreams into waking life.

It is imagined, because it is so often molested while indulging in fantasy, that the parent does not approve of this pursuit. The frequent interruptions to sleep, and the cleaning-up hurts which follow bowel and bladder discharging that occur while dreaming, are thought to be the indications that fantasy is forbidden.

As it is not able to curb this faculty, and as this is its only means of creating the assurances of safety from assault and pain that are such an indispensable need, the problem the infant has to solve is how to continue its imaginative life with as little danger as possible.

The device resorted to is that of deception, of which there are many forms. Of these two are outstanding. One of them has already been described, namely the strata of defences that enable the infant safely to have a dangerous fantasy after having assured itself of adequate protection. In relation to this mechanism of deception, when applied to the problem of undermining the dangers of dream life, the infant has many opportunities for deceiving the parent, as it believes it does. When it is wakened by being lifted up it instantly thinks it is going to be punished for the fantasy it has just had, which is the last one of the series it created, but, instead of allowing itself to believe this, it tells itself that it is the very first fantasy of the series that is not liked. In this way it protects itself from having to set aside the wish for further indulgence in this last fantasy of the series because of the fear of the consequences. Instead, it tries to check the first and perhaps harmless dream, that had acted as a defence. By this means the essential fantasy pleasure is freed from hazard. Further, the defensive fantasy which is now considered an offence is easily replaced by a new one, which is equally effective as a façade. There are, of course, many possible variations to this scheme, since any of the protective dreams can be considered as the offending one and subsequently camouflaged. In addition, the 'punishment' can be as effectually placed upon the wish that preceded the fantasy. For example, the infant, on feeling the need for warmth, wishes it had the breast that supplies this comfort, and the desire for the breast is then followed by the fantasy of having it. If the baby is awakened while this dream is in progress it is prepared for the hurt it expects by telling itself that it will accept the 'punishment' pains as the penalty for wanting the breast, but not for actually fantasying having it.

The second important method of deceiving the parent is by displacing the 'punishment' on to an entirely different activity. The simplest illustration of this device is of the infant waking up with fear of what will follow its indulgence in dream, which causes it to cry, and the painful wiping and bathing comes about after it has made a great deal of noise. Because the physical distress came after the crying it is quickly seized upon as the reason for the pains. Fear of having the desired dreams is thus kept in abeyance, and crying, serving as the activity forbidden by the parent, is checked as much as possible.

The many protective devices that are installed to assure freedom for imaginative expression and fulfilment naturally increases the complications already existing in the mind. Virtually every activity or thought is felt to be forbidden and therefore necessitates the emplacement of safeguards. To add to this complexity there is erected yet another artifice for the purpose of making imaginative activity secure against assault. More than one interpretation is accorded a single act or fantasy, so that when danger is near the most innocuous story, relative to the situation, is considered the offending one. A false and a true meaning, in other words, is attached to the fantasy. To illustrate this stratagem the episode of an infant who decides it is thrust out of the womb to make room for another baby, instead of because it had kicked the womb in anger, is apt. The infant is aware no other baby had been present in the uterus with it. As it is afraid to kick the 'dangerous' hands that frequently approach it after birth, these hands being thought of as an extension of the womb which had punished it for kicking, it maintains the false invention of the other baby so as to be able to destructively kick that baby in place of the parent or womb which it really hates but is too dangerous to attack. The false baby is replacing the uterus, symbolised by the hands of parent or nurse, in the fantasy-attack on the womb. It is conscious of this 'lie' but has to keep it intact to hide from the parent or womb that it is actually being agressive towards it, the womb. Every time it fantasies a destruction of the parent it creates the mental image of this other baby. This same trick is used again later in life, when the latest newcomer into the family is attacked in place of the mother who is the real object of the child's hate. It is too dangerous openly to strike at the parent because she is far stronger than the child, as the uterus had previously been.

Such are some of the measures contrived by the infant to assure itself of protection against the discovery of forbidden indulgence in fantasy life.

The experience of the infant is that all fantasies encouraged the evacuation of bowel and bladder. This it believes since it invariably performs these acts while dreaming. It is unable to understand that the feeds it has before sleeping are the direct cause. The association of dream creation and physical functioning is firmly established. The infant is afraid to empty its bowels and bladder because of the discomforts that always follow. Fantasies safely make possible the release of the tension of straining to withhold. It has already been shown that a series of dreams bring safety to the act of easing strain caused by withholding bladder action, and micturation is permitted under the protection of layers of defensive fantasies. The wetting is a part of the fantasy. Since this function cannot be allowed without fantasy-protection it becomes necessary that creative dream activity shall always precede this discharge. This combination of events exists in relation to all excretory acts, including mouth and nose emissions.

As a result of this arrangement the punishment for a fantasy is felt to be the punishment for the excretory act, and vice versa. And so when the baby imagines it is being directly assailed for having dirtied its diaper it is also because it had had the fantasies that caused it to do so.

When the infant has reached the age when it is encouraged to perform its everyday acts of cleanliness at periods set by the parent, it still requires time for the setting in motion of the necessary defensive measures or fantasies. The timid ego still needs to have this reassurance before it will allow the energy that is withholding the performance of the necessary function to relax. The fact, therefore, that the child is not permitted to take as long as it requires, or is too quickly hurried over these performances, further strengthens its belief that fantasy is not permitted.

Since the infant has decided that it must try to check its physical actions to protect itself from painful consequences, it needs time to bring into play the protective fantasies which will release the inhibition imposed upon these performances. It cannot be hurried. The nursling is never forced to do so and as a consequence the habit of taking sufficient time is able to become firmly established.

But when early training begins the infantile needs are rudely interfered with by the impatient parent. Being forced to hurry interrupts the very act it is being asked to carry out.

The following incident from the history of a child of two will make it easier to understand this phase of life.

The story is of a little girl who can only satisfactorily perform her morning and evening functions when allowed to sing to herself. The singing is part of the fantasy of encouraging the birth of a baby which she wants to make into the chamber. Because she thought that she is not allowed to create babies, which she wishes the mother to admire so as to regain the love which is being lavished on a new baby, she always gets into a panic when told to stop singing and to hurry with her stool. The interference to singing and being told to hurry can only mean, so she thinks, that the creation of a baby is not allowed. Anxiety checks the rhythmic flow which is being promoted by song thus halting bowel action. Fear prevents the completion of the performance.

The child wants to believe that its product is a baby because then she will be admired for having created it. If she cannot be admired it means that what she makes is not liked, and what is not liked is forbidden. It is the only way the child can allow herself to obey the commands of the dominating parent figure without fear of being punished for an act which has so often been punished by the painful process of being cleaned, when she has dirtied her diaper. The interruption and hurrying means that particular fantasy is forbidden, and that to make a baby and thus take the mother's love away from the new arrival in the family is taboo.

With all children natural functioning is accompanied by fantasies of protection from pain, although in every case the character of the fantasy will vary. In the case of this girl child the desire for the mother's love is to get assurance of freedom from hurt, for whom the mother loves she not only feeds and comforts, but never allows to be harmed or herself hurts. Also, to be fed from the breast, as favoured babies are, is to be in the position of freedom from molestation.

There is yet one more important problem among the many a child has to deal with to which attention must be drawn. It is the acquirement of the pleasures and gratifications that have been denied or rejected through fear. The satisfaction of this need can only be obtained through fantasy. The fantasies created for the purpose of alleviating fear of deprivation are also felt to be forbidden. Imaginative endeavour, no matter what the aims may be, is felt to be disliked and penalised by the parent. Nevertheless, this satisfaction is procured with the assistance of stratified defensive fantasies.

Meanwhile, while learning to accept the fact that imaginative activity is not permitted, with the passage of time the opportunities to indulge in fantasy life are curtailed by the longer periods of waking life and the tasks imposed upon the child in learning to be clean and obedient. Except when sleep is allowed, play is the only sanctioned opportunity for fantasy, and even this is frequently interrupted by both parents, nurse and older children.

It has been shown that the child seeks to obtain admiration for its acts because this admiration is a symbol of the mother's love and an indication that its conduct is not objectionable. Acts and fantasies that are followed by hurts, or which are interfered with or interrupted are, it is believed, not admired. Admiration thus becomes synonymous with permission or approval.

Because the child is given toys with which to amuse itself and often told to occupy itself with games, it naturally considers play to be a permitted or admired form of fantasy activity which will not be punished. Interruptions to such games are not felt to mean that this vehicle for imagination is not admired, but that the particular fantasy that is interfered with by a hindrance to its plays is not being allowed or approved.

The fact that a very young child is convinced that certain of its acts of fancy are not permitted, even within the limits of the 'permitted' way of play with toys, raises the question, 'how does it manage to obtain unconscious gratification of thwarted desires and yet still feel free from danger of punishment?' How this is achieved (for it is with comparative ease) takes us back to the early method of hiding a forbidden fantasy by imposing others upon it. It will be recalled that one of the additional fantasies takes the place of the offending one, or the equivalent of parental permission is created beforehand, or a false meaning is attached to the dangerous mental fancy to shoulder the brunt of the 'attack,' or an entirely different activity is made the cause of the punishment. The important point is that the infant considers a false facade a satisfactory protection. The truth is hidden.

The effectiveness of this value of a false facade or the hiding of facts is strengthened by later experiences. It frequently happens that when the child is alarmed at the possibility of being slapped for an intentional destruction of a toy it will say the damage is the result of an accident, or, in some way, to indicate that the mishap was unpremeditated. If the parent has not seen what took place she may accept the lie or allow the child's obvious terror of a slapping cancel any punitive measures. Also, if such an 'accident' is not discovered till later and the mother has not shown any signs of anger when the damage is brought to light, the child then supposes that the parent does not know the perpetrator because the act has been hidden from her sight by the fact that she was not there when it happened. By whichever means parental disapproval is prevented from becoming painfully manifest, the child will interpret such an outcome as a consequence of the hiding of the truth from the parent. A false interpretation or the concealment of wrongdoing is an effective protection against punishment, and serves the same purpose as a superimposed fantasy, namely, the avoidance of the recognition of the true offence.

On the basis of this knowledge, that any form of concealment prevents the detection of the true intention behind an act, are developed a whole series of fantasies; and also the habit of lying. The application of this principle of defence in play fantasy is in the double meaning attached to the symbols or playthings which are used in acting out unconscious wishes. The following illustrative incidents show how the child employs this strategy.

A two year old boy has been given a sawdust-filled doll which he tries to chew, when alone, with the thought of destroying the baby who has taken his place as the mother's favourite. Suddenly the parent appears and the child instantly begins making noises to indicate distaste and then throws the doll away, and, to make his idea clear to the mother, adds, 'ugh ugh,' the recognisable sign that conveys a thing is bad to eat. This behaviour is making known that he has been investigating the possibility of the doll being something good to eat. The lie prevents the discovery that his act has been a fantasy destruction of the baby. Then, later, the doll is retrieved and its dissection begun. An enquiry into the nature of its contents will explain how babies are made and the eating of whatever is found will endow him with the qualities that make babies admired by the mother. The sawdust is taken into his mouth as soon as it scatters on to the floor, and the fantasy of eating the contents of the real new baby is started. Again, and with real cause, expressions of distaste result, and the mother's attention is again drawn to the child. Once more disaster does not follow because natural curiosity only draws forth kind reproof and the dispossession of the unpalatable object. Thus indiscriminate eating is not encouraged and not punished, and it is simple enough to pretend to do this when actually indulging in the symbolic destruction of the hated baby. A week or so later the child manages to find the older sister's magnificent doll which has moving eyes. Here is a real baby which belongs to the 'little mummy.' The utter annihilation of a real baby will be more satisfactory and safely possible by pretending to want to eat it. The apparently real, because moving, eyes are first tackled and when the mother appears on the scene the young child is busily sucking them. By this time the child is aware that dolls are not tasty morsels and has no wish to eat any part of them, so that the mouthing of the doll's eye is a pretence, is the lie that obstructs detection of its real purpose in 'killing' the sister's 'baby.' At the same time, as the eye is a symbol of a breast or nipple, the sucking of it reactivates the early infantile wish for this form of feeding and the fantasy of actually being breast-fed follows. This, actually, is the basic need or reason for the symbolic destruction of the doll-baby; and breast-feeding is also a defence against being hurt because molestation never occurs during this occupation.

It can therefore be seen that the pretence of wanting to investigate the edible possibilities of substances conceals the gratification of the desire to destroy the interloper and the satisfaction of the need for breast-feeding; and at the same time includes a defence against punishment. All this becomes possible in play with dolls, which is permitted. Although the particular method of playing is evidently not admired, it is not, at this period of life, in any way a source of reproach for the child is learning the acceptable and unacceptable forms of play. It is learning the technique of play.

This subterfuge is also felt to be necessary for another reason. The infant thinks the parent possesses a magic faculty of knowing what it is thinking, because, whenever it repeats an act that it already presumes is forbidden, it is always punished after being dragged out of sleep in the middle of the prohibited fantasy act. As it is repeatedly interrupted while enjoying a forbidden fantasy the reason for the interference must be due, it feels, to an ability of the parent to 'see' what it is thinking and doing in its dreams.

The hiding of these perilous imaginings is the only logical safeguard. As has already been shown, this protection is obtained by the superimposition of other fantasies, which are, in themselves, defensive measures to ensure safety while having the offending thoughts. Lying is an equivalent of this infantile device and comes into effect with speech.

In early childhood this procedure is continued, as the incidents recounted have shown. By the time the child is able to converse intelligently, an addition to this process is evolved. Not only is the recognition of an offending fantasy prevented by concealment, but it is carried out in games and while behaving in an acceptable or admired manner. Should the parent take objection to any particular game, unconscious fear is not aroused because, first, play is permitted fantasy-activity: second, the child's behaviour is in accordance with parental teaching since playing games is encouraged; and, third, it can say that mother has previously allowed and liked and even taught it to play games in this way, and it is, therefore, unaware that a naughty thing has been done. Because of this the naughtiness is done unknowingly, and no blame ought to be attached to the game it is playing. In other words, the additional safeguard lies in having the prohibited fantasy while playing and behaving in exactly the way the parent has taught it to behave.

And so with the increasing knowledge of the world that immediately encompasses it the child learns to plan the safe expression of its forbidden activities and to gratify its pleasure needs. The most valuable conclusion arrived at is that it can satisfy itself in respect of all vetoed forms of pleasure with safety within the limits of an accordance with permitted behaviour so long as they are not recognised for what they symbolically are.

We have seen that the trend of all activities is towards the achievement of protection from pain and that the mother's love and admiration are thought of as symbolic of her desire to protect those whom she loves from any unpleasantness or suffering, which includes all discomforts, pains, fears and deprivations. Also that the new-born baby is unable to tell of its sufferings or needs in a manner that can be understood by the parent; and that its only language is the manipulation of symbols, which, in later life, is manifest in the play of the child. By means of this symbol language the infant and child attempt to talk to the parent, and select their fantasies or symbolic stories on the basis of their acceptibility to the omnipotent power that rules their world. Those fantasies which are punished and not liked are either hidden under a facade or given a false meaning of purpose.

Lastly, no matter what the conditions of suffering that follow its acts of imagination are, the child continues actively to employ itself in fantasy creation, increasing its defences in ratio to the dangers that confront it, and, subsequently, in later childhood finding greater safety for imaginative life in permitted or admired forms of play since by these means concealment is more effective.

It should therefore now be no surprise that in the adult creative activities of mankind the infantile or unconscious mind is still actively employed in the pursuit of happiness and freedom from pain, and that the fantasies of gratification are constructed with the aid of symbols of many kinds.

4 Art as Communication, and for Gratification

Pictures and picture making sooner or later enter into the technique of play which the child is taught by the parent. Its apparently meaningless scribblings with blank or coloured pencils are admired and encouraged, and it is also entertained with picture books. This introduction to art and the practice of graphic expression fits in well with its natural creative desires. The opportunity to make things in conformance with parental regulations satisfies the child's craving for a reliable and safe means of obtaining love and permission for fantasy.

Pictures are evidently liked by the grown ups, it thinks, since they seldom fail to draw attention to them in books they gave it to play with, and the 'pictures' it makes on pieces of paper invariably meet the approval. This approval also comes, it discovers, when the fantasy accompanying a scribble is one that is not usually sanctioned. It is clear that the parents do not interpret the markings in the way that it has intended, and this realisation is corroborated by the questions asked the child as to the meaning of its work. When a figure is made they seem unable to decide whether it represents 'daddy' or 'mummy' or 'pussy' and so on. This lack of comprehension cannot pass unobserved.

Since safety for imaginative acts lies in not having the true purpose discernable, it is obvious that there is no better or more suitable vehicle for such expression than in this much approved scribbling. Furthermore, it supplies an impregnable defence, for a forbidden fantasy can be created without recognition and accorded admiration, which means permission to indulge in hitherto prohibited fantasy pleasures. In addition, pictures are a form of fantasy that gives pleasure to the elders, and the admiration thus evoked supplies the necessary assurance of love without which the child cannot exist happily. Picture making is, therefore, the one daytime activity that gives free and ample imaginative scope, and is a permitted function held in great esteem.

This infantile appreciation of graphic expression is not only related to the foregoing factors. Art, even in this initial conception of it, is realised as being similar in many respects to dream activity. It is a language of symbols by means of which one communicates ideas. It is a creative occupation, like dreaming and play, in which images can be made to comply with one's wishes.

DOI: 10.4324/9781003563242-5

The often reiterated opinion of artists, that art is a language for the expression of otherwise inexpressible thoughts and that through art a 'message' can be conveyed, can now be recognised as possessing fundamental truth. The difficulty that the child experiences in getting its 'message' understood is the same the artist encounters. The symbolic significance of the images or object portrayed are not realised by the onlooker. It is not what has been painted or drawn that is important but the *feeling* that inspired the work. The objects used to form the picture are merely the symbols which, if interpreted correctly, will communicate the 'feeling' or 'drive' that inspired the act of creation; and this 'drive' is the message, is the unconscious need asking for attention and consideration.

Adult art is a developed skill in the use of symbols, of shape, line and colour, and still remains the language of the undeveloped, inarticulate and timid side of the ego even while associated with adult ways of thought.

Because of the admiration that continues to be given art, by parents, public, critics and nations, this medium for imaginative creation remains the most suitable method for gratifying dangerous, unconscious/instinctive needs, for, no matter whom the immediate parental figure considering a work of art might be, there is always the assurance of safety, of permission for such indulgence. Because a forbidden act can gain approval, through art, the fears related to the deed are never reactivated, for that which is admired is permitted and, therefore, not punishable. Thus, with the aid of art, the frightened infantile side of the personality finds unmolested and safe exit for its dangerous wishes and acts, and the gratification of its unsanctioned desires.

Some may doubt that representational art can serve the unconscious in the way indicated, so, in order to dispel this understandable hesitation, an illustration of a representational work, a pencil drawing of a landscape, with its unconscious interpretation, is given.

The work is reproduced in Plate 1. The artist, so far as he consciously was aware, was only interested in making a drawing. At the time this drawing was done he was unacquainted with psychology, and in fact, had no notion of what psychology was since he had both avoided reading books on this subject or discussing it with people who had some knowledge of this field of thought. The unconscious meaning of this drawing came several weeks after it was done, by which time he had become interested in the inspirational value of the psyche and had volunteered his services to the research into the psychology of art, to which this book is an introduction.* Therefore, it was known that the drawing and the choice of subject were entirely uninfluenced, or, in other words, was carried out under ordinarily normal conditions. Its story follows.

* This research was begun by the author as a result of an hypothesis that grew from observing in several patients an impulsive and repeated 'outbreak' of drawing, painting and writing which, it was felt, indicated and instinctive and natural outlet for psychic emotion that merited investigation

The artist had been attracted by a village pump and a gnarled tree close to it. As he had not drawn from nature for some while his intention was to exercise his eye and hand, to get them into 'trim', by beginning with this subject. He was not expecting to produce a good drawing because of lack of practice, but, nevertheless, tried his best to do so. When a reason arose for analysing the unconscious content of this work, the following information was obtained.

The tree was a symbol of the mother; and it was felt to have a mother quality. Its battered and twisted appearance indicated that she has undergone extreme suffering and that she was still enduring agony. The hole in the tree trunk represented the damage done to her body in an endeavour to get food out of her, which the artist, in his infancy, felt had been denied him. The water-pump was old and, although he had not actually troubled to examine it, he thought it to be out of order. Because it supplied liquid it symbolised, for him, a breast. The water which no longer flowed from this breast symbol stood for the milk which the mother was withholding from him. It was then realised that the fantasy that had come while drawing was the graphic expression of the infantile wish to destroy the parent because she would not feed him from the breast. A memory flashed into mind at this point, of his mother telling him, when he was about two years old and still demanding the breast on occasions, that it was silly of him to ask for the breast because there was no more milk in it for him; and he had known this to be a lie because the newest baby was still being suckled. This explained why he had thought of the pump as being useless. Since the mother would not supply the milk he wanted, in the usual way, the angry child in him decided to *take* the food he was being deprived of by burrowing into her, and the act of drawing this holed tree had enable this wish to be carried out in fantasy. The feeling that the mother-tree was enduring great agony because of the gash he had made was part of the wish to hurt her because she had hurt him by discarding him for another baby. So taking food out of her 'belly' was also an attack upon her.

The artist's unconscious was able to have this fantasy without fear because the conscious mind was not aware of the infantile motive in selecting this subject for drawing. If fear in relation to the underlying fantasy had been close to the surface the scene chosen for drawing would have been different. The subject was also a satisfactory camouflage of the underlying fantasy and therefore did not emotionally disturb the artist; and the delicacy of the pencil line, which is apparent in the reproduction, gives no indication of the savagery employed in the fantasy.

Several drawings of the countryside were done that same day and each was subsequently found to contain an infantile fantasy. There is, however, no space for a further demonstration of this ability of the psyche to make sure of nature, but the example given should help to eliminate any doubts about the unconscious mind being active and selective in representational art. The unconscious is ever present in each one of us. No action or thought is completely free from its influence.

Although, in this case, the battered tree suited the fantasy need, that fact is that it does not matter what subject is chosen, for the primitive psyche will decide the meaning to be conferred upon a symbol. A tree may represent a man, woman or child, an arm or finger, whichever is appropriate to the story being enacted in fantasy.

An illustration of an intermediate stage in the development of child art to adult art is afforded by the works of prehistoric man. The work of the primitive artist is particularly suitable to demonstrate this intermediate stage because of the psychic affinity that exists between it and the child's scribblings. Both are imbued with magical properties. Both are a projection, on to cave wall or paper, of the predominant wish in the mind of the creator. Palaeolithic man possessed greater skill than the child, but had retained the infantile belief in the magic reality of a fantasy creation.

Like the child, he believed that the act of transforming a thought into a reality, by painting or engraving it, increased its efficacy. The hunter who depicted the wish that his arrow fly straight to the heart of an animal may have had this thought during the hungry winter months when food was scarce, or when his arrows too often failed to reach the mark. It is logical to presume that there was more time and more reason for translating such thoughts into magic-endowed images, during periods of relative inactivity.

The child has one advantage over prehistoric man, which is that its pictured wish can be seen by the provider of food, the omnipotent parent, to whom it is trying to convey its need. But, like primitive man, its wish is frequently unheeded. The parent or god, whichever it is, has somehow to be made to understand. When food is provided, or the arrows find their mark, it is because the supreme being recognises their need.

Religious ritual and the mask dances of primitives reflect another intermediate step, this time in the development of the child's dramatisation in play, of its thoughts and wishes, by way of which it attempts to 'talk' to the parent.

Ancient ritualistic observances and dance are also a means of communicating with the parent, god, but a method more accomplished in performance and in the translation of ideas than is possible to the child. Primitives, like children, however, are apt to be disappointed; for gods and parents are alike in this, that they often do not understand what the suppliants are asking of them.

The difference between child and primitive man is to be found in the degree of skill exhibited in the drawing and dramatisation, and not in the content of their creations. There can be little doubt that with primitive man the more skilfully an animal can be portrayed, the more effective will be the sympathetic magic. The more real the animal the greater the reality: the more real the appearance the more certain it will be that the supreme power will recognise the message. The authenticity of this conclusion is borne out by the fact that adults, when expressing unconscious fantasies in automatic paintings, find that the greater skill they can use the greater the feeling they have of having expressed their 'message'.

The value of skill is also recognised by the infant. It is well known that only the child can explain its inscrutable scribble. When it is able to converse with ease it will add to its earlier 'daddy', 'mummy' or 'pussy' scribbles a description of the activity that has been visualised into the drawings. It learns that the need to explain a scribble recedes with its growth of skill and so becomes aware of the value of this accomplishment in making what it has to say more readily understood.

As parental admiration grows with every display of increasing skill, the child becomes fully convinced that this form of play is the most admired, and, because of this, the most desirable medium for its imaginative life. Graphic expression is admired, safe, capable of being understood and possessing the magic of transforming a thought into an undeniable reality. These are the reasons why the child develops an early propensity for drawing and painting.

Fortunately, it is also encouraged to draw in kindergarten and school and thus given the opportunity of living in a world of fantasy as well learning to be skilful in portraying exactly what it wishes to say in drawing.

But this almost ideal and unhampered opportunity for expression is all too soon limited by the 'dont's' from the adults around it. The character and nature of a drawing or painting becomes regulated by a parent figure's whims and desires. It is told what it should draw. Its own fantasies are taboo once again. Skill in art takes on a different meaning – it becomes a matter of learning to do well that which the teacher demands. This constitutes an additional duty asked of it, like eating without messing and playing without getting dirty.

Nevertheless, skill still retains its value as a means of increasing the understandability of its dramatised thoughts, and, in that sense only the prescribed art training does not run counter to its own aims.

Although art is, perhaps, the most suitable agency for the safe expression of unconscious desires, it does not necessarily follow that it is the only medium with this advantage. Its superiority over other known methods of approach to the psyche lies in the fact that it is, at present, the only way by which a documentation of inner thoughts and fantasies of the unconscious mind can be made. By means of its use a record of the feelings and processes of the infant mind, from before birth and onward, can be obtained in factual form. Such records have been compiled.* They have provided the material which has made possible this narration of the development of an infant's mind. Because the value of art as a vehicle for unconscious expression was recognised before the research began, much of the investigation was carried out with the aid of colour, shape and line. As a result of this there is a wide choice of material from which to select representative illustrations to demonstrate various phases of mental behaviour, as well as to prove the worth of art as a psychic outlet with unlimited scope.**

* During the research carried out by the author and her colleague

** Such demonstrations will be found in the latter part of the book

5 The Destructive Impulse

From the moment of birth the infant is initiated into the pattern of behaviour laid down for it, and to which it is compelled to follow and adapt itself on sufferance of pain for any divergence therefrom. Although lack of experience and true comprehension leads it to misunderstand the causes of its suffering, it quickly realises that it must learn to obey the demands made upon it, and to behave according to the wishes of the parent. By the time childhood is reached it has become fully aware that the opinions of the grown-ups are important and must be accepted. Objections to parental teaching are punished and quelled. Aggressive wishes and opinions are not permitted expression. Liberty of action is greatly curtailed. The child grows up with the firmly implanted idea that its desires are forbidden when they differ from the wishes of the parent, and that the degree of its freedom of action and expression is controlled by and dependent upon the mood of the parent.

There are numerous incidents, apart from the earliest infantile experiences, that helped to fix this idea of parental irresponsibility in the mind of a child. When it wants to crawl or play with something, it is stopped: when it wants to be carried it has to cry a long time before being lifted up: when it wants a toy seen in a shop window or belonging to another child it is refused.

Seldom do its wishes seem to coincide with those of the parent. The parent's reasons for these denials never convince the young one. It cannot understand why at one time it has been allowed to play on the floor, been carried after complaining of tiredness, been given a toy it wants, and now is being thwarted in these same wishes. It feels that it is being forced to obey unreasonable commands and suffer deprivations just because the grown-ups take pleasure in denying and thwarting its every desire.

The hate and rage evoked with each denial, thwarting and punishment accumulates. These emotions find only a minimum opportunity for release. It is dangerous to display openly or give vent to hate since punishment follows in reprisal.

The repression of this hate is injurious to physical wellbeing. All emotions have a direct affect upon the endocrines. Upset in the balance of these interferes with the proper functioning and development of the body. Fortunately, nature has supplied a 'safety valve' in the imaginative faculty, which affords

DOI: 10.4324/9781003563242-6

ease from emotional tension. This 'safety valve' therefore is worth study in order to gain knowledge of it and, thereby, control of it.

The infant cannot satisfy its instinctive need to vent its feelings by strenuous exercise. Its attempts to use its limbs in violent activity are persistently baulked. An adult can chop wood or take long energetic walks or give verbal expression to anger, without fear or hindrance, whereas the infant is only able to dream of the physical destruction it would like to inflict on its tormentors, and, in this way, to lessen the inward emotional pressure of hate. Unhappily this method, by fantasy, does not employ actual physical energy. The consequence is that it never satisfyingly eases the urge to express its animosity. This can only be satisfactorily done by violent exertion. The wish to destroy everything that interferes with its acts and desires remains unappeased and this increases tension. It becomes savage and unrelenting. Only the utter annihilation of the tormentor can completely free it from further molestation and enable it to satisfy its instinctive needs. But already it has learned that it is wiser to restrain this violent feeling. Frequently pain, or what to it seems to be an attack, has followed its expression of anger; and so it came to feel that its furious protestations are punished. Its murderous desires have therefore to be kept locked up and, because it is dangerous to reveal these wishes, much of its fury has to be refused entry into consciousness, since to be in a state of white-hot fury, which dare not be expressed, is unbearable emotion, for there it can be hidden beneath protective defences.

By the time adulthood is reached destructive wishes are so effectively and fiercely repressed that murderous wishes are rarely allowed into consciousness.

We all, in varying degrees, share in this same sequence of experience and have within us similar destructive wishes. Some of us recognise this, while others, whose fears are greater in relation to aggressive activities, have completely shut away their conscious minds from memories or awareness of this wish.

The question that arises at this point is that since pain taught us to avoid or check aggressive activities and thoughts, and early training emphasised this in relation to contacts with the parent, is it not natural to suppose that the destructive impulse would be completely suppressed because of the peril it engenders? Such might possibly have been the logical deduction arrived at by the infant were it not that it had been convinced that to destroy an inimical object was the best defence against a recurrence of suffering. Its behaviour was so organised that at the sound of the approaching parent or the touch of fingers it instantly acted aggressively in an endeavour to destroy the 'attacker' *before* it could inflict hurt.

The fantasy destruction of the parent, as a safeguard, precedes all dangerous dream activities too, for the forbidden gratification of its wishes in dream can only be attempted after such an assurance of safety. This procedure and the imperative necessity for an unchangingly effective defence to cover every eventuality and every moment of life, makes the destructive impulse an ineradicable part of the infant's mental make-up.

Another reason why the destructive impulse is established as a permanent defence is discovered in the consideration of how death is thought of by the infant. Death is not thought of as a finite state. It is merely a condition of 'not-thereness', like being fast asleep and, therefore, not present in the world: and like the condition of its existence in the womb before consciousness came, where the sensation of light is not known. Death is a non-awareness of external things. Death and sleep are synonymous.

The destructive of a person means nothing more to the infant than forcing the individual into a state of non-existence or permanent sleep. Any danger thus treated can do no more harm to it. Since the infant itself has known two such 'deaths', the painless one of sleep and the agonisingly painful one that leads to unconsciousness in the womb during the process of birth, it can make distinctions even in respect to death. And so its destructive impulses may be directed towards the painless or painful fantasy destruction of an attacker, and the selection of the type of 'death' will depend upon the degree of hate felt towards the aggressor.

The suicidal impulse can easily be recognised as being a symbolic taking away of oneself from a condition of pain or anxiety which can no longer be borne; of returning once more to the quiet and safety of early uterine bliss. When suicide is not possible or advantageous the only alternative is to be rid of the person who inflicts the unbearable pain. Both these methods of avoiding distress are used by the infant in dream life.

The belief that death is not permanent is also based upon the infant's awareness that sleep is not endless. This conclusion is supported later, after it has fantasied the destruction of the parent who always hurts it, by the discovery, on waking, that the mother still exists. Because it believes its dream fantasies to be real, the presence of the mother forces it to accept the only other judgement – that death is a temporary state.

More than anything else it is this destructive impulse that must be *harmlessly* released and evaporated before stabilised mental health is possible either in the individual or in the masses.

The means at hand are too lengthy immediately to apply on a wide scale. To delve deep into hidden memories, to probe, investigate and understand every facet of the mind, down to the moment when the need for this defensive act of aggression first arose, requires too much time. Furthermore, there are far too few trained specialists able to use this method. Time is one of the important factors here. As yet there is no widespread recognition of the fundamental cause of aggression, and certainly no recognition of the need for its release. Did such awareness exist there would be more hope for this disrupted world. Added to this barrier to progress in mental health is the fact that the psychological methods now in use are not economically or socially applicable. The only method that can be of social value must be a preventive measure that can be administered to very young people during the early period of formal education. It is hoped that this volume will be the cause of such a measure being put into use in the near future.

In the meantime, there is a way of partially alleviating the strain imposed upon the personality by the inhibiting of aggressive impulses, the consideration of which will lead to the better understanding of the problems that must be solved in the formulating and creation of a preventive technique. The way in question is through art – through a particular kind of automatic art. This form of graphic expression serves as a 'safety valve' that will provide release for the accumulated emotional energy, which, if not supplied with an exit, reaches dangerous proportions.

It is both wiser and socially desirable to provide a means of 'letting off steam', for persons with a feeble control over their aggressive emotions are prone to give themselves this release in activities that are abhorred by all. Of this type of person there are no better obvious examples than the ignoble figures of Hitler and Mussolini.

To deflate the hate impulse before it can increase to a point beyond control is patently a necessary social need. It always has been. It is more urgently so now than ever before. This deflation is easily possible and with absolute safety.

The principle is simple enough. A boiler will explode if the contained pressure is unable to escape because of a faulty safety valve. In a slightly different sense the same danger exists in an individual whose outlet for aggressive feelings is impaired. But with humans a little 'steam' is able to filter out – in fantasy; *but it is never enough to lessen the pressure that continually is TRYING TO FORCE ITS WAY OUT*. Fear is acting as an impediment that clogs the outlet. At the first safe opportunity, when opposition is withdrawn, the unconscious surges out to expend its emotional forces, as witness the hordes that did not hesitate to carry out Hitler's horrible order. These hooligans (and many educated people too) were given permission and justification for their bestial acts. They acted under the assumption that they were not killing for themselves but for their leader, thus hiding their true unconscious wish under a protective lie. Their infantile destructive hate of the parent and interloping baby was given free rein under the protective lie of ridding themselves of those who deprived them of freedom to live fully. Did not Hitler mouth 'living room' to encourage his cronies and to fool the German people? But had he asked for the destruction of parents because they did not permit liberty of action, and of the babies, who stole the good things of life, he would not have obtained the response he did get. And how else can be explained the traitorous attitude of some of the German children towards their own parents? They willingly sacrificed their natural parents and offered allegiance to a parent substitute (Hitler) because he offered them the very things which they had imagined they had been deprived in infancy by their parents. Evil can only flourish where the soil is already prepared to foster such growth.

An ever present problem confronting us is how to assure ourselves and coming generations of freedom from a repetition of the terrible world catastrophies that periodically arise. It must be apparent that the imperative needs should be to restore equilibrium to war-shattered minds (of the children in particular), to psychologically re-educate youth whose minds have been distorted to ways of hate, and to revise all systems of education in order to permit and encourage the controlled deflation of the unavoidable infantile aggressive impulses.

If these aggressive impulses grew out of the terror experienced in infancy, what must follow the additional emotional strain of the terrorising days and nights of war that countless children suffered?

Wars, whether from economic or ideological causes, will continue to arise while humanity retains the deep-seated hate that grows from lack of understanding in infancy. There will be fiercer, more relentless wars, with each war-scarred generation reaching maturity – unless we learn to accept the fact that the true causes of war are fostered in infancy and that the cure lies in the way we educate children.

Patently the most important task is the reduction and dissipation of unconscious hate, which, under present conditions, is not possible to the degree that will eliminate any possibility of a sudden resurgence. An instrument that will bring about a greater diminution of inner tension is required. Ease of tension must, necessarily, be beneficial.

The value of art, for this purpose, is not limited to its use as a vent for the emotions. Merely to provide an outlet is not enough. Any form of physical exertion can serve in this way with equal satisfaction. The need within the unconscious is to direct its aggression at the particular person or thing felt to be the source of danger. It is the disablement or destruction of the inimical object that dissipates fear, which, in turn, dispels the need for aggression. Art, with its employment of symbols, is the means of achieving both a release of tension *and the direction of this energy* at a symbol representing the source of danger.

Because automatic art releases and reveals unconscious fantasy without the degree of conscious distortion present in traditional forms of pictorial expression, it is a less inhibited instrument for emotional discharge. Also, automatic art is a *personal* form of expression and, therefore, the assertion of personal emotions. Parental or traditional restrictions are absent and fantasy work free from interference. This particular form of art presents the conditions needed by the infantile psyche for unhindered action.

6 The Destructive Impulse Revealed Through the Language of Symbols

How, where and when the destructive impulse is in action will now be demonstrated by a selection of a particular kind of automatic work.[1] These will reveal unconscious infantile feelings in various situations. Whenever possible corroborative conduct in our common daily life will be given. They will also illustrate the destructive impulse in action in relation to the various people with whom a child has to live; but these illustrated episodes are not fixed models of the nature of these activities since such patterns are varied in each individual. The infantile situation giving rise to the destructive act illustrated will also be presented.

It cannot be sufficiently stressed that the destructive urge is not the only type of impulse that obtains egress by this method. Emphasis is here laid upon this impulse because of the way it influences our everyday responses to whatever impinges upon us during the carrying out of daily tasks; and because it is the most frequently used of the defences evolved by the infantile unconscious.

Within the limits of this revelation of the psyche much will be learned of art itself. In realistic or representational art the choice or colour is logical and restricted by the usual appearance of the object being painted. In automatic art colouring is not bound by rules or rational associations. A horse may possess a yellow ear, a pink eye and a blue and green coat. Everything about such creations may seem utterly absurd. And yet, with an understanding of the story behind such irrationality, it will be found that every line, shape, colour, object and association is deliberately chosen by the psyche because of the symbolic meaning of these things, and of the juxtaposition of them. Unconscious selection and arrangement is a reasoned process for all the apparent incongruity of result.

These works are hieroglyphic inscriptions of memories buried deep in the unconscious mind, wherein every episode and experience in infancy and childhood is recorded. They cannot be erased. In the research carried out by the author, by long and persevering effort this language was deciphered, and it was discovered that every individual has a different system of hieroglyphs.

DOI: 10.4324/9781003563242-7

The examples presented here are drawn from the material collected during this research, and were translated in every detail, but only those parts of the interpretations will be given that are relevant to the topic under consideration.

The first story is of a girl child. The incident to be narrated occurred when she was eighteen months to two years of age. Her brother, older by eleven months, persistently interfered with her games. He was at an age when he wanted to possess whatever he saw was providing pleasure for the younger child. She was never free from his depredations and too weak to fight him off. And it was always the most cherished of her toys that were taken from her. Whenever she gave vent to her rage the nurse, who displayed a marked preference for the boy, punished her instead of the brother. To add to her difficulties, the little girl was unable to talk well enough to be able to disprove the brother's lying explanations to the nurse, who was drawn to the nursery by the rumpus. The need to find a reason for the brother's interference and the nurse's punishment led her to believe that they did not want her to have the fantasies that were incorporated in her games with the toys. The brother's interference was his way, she thought, of obstructing her fantasy, and the nurse's slaps were punishment for wanting to have a fantasy.

During such a game the baby girl lost a blue ball which was of the utmost importance to the carrying out of her fantasy. It represented a breast. The brother had taken it from her. Her feeling of rage at him dared not openly be expressed for nurse would punish her for displaying her hate of the brother.

This information came through interpretations of a number of drawings and paintings. This tale of the thwarting of fantasy life was an introduction to the action which was portrayed in the drawings that had then followed. In these an attack on the brother, which previously had been unsafe to express openly, takes place. The first part of this attack is illustrated in Plate 2.

Here the brother is the large figure with an angry-looking eye. He is being bitten on the leg by a dog; which is a symbol of the baby girl when she is being naughty. To attack the brother is naughty since nurse punishes her for so doing. A dog has been used to symbolise the naughty side of her because such an animal, in an early childhood episode in actual life, had killed a chicken, and in this way was seen to be a creature that could hurt effectively with its teeth. The identification of herself with a dog is in order to be able, in this fantasy, effectively to attack the brother, with the maximum effect. The angry girl in the drawing is herself. It is seen that she can only attack in an ineffectual way, by spitting. That is why the wish to be like a dog arises. The creature on the boy's shoulder, which is trying to choke him, represents the baby girl and her wish to hurt the brother in a way which she has learned from experience is very painful. The large claw that swings over towards his eye depicts the desire to destroy that part of him which sees her treasured objects and makes him want to take them from her. The reason why the brother has been drawn with his hands in his pockets is to prevent them being used to attack back, that is, to guarantee herself safety from his hurting hands, and of freedom to assail him.

The unconscious purpose of this painting is to reveal the wish to hurt the brother, and the ways in which she would like to do so, as well as actually to attack him in this manner in painting this picture.

But it is not felt to have been a satisfactory assault, and so the offensive is continued in a drawing, Plate 3, this time in pencil and with a greater application of energy than is possible with a paintbrush. Here the head of the boy is first lightly drawn in and then comes the heavy scribble that obliterates him. The scribble is the attack. Dissatisfaction is also felt after this operation. The need to continue, to effectively destroy him, remains.

Another painting follows – Plate 4. In this is illustrated the fantasy that positively convinces her of her brother's annihilation. Only by tearing the body apart, limb by limb, can she feel certain that he is made helpless. His eyes are being gouged and his arms, fingers, toes and legs are torn off. By such means only can she be sure that he will not return to molest her, or that he is being sufficiently hurt. This orgy of hate and destruction is coloured red (for blood) and pink (for flesh). It looks a gory mess.

After this destruction of the interfering brother there follows a depiction of the baby girl happily playing with her blue ball, with the brother shown standing by, subdued and no longer interfering. The fantasy that can only bear fruit when playing with the blue ball is, now that she is free from her brother's interruption, able to develop.

The resurrection of the brother reveals that his destruction is a punitive measure and not a permanent obliteration of him. The belief that if a person can be hurt severely enough he will be made to stop hurting others, has been acted out in this last painting. The most severe hurt, in the girl child's experience, had been to have her limbs violently wrenched, which felt to her as if they had been torn off. Thus the brother is made to suffer this form of pain to the most agonising extreme; and it explains why he is able to appear whole again.

The blue ball, given her by her mother, stands for the mother's breast. It is the breast the mother actually had given her.

The stealing of this ball by the brother also meant that he is wanting to steal from her the food that can be got from it, for the fantasy being created with the assistance of this blue ball is to lead to her re-instatement as the baby who will be fed from the breast. The brother, like the nurse who actually does not let her remain with the mother, is interfering with her chance to get breast-food. It is bad enough to have been deprived of the position of nursling by the arrival of the latest newcomer, but to be deprived of the fantasy gratification of this need is beyond endurance.

The unbearable feeling of deprivation that ensues when fantasy life is interfered with, and the intensity of rage that comes when thwarting occurs, is amply demonstrated by these drawings. They have also shown that the weaker child suffers as greatly from the depredations and meddling of slightly older children, as from the 'dictatorial' treatment of grown-ups. Squabbles between children, which are not usually thought to have injurious consequences, have here been shown to have had a harmful effect upon a very youg and helpless child. In this instance because the weaker baby, who is persistently interfered with by the covetous brother, is not given sufficient protection. An unobserving or uncaring parent or nurse is the cause of more psychological harm than is apparent or recognisable in the 'normal' behaviour of a child.

The foregoing childhood tragedy has revealed how the destructive impulse is used as a protection against the pain of deprivation and against the pain of unbearable and persistent molestation.

The next story is of an infant's craving for things belonging to an older sister. Here also equally harmful consequences follow. The characters in this fragmentary drama of childhood are a baby boy of about nine months in age and his sister who is a little over two years old. In this case the baby boy has taken possession, in fantasy, of something belonging to his sister.

The story begins with Plate 5, which illustrates the baby's method of destroying the sister who, because of jealousy, seizes every opportunity to hurt it. The sister, who is formed from beads, with bits of wool and tongues of flame as hair, is shown lying on the baby's diaper. The loop that encloses her symbolises the mother's hand which is about to drag her out of the painting. The tale pictured here is simply that the baby, after having fantasied the eating of his sister and of subsequently evacuating her into his diaper, which he believes will follow as with other substances he has eaten, then expects the mother to take away the diaper and its contents (sister). In this way the dangerous sister will be removed. And the hope is that she will never return.

A nine month old infant has no power to free itself from undesirable people. All it is able to create is a fantasy situation that it believes will serve to bring this about. As the only way of moving an object from one place to another it knows of is by the medium of eating, it 'eats' the sister so as to move her to the place from which she can be destroyed, that is, 'thrown away.' Wishing to have the sister destroyed and planning to have this wish carried out is, as far as the infant is concerned, the equivalent of destroying her itself. In the way the deed is done lies the only difference.

The baby is driven to have this destructive fantasy because of the pain it suffers from the sister's pinching fingers. Sister pinches him frequently when the mother is not about to observe what takes place. An indication of the nature of the hurt is seen in the painting. The extension from the bead-body of the sister, that ends in a biting beak, is her hand which 'bites' to take away the things given the baby, which, in this instance, is the nipple. Hurting fingers are biting fingers. The only and obvious way to end these hurts is to have the aggressive sister destroyed.

From as early as the first weeks of life an infant 'eats' objects with its eyes. This it starts to imagine it does while engaged in sucking at breast or bottle. The act of sucking, which accompanies the seeing of a desirable object and the wish to eat it, creates the belief that that which is found so delightful to the eyes is being swallowed.

Works done previous to this painting had shown that the baby had been doing a great deal of this, particularly with brightly coloured balls and beads. Coloured, moving articles were a source of great pleasure to it. The beads were seen around the sister's neck and other coloured, small, round shapes patterned her frock. As the sister usually hurt him with painful finger nippings after such a fantasy-feast, the infant is led to think that the bright, round, attractive things it has 'eaten' in this way belong to the sister. And, as she also hurt him in this way after he had had a fantasy of 'eating' attractive bits of wool and flickering tongues of flame, he believes that these too belong to her. No other reason can satisfactorily account for sister hurting him.

That is the reason why the sister is termed of beads, bits of wool and tongues of flame in the painting. In portraying her in this fashion the infantile mind is stating that she is the person it believes owns these particular articles.

Although in the painting the infant is at the breast, the attenuated nipple at its mouth indicates that it is really feeding from a bottle, which is a breast equivalent possessing a longer nipple, a teat. It has fantasied itself being breast-fed because it is safe from molestation only when in the mother's arms. To be in this position of safety is necessary since it is while it is feeding that the sister most frequently attacks. It was subsequently discovered that the girl child pinched the baby's fingers when stealing the bottle from it.

Simply stated, the situation, as revealed by the symbol language of the painting, is that the baby wished to destroy the sister because she hurt him and stole his bottle, and that he believed she hurt him because he had stolen her attractive possessions, by eating them with his eyes.

It also was discovered that the little girl had hurt the infant more than once, and with considerable anger behind each nip, each time she attacked it. As the drawing which tells this very simply and clearly portrays the infant's feelings, in comparison with the painting just dealt with, it is shown to demonstrate that on occasions the meanings of unconscious infantile language is not always difficult to grasp.

Plate 6 reproduces the drawing in question. The extremely angry figure with the pincer-like hand is, of course, the sister. She is walking off with the bottle, which has been represented by a blob of yellow between her nipping fingers. The ends of her fingers are coloured red, which denotes that they are the instruments that inflict pain. Her eyes have blobs of red in them too, which, together with her fierce expression, means that the baby sees the wish to hurt him plainly reflected in her eyes. The infant is the motif in the top corner, his mouth wide with crying from pain. The three extensions on each side of his body are duplication of his hands. Each of them has a blob of red at the extremity. This means they have been hurt. The duplication of limbs explains that his hands were hurt many times before sister walked off with his bottle.

The fierceness of sister's mien, and the repetition of the hands to denote many finger nippings, depict with remarkable economy and directness how the baby feels about its awful predicament. It is because he feels the treatment he gets from his sister is so drastic, and because he is helpless to fend off her attacks, that the need for protection arises and, consequently, her destruction becomes necessary. Once again the destructive impulse is shown to serve as a protective agent.

It is apparent from these examples that there is a need to provide infants with better protection than is usually given them. Jealousy of the baby is natural in a child who was been deprived of its usual considerate attentions from the parent as a result of the newcomer's appearance. Because the new situation it has been thrust into is fraught with danger, it will wish to destroy the usurper, upon whom the mother's love has now been transferred. Not only will it be forced to suffer the agony of deprivation, but also, and more frequently, the painful contacts of an older brother or sister, (whose hate of it, as the previous interloper, will still be active), without the continuous, protective proximity of the mother. In such a hazardous situation destructive fantasies and wishes will become more frequent as the need is consequently greater. The ex-baby has before it the problem of getting the newcomer and the older brother or sister out of its way. Usually the new baby is first selected for extinction, because it cannot retaliate, and because with it out of the way the ex-baby can again become the favoured baby and once more protected by the mother from its older brother's or sister's aggressive attentions.

Fear of deprivation and of the hate of the older brother or sister are two of the many reasons why some children will not quickly learn to be clean or to grow up. To remain the baby, to be helpless and forever needful of mother's care, is felt to be the only way of assuring protection. These tears bring about the refusal to learn habits of cleanliness, for to become capable means having to forego mother's care and attention. And the more insistent and painful this early training in clean habits is the greater is the hate for the interloping baby who brings this situation about.

Just how intense hatred of a new baby can be is shown by the work reproduced in Plate 7. The jaws, lips and teeth of this ferocious creature are smothered in red – blood. The shapeless mass held between its teeth is also dripping gore. This animal represents the wish of the ex-baby to be so terrifyingly fierce as to be able to destroy without fear of retaliation. A savage appearance will, it believes, quell any desire to interfere with it, or drive off thoughts of retribution which other people may harbour, as a fierce dog is able to do by snarling savagely at anyone near it. This protection is needed because in this drawing the child is killing the new baby, which is symbolised by the shapeless mass in the fierce creature's mouth. This fear-provoking appearance of the animal (the child) is going to prevent the mother taking away the thing being eaten, in the same way as the child itself is prevented, because of fear, from dispossessing a snarling dog or whatever it is gnawing.

Because the child thinks of the new baby as a dirty person, one who always requires to be cleaned, any soiled scrap found on the floor is suitable to serve as a symbol of the baby. Thus the shape-lessness of the mass in the fierce creature's maw indicates its source, namely, the floor; and its colouring, which is indeterminate and dirty, is the hint of its identity. That is, it is dirty, like the baby. There is a further link between the interloper and a dirty object – both happen to be what the mother will not allow to be bitten. This helps to explain why a fierce appearance has been adopted and the possession of such vicious teeth.

The pendulous breasts attached to the creature (which is the child's way of saying it, the child, now possesses them) give the reason for the new baby's destruction. Only by being rid of the interloper can the ex-baby feel a possessive right to the mother's breasts. Since the new baby's crisis always leads to a breast-feed they are interpreted as a command for the breasts; and it is felt that whoever can command them possesses them. The portrayal of the creature as possessing breasts indicates what the child imagines will follow now that it is getting rid of the baby, by eating it up. It will now own the breasts; that is, they will now come at its commanding cries.

This childish conception of the character of a new-born babe is another factor behind a child's refusal to learn to be clean. Because it imagines babies who soil themselves are much loved by the parent, every effort is made to win back this love by imitating the newest arrival's habits.

Although the ferocity depleted in this work is defensive it also, at the same time, reveals the child's malicious intentions towards the baby. Even though this ruse seems sufficient as a protection it is nevertheless felt necessary to add another defence. This is the notion that dirt is something the mother abhors and wishes to have destroyed. Before the artist was able consciously to realise it was the baby being killed by biting, the thought was in mind that the dirty morsel being bitten by the creature was being destroyed because it was dirty. It was being destroyed because the mother liked dirty things treated so. She does not like dirty things. This is the excuse held ready should the mother discover what is really taking place. It is to be the reason given her for getting rid of the object that is really the baby.

Under cover of rationalisations of this kind many atrocities are committed by mankind. The unconscious motive behind the Nazi justifications for their savage slaughter of Jews is explainable in some similar way. Their physical and verbal attacks upon the helpless Jews were a projection of their own unconscious animosity towards the baby who, in infancy, it was imagined possessed all the good things in life (the breast equivalents). A minority or a weaker body of people always symbolise in the unconscious mind a helpless baby. The Nazis, in their description of these hapless beings, very clearly projected their infantile conception of the baby's habits, and its association with the dirty things that must be destroyed – "Jews are a species lower than the lowest creatures of the field and their presence is a threat to our well-being. Therefore, they must be destroyed." The child is taught that dirt is a danger and to destroy dirty things. Just as the child falsely imagines the baby to be depriving it of the breast and other good things in life, so did the Nazis falsely imagine that the Jews deprived them of the things that guaranteed security and well-being. In both cases the belief was patently mistaken. There is food enough for all. Part of the real trouble in this world is due to the over-privileged and excessively wealthy people, who stand in the unconscious minds of the not-so-fortunate as symbols of the stronger, older brother or sister who have greedily seized more than they need; who are able, by reason of their superior powers, to take what they want from the weaker child, the less endowed individual.

To complete the comparison between the jealous child, as depicted in this painting, and the Nazis, there is its assumption of terrifying ferociousness to prevent parental interference with the destruction of the baby, and the similarity of malignant gestures that had been adopted by Hitler. Hitler, as is known, always threatened those who dared oppose his will with the direst consequences. He snarled in hate at anyone who dared object to his aggressive acts. The aim of the atrocity film of his Polish campaign was similar to that in the painting being discussed – to horrify and terrorise the enemy. Those tactics, as we know, were successful over a long period. They frightened more than half the world into becoming appeasers. Every child, through fear of unbearable pain, respects the person who appears to be capable of inflicting hurt; and this respect increases with the degree of fiendishness exhibited.

The small child's hate of whoever deprives it of the good things in life is directed at yet another member of the family – the father. In the child's eyes, father is just another baby who can command mother's love, attention and the food she has to give. The only difference between baby and him is size and ability to retaliate when attacked. He is as great an obstacle to the child in its attempts to obtain the mother's unstinted love; the love that is felt to be an assurance of absolute safety from harm.

The drawing reproduced in Plate 8 illustrates an attack upon a father figure. It was done after a previous drawing had related how the child felt at its father's refusal to let it get inside him, which it wished to do in fantasy, in order to get at the food contained within the father. The infantile wish to get inside the parent to get food is not as strange as it may seem when it is realised that the child has experienced feeding from the breast and later observes the new baby also being fed from the breast. It rightly assumes the food to come from inside the parent. If mother's body contains food so, too, it thinks, must the father's. It also knows that food is put into bodies; that is, eaten. Bodies, therefore, are storehouses for food.

The figure of the father objecting to the child getting inside him was shown possessing breasts. This amplification of his physical endowments was the child's way of saying that he has mother qualities and can, therefore, supply food. This idea had been established in the child's mind earlier. It had thought the mother fed father in bed, when they slept together, because the feeding of the new baby took place in the same bed. The mother was the source of all food, and bed was the place in which she liked to do her feeding. Father had in this way been able to get all the food from mother.

Father's refusal to allow the child into him, to get at the food which was believed to have been taken from the mother, had enraged it. But the refusal had not checked its desire to enter father, which the drawing, in Plate 18, that then followed, shows.

Here the pole that is thrust into father's eye is felt to be a way of getting inside him, of forcing an entrance through what is imagined to be, like other dark holes, an opening through which one can pass. The blood flowing from the eye indicates that this act of defiance is also an attack upon him, for his refusal to allow the child to get at his food store. The fantasy associated with the drawing is that once inside the father it would then be in possession of all the food he has eaten, particularly the desirable mother's breast-milk.

An interesting aspect of this kind of automatic drawing is that two or more fantasies may be told concurrently, at one and the same time. This work is an example of this.

It also shows that the father has bitten through his own tongue. This injury is a symbol of his propensity for self-imposed religious discipline of self-denial of the pleasures of life. To the child self-denial of pleasure is equal to hurting oneself; is a self-torture, like biting one's own tongue. Equally, to deny oneself the food one wants is to deny oneself the pleasures of life. Thus the split tongue is a reminder of the father's firmly held opinion that people should go without the things they want. This facet of the story then made it apparent that the parent is being attacked because he rejected the value of pleasure in life, and because he refuses to allow others to enjoy life by keeping from them the food they want.

The gouging of his eye is, therefore, an expression of the child's fury at his thinking it is beneficial for a person to go without the joys of life, for this belief of his, so the child imagines, makes him deny it the food it wants.

It happened that this infant was actually semi-starved through unavoidable circumstances, in the first few weeks of life, as well as being starved for love and pleasure throughout childhood.

So it is seen that the savage assault upon the present serves two purposes: to destroy him for thwarting the natural desire for food, and to make it possible to get inside him to reach the food he keeps for himself.

The religious phrase, "I and my father are one," came into the artist's mind while working on the drawing, and its connection with this fantasy was recognised. To get inside the father and be 'one with him' will make it possible to have what he has – to enjoy all that he gets from the mother when feeding from her during the night, in bed. The child, whose religious teaching began at an extremely early age, is, in fantasy, applying the doctrine to its own advantage.

Father is thought also to be a greedy baby who purposely tells lies so as not to have to share the food he gets. The belief he taught – that one acquires superior benefits by going without what one likes – is thought by the child to be a lie created in order to deflect its wishes away from food, and so assure for himself the possession of all the good things to be got from mother. But, since he is the big baby who always sleeps with mother and guzzles from her at night, he obviously did not act according to his teaching.

This does not complete the interpretation of the drawing for it contains yet another fantasy. This fantasy shows that not only is the assault on father's eye a symbolic destruction of him and a means of getting at his hoard, but that it also provides the protection against the expected punishment for opposing his wishes as well as the retaliation for the hurt inflicted upon him. And since he is capable of severely punishing himself for his own pleasure desires, as his pierced tongue indicates, how terrifying then will be the punishment of the child's manifold sins? Effective protection from father's wrath has to be devised. The ingenuity of the unconscious is such that it contrives to provide itself with protection even while satisfying the desire to get at the food from which it feels it is being kept. Father's interior, as well as being the abundant larder, also becomes the needed haven of peace and security. Not only can shelter be found within father's body, but it also can serve as a shield against the retaliatory attack expected from him.

This combination of fantasies in a single drawing shows how easily the undeveloped infantile part of the personality can create circumstances that will assure it the gratification of its every need as well as safety from subsequent punishment. It is by similar combinations of fantasies that the infant circumvents the repressive measures of the parent or overcomes its own fears. Because of this threats and punishments cannot check infantile wishes. They can only increase the mental complications already present. For, as has already been explained, if a simple and direct fantasy is felt to be unsuitable other devices are created and tried out until a satisfactory union of fantasies is obtained.

The religious theme that enters this story of conflict between father and child brings to notice the psychological harm that can result from too early religious training.

A child's reaction to its parent's religious attitude is revealed in this work. Father had told it a lie because, according to its interpretation of events, he did not act as his words implied he did. No very young child can understand why its parents will impart certain precepts and then themselves behave contrary to their teaching. Furthermore, as the child's understanding of language grew it came to think that the parent's religion stressed denial of all worldly desires. Having already been made to suffer deprivation of the mother's love, because of her preference for the new baby and father, (the memory of which is continuously present), the precept of further denial is something with which it cannot comply. To the child the acceptance of the negation of its desires is the equivalent of self-destruction. It can only interpret this wish of the father's as his desire to get full control of the mother's food and to destroy it, the child, by starvation. Believing this to be the father's aim, and having him forever near at hand correcting it, the child feels that its only way of procuring safety from this constant menace is his annihilation.

The child's idea that the father wished for its death was further strengthened by the stories he told of how Christ was crucified by his father, God. The reiteration of this teaching convinced the child that it can only live by first dying. It cannot accept the thought of dying for it means losing the mother; it means taking itself away from the thing to which it is striving so hard to return, namely, close contact with the benificent and protective mother. Father tells it all these things, it thinks, because he wants to have the desirable mother all to himself.

Many similar infantile interpretations of biblical lore and religious education can be given. The infant's or the child's mistaken ideas and impression only fortify the already prevalent unconscious need to destroy those whose presence it feels is a danger to its well-being. How much of this early inability to comprehend the real significance of religion is the cause of the world's present disharmony it would be difficult to estimate. But from the little that has been related here there can be small doubt that considerable harm results from an early teaching of religion, solely because the child is not yet capable of full understanding. It presents an additional problem that religious bodies must face if they hope, by their efforts, to establish everlasting peace on earth. Prayer and faith alone are insufficient when an individual lacks deep understanding; is unable inwardly to grasp the true reasons and purpose of religion. The Good Shepherd's task is formidable long before his flock are able to recognise Him as a haven of peace and safety.

Heaven can only be acceptable to the psyche when the promise of the long denied reunion with the worldly mother can be fulfilled in the life of the Hereafter.

The Church can best and more truly serve its purpose of saving humanity by concentrating its efforts upon the salvation of children through a psychological understanding of their problems, and to helping the unconscious, the undeveloped personality, rid itself of uncontrollable psychic tension through the new method advocated in the subsequent chapters of this book. It is the certain way of maintaining equilibrium, for individuals and, consequently, nations. The true root of 'original sin' is physiological and psychological. It is the outcome of the natural conditions of birth. It is the infant's first act of aggression against the painfully constricting uterine walls.

The examples so far given have presented the compulsion to destroy as a means of preventing interference to fantasy life: as a means of regaining the favoured baby positions and as a means of getting rid of the person who forbids pleasure in life. In all those cases destroying is a necessary preliminary for a return to the mother, but this aim is not always behind the destructive act. The episodes that follow will show that during some moments of frustration, its purpose is the gratification of pleasure needs.

The first of these episodes deals with a baby's delighted interest in toe-sucking, and the opposition to it.

Whenever the nurse observed the infant sucking at its toes, or trying to kick away its covering in order to do so, she instantly frustrated it by wrapping it up again, and so tightly as to make it painfully uncomfortable. This frustration and tight binding are felt as hurts. The pleasurable activity of sucking is always accompanied by a fantasy, and so interference is interpreted as a refusal to allow this fantasy to take place. But nurse is not the only person who interferes with this pleasure. Mother, father and a particular brother also interrupt this enjoyable recreation, and hurt it in some way or another.

After a detailed account of the difficulties related to toe-sucking, the complete dismemberment of nurse, mother, father and the brother followed. The only member of the family left unmolested is an elder brother who has been kind to the baby and helped it by always calling attention to its predicaments. Before a start can be made on the story or the fantasy that attended toe sucking, the destruction of the family, with this one exception, is a necessary safeguard, for while these dangerous people are felt to be free to interfere it is impossible for the unconscious to dare begin sucking toes,[2] which it will have to do in the revelation of its fantasy. The family have to be made utterly helpless first. The kind brother is kept intact since he is a valuable ally.

The drawing of the destruction of the family is similar in character to Plate 4, there being, of course, many more fragments of bodies and limbs. Identification of the victims is easily possible as each individual, and his or her parts, are denoted by a separate personal colour symbol. The toe-sucking and the pleasurable fantasy associated with it subsequently took place.

The fact that the kind brother is not harmed brings to light an interesting view of the relationship of children with a marked difference in age. The age of the baby of this story is eighteen months and that of the kind brother four years. The boy is therefore still near enough to his own infancy to appreciate and understand the inarticulate baby's difficulties and needs, and to act as interpreter. He is also of an age both to understand the younger brother's jealousy of the baby, and to prevent him harming it. The two and half years difference in age between the baby and the kind elder brother accounts for the boy's capacity to understand, sympathise and help. The younger and aggressive brother is only a year older than the infant and, therefore, still filled with jealous hate of and the wish to get rid of the baby who came and shattered his life of contentment. He is incapable, as a consequence, of feeling any sympathy or desire to help the, to him, interloper.

The value of this insight into the character of children of such a marked age difference lies in its application to family life. It would seem that an adequate time interval between children can help soften the hardship of the youngest and aid the older child to develop a desirable sympathetic and co-operative attitude. The child who is displaced too soon, whose necessary period of considerate attention is curtailed by the arrival of another baby while it is yet unable to cope with the manifold trials of life, is inescapably forced into a situation that encourages and developed jealousy. Such unfortunate children seldom, if ever, lose this trait. The continual awareness and presence of the interloping baby keeps alive resentment and hate of it until jealousy becomes a confirmed habit. The obvious remedy of better spacing of births is worth applying for the sake of the children and the peace of mind of parents.

The skillfully drawn fantasy reproduced in Plate 9 is a portrayal of the destruction of the mother who prohibits the pleasure of eating things picked up from the floor. She punished the child whenever she found it thus engaged. Fear of being spanked makes it hard for the toddler to have its fun while an alive and watchful parent is about. The pleasure it gets from eating whatever it finds is in being able to have solid food, which it is as yet not given. The solid food it desires most is that which it sees the parents eating. Its frequent demands for a share of this food are always refused. It is particularly anxious to taste the marrow it sees the father extract from bones and eat. The things that it finds on the floor become symbols of the food it is not allowed to have as both a similar attribute – the eating of them is forbidden. As every attempt to eat what it finds is promptly stopped and punished by the mother, only her extirpation will make it possible ever to have and enjoy this pleasure in safety. The frustrator has to be frustrated.

This drawing began with the delineation of the already destroyed mother. She is represented by the animal whose backward-lolling head and protruding tongue indicate that it is dead. The two breast-like protruberances under the jaw identify it as the mother. The curling hairs on both lips denote father qualities. They represent his moustache. The moustache and breasts serve to make this destroyed creature into a composite father-mother symbol, and by this means both the persons who persistently frustrate it are killed in the single act of destruction.

There being no risk of retaliation from the parents now that they are dead, they are then attacked, by scratching, which the bird, the personification of the child, within the dead animal's body is busy doing with its beak. This scratching is an expression of the child's hate of the parents, which had been unsafe for it to vent before.

The smaller birds, forming the feet of this same bird, symbolise the child's ability to hurt with its legs in as effective a way as scratching. An arrow-headed tongue issuing out of their mouths indicates the nature of the pain they can impart – sharp jabs.

The frightened-looking bird with a weak claw, seen lower in the composite-parent-animal's body, stands for the sister who also hurts the child when it tries to eat things it finds on the floor. She, too, is being scratched. The frightened look on the sister-bird's face is to convince the child that there is nothing to fear from her now; she is too afraid to interfere.

Having thoroughly subdued the enemy the way becomes safe for the child to reveal himself plainly, and for indulging in the eating of solid foods. The head with the large eyes representing the child who has destroyed the parents then appeared. The pellet about to enter his mouth is an object gathered from the floor. The dark, tiny figure crawling on the body of the composite-parent-animal shows him busily engaged in searching the floor for things to eat.

The bone-like shape forming part of the shattered limb of the animal symbolises two things: the mother's arm that has been injured to prevent her hurting him, and a bone out of which he wants to suck marrow. The upper part of this limb also represents the parent's hand holding the bone, which is the lower portion; but it is so torn and ragged that it cannot maintain a firm grasp. This will make it easy to deprive the parent of the bone. The marrow, shown coming out of the lower end of the bone, moves towards the open end of the tube-like attachment to the boy's head. The aperture to this acts as a mouth which is sucking hard and thereby drawing the marrow out of the bone. It was the method he had seen his father use.

The skill displayed in this drawing is a part of the defence against discovery, by the parents, that this fantasy (the drawing) happens to be one they usually consider merits severe punishment. The function of skill in the system of unconscious defences is best conveyed by a consideration of all the defensive devices employed in this drawing.

To hurt or to exhibit the desire to do so unfailingly leads to painful parental reprisal. The fact that in this case the parents themselves are attacked means that discovery of the deed will produce more than usually direful consequences; to which will be added the punishment for eating what it has been forbidden to eat. It is, therefore, highly important that these aggressive acts be hidden or disguised. If the parents can be prevented from becoming aware of the true significance of the fantasy, then all will be well. These are the disquieting thoughts in the unconscious mind before the drawing is started. They explain why the composite parent figure is drawn as an animal, and why the bird scratching its throat bears no resemblance to the naughty child. By such dissembling a feeling of partial security is obtained.

But the misrepresentation of facts is not enough. It happens that any kind of destructive act arouses parental wrath. The child has learned from playing too roughly with some kittens that hurting animals is also forbidden. And as displays of anger, which reveal its wish to hurt, are equally dangerous, the pictorial representation of a destructive act, which constitutes a display of aggressiveness, is a perilous venture. This drawing is an obvious exhibition of punishable aggressiveness. To avoid the risk this incurs, apart from the more dangerous hidden content, it is necessary to create a condition that will eliminate the hazard.

The way out of this predicament has been discovered in early childhood. The child learned that if an act usually looked upon askance by the parent is performed with skill it will meet with approval. It will be permitted. This knowledge is gained as it acquires dexterity in performing its excretory functions without soiling itself. The more skillful it is the greater is the mother's admiration and pleasure. It learns that to do something cleverly brings admiration, and that when the parent admires or approves an act there is no punishment. To the child this means the act is permitted. It is an unskilled performance that brings scoldings and slaps.

Therefore, if a forbidden act is to be carried out safely, it must acquire parental admiration and acceptance. A skillful performance will earn this. And the greater the display or skill the greater the degree or approval and consequent sense of security.

The artist, while drawing, was conscious only of the wish to produce a work that would earn considerable approval. He knew that a clever drawing or painting gains admiration and believed that a clever artist is held in high esteem. He was unaware of the hidden unconscious meaning of the drawing, being interested only in the strange beauty flowing from his pen. Any unpleasant associations that came into consciousness were quickly set aside.

The artist's unconscious always follows this procedure preparatory to drawing a fantasy telling of a forbidden act. This defensive measure is also employed when a fantasy is not necessarily destructive in character, but when a feeling of extra security is required.

As has been shown, in the realm of the psyche murder is permissible if it is beautiful. In adult life the same holds good. The application of this principle is not easily apparent because the word 'beauty' has been replaced by such terms as 'civilisation,' 'progress, 'business,' 'culture,' and so on. But whatever word is used to hide the unconscious urge to liquidate dangerous elements the same necessity to obtain symbolic permission is present. We have all been taught to accept the conception of civilisation as a desirable and beautiful thing, and any dastardly deed loses its vileness if proclaimed as 'the progress of civilisation,' or 'the spread of culture.' Unoffending natives have been slaughtered and imposed upon with the general approval of vast communities because, instead of describing these acts truthfully as ruthless murder for the sake of gain, they were placed under the general heading of 'civilisation.' In commerce and industry many evils are permissible if it is possible to hide their basic nature under the term 'business.' Today even the word 'democracy' has begun to take on this attribute or protective beauty to cover another host of evils.

This same idea applies in other forms of art, as, for example, in Surrealism where aggressive or prohibited fantasies become acceptable because rendered with dexterity and in accordance with established notions of proficiency. Where skill exists admiration will follow, no matter that the subject be ordinarily repugnant. The works of the Surrealist Dalì are excellent illustrations of this fact for they are highly skillful paintings that have been accorded approbation in spite of the subject matter being in most cases unpalatable. In the sphere of traditional art the same thing exists. There are the much admired Goya etchings of bull-fights, the early religious paintings of tortured saints, the many paintings and drawings of battles and death on battlefields, and hunting scenes.

The portrayal of suffering, of the destruction of persons or animals, whether by sharp arrows, bullets, spears, or the piercing horns of bulls, is not normally deemed desirable. The technical skill with which these works are rendered merits the admiration they are given, not the story they illustrate. It is because slaughter and cruelty are abhorred that comparatively little of this facet of human nature has been portrayed. Nevertheless, if, as the infantile unconscious believes, murder can be made to appear beautiful it will be admired.

The final illustration of this particular infantile unconscious idea is found in real life. Hitler's 'new order' was, for the misguided German people, an ideal of 'beauty.' This new name for the aggressive 'civilising' urge was saturated with false associations of glory. All political revolutionaries who maintain that destruction is a necessary preliminary to constructive endeavour justify their destructive activity by calling it a crusade for a 'new order.' They gloss over their acts or savagery with a veneer of 'beauty.' Whether it is called a 'new order' or 'social evolution,' the fact that it covers treacherous and homicidal intentions is not altered. Beautiful words, like beautiful pictures, serve to transform a repugnant act into one that will meet with approval. History is cluttered with many such instances of infantile cunning.

Notes

1 The exact nature of this particular kind of automatic art is explained in Chapter 7.
2 Works that bring to light an infantile pleasure activity or fantasy are unconsciously felt to be a real enactment ot the act. Because of this, it is believed to be as dangerous to indulge symbolically, as in drawing, as it is to actually do so.

7 Psychorealism

The story of the unconscious, as described in earlier chapters, has been a very condensed epitome of the history of mental life. Although much of the story is common knowledge to some psychologists, a large part of it is entirely new to all of them, particularly the early stages of development, Freud's discovery and investigation of unconscious processes, and subsequent researches by others, did not reach these earliest moments. The instrument that had been forged could not probe so far. The knowledge and understanding of the psyche was not complete. This most psychologists knew. It was well known that one of the major problems was to find easy and speedy access not only to the already discovered regions of the mind, but to the furthest and as yet unknown limits. The techniques in use were unable to do this.

The research, to which this book is an introduction, has helped to solve this problem. The findings have completed the search which Freud began, but by another method, for the lowest levels of the mind have been reached, examined and recorded, and a technique evolved which makes the investigation of the psyche relatively easy, speedy and faultless, and free from any possibility of adulteration or misinterpretation common to other methods. The value of such a new method will readily be recognised by psychologists; but its importance insofar as helping to solve our social maladjustments is concerned is what will alone be considered here. Elaboration of the method will be dealt with in other publications in due course.

Because, hitherto, psychological knowledge has been incomplete, the exact and fundamental causes of our mental and social ills have not been known and, as a consequence, we have been at a loss to know where to apply existing remedies or how to create the suitable means with which to alter the basic causes of a badly functioning social system. Without complete knowledge it is impossible to find the solution to our problems. All that we have been able to do, socially and psychologically, has been to recognise a dangerous symptom and to do our utmost to remove it, believing thereby that the harm will have been avoided by removing the symptom. But with the discovery of the true basic source of our troubles all our efforts instead of being wasted can be properly and effectively applied to a defined end.

DOI: 10.4324/9781003563242-8

The pattern of human conduct and thought is established at birth, and it is only by a full knowledge of the way in which the infant develops its fundamental psychological pattern of life that we shall find the means of bringing into balance the mechanism that lack of understanding set awry. And then, when this knowledge is at hand, we shall be confronted with the task of formulating the therapeutic measures proper to the situations to be dealt with. This latter task, as we shall see, will require the future co-operation of doctors, psychologists, midwives, nurses, mothers and fathers and educators. Each will have their part to play in lessening the physical and mental developmental stresses of the infant.

Because parents and teachers are so closely associated with infants and children the greatest immediate good is possible by concentrating upon the principal deductions which are inherent in the findings and material of this research. It is with this aim in view that so much has been written in relation to the infantile mind, for it is from this source that all social troubles derive. It was for this purpose that the earliest infantile experiences were dealt with so fully in the earlier chapters.

Before presenting the re-educative methods that are to be proposed in this work, further introductory and explanatory remarks are necessary. First of all there is the introduction of a new name into the spheres of psychology and art.

Automatic art springs directly from the unconscious and is motivated by psychic urges. Since the unconscious believes in the reality of its fantasies the portrayal of these fantasies is, therefore, a graphic description of what it feels to be real. *Consequently, automatic art is a projection of psychic reality.* To exactly describe this kind of creative work the word PSYCHOREALISM has been coined, which serves better to convey the true character and nature of what is generally termed automatic expression. Further, the term 'psychorealist art' will serve to prevent confusion between works of this kind and surrealist art and the 'automatic art' of the Spiritualists.

Surrealist art purports to be expression by the unconscious, if it is, it is a very inhibited and controlled form of unconscious expression. The automatic art of the Spiritualists is said to be directed by spirits.

Psychorealism and psychorealist art are different from these. It is automatic creativeness that is *entirely free from conscious interference and selection and is the unhindered projection of psychic realities*. The term 'psychorealism' is henceforth used to define automatic expression of that nature which is specifically constructive, positive emotional employed for the purpose of obtaining freedom which, at the moment, is only possible through the method that has been devised by my colleague and myself.

And now to consider certain psychological aspects of the world situation. Open aggression is still prevalent throughout the globe. The age-old query, 'why, when there is sufficient for all, do men fight each other?' returns again and again to batter at the minds of bewildered and helpless peoples. But the psychological solution, even though at hand, is useless while hate virtually fills every crevice of man's mind. The exigencies of the moment have created a different need from that of discovering why and showing how men are impelled towards mutual destruction. It has once again become necessary in some parts of the world to encourage hate of horrible oppression so that the annihilation of the oppressors be speedily brought about. Infantile logic is still applicable – destruction of the aggressor is the only effective way to attain freedom from fear and pain.

Dead and living dictators have and still are corrupting the minds of the children and preparing them for war. With each war hate is encouraged and fostered further, to serve in the years to come. And the horrors suffered by the young of subjected or humiliated peoples breeds a lasting hate for the future. It is not difficult to imagine that the character of such a hate as that engendered by World War II will be stronger and more lasting than that which was freed in the younger generation of the First World War.

It cannot but be evident that the major problem that faces the world in its desire to shape anew its way of life is a psychological one, namely, the mental rehabilitation of those children whose minds have been evilly warped and who have suffered indescribable mental and physical torment. The evil of corrupt thinking has been forced upon them by a hate-engendering education, and the disruption of the normal pattern of living attendant upon mass transference of families and individuals, whether for 'protection' or for slavery, has shaken the very foundations of their lives. Even though some of us may believe that our own children have not suffered too greatly, let us keep in mind those who have suffered from the enslavement of their minds and who, thereby, form a nidus from which will spring future wars.

No matter how satisfactory may have been the reports on how child populations adapted themselves to chaotic conditions, the consequences of disruption will not fully emerge and become easily apparent until years later. Some indication of what will occur is to be found in the way juvenile delinquency increased in the years succeeding World War I, without diminishing perceptibly until the outbreak of the last war, during which juvenile delinquency once again reached alarming proportions. The more widespread the suffering and disruption attendant upon these recurring outbreaks of man's lust to destroy the greater, proportionately, will be the increase in delinquency of all kinds among both juveniles and adults, with its accompanying hate.

But even this serious problem is overshadowed by the task of re-establishing mental equilibrium in the vast mass of children who are too young to give expression to their unruly feelings by asocial acts. It cannot sufficiently be stressed that we must keep in mind the children whose minds have been warped by the corrupt systems of education in Hitler's Germany and Mussolini's Italy, not to speak of the millions elsewhere who have been and still are being educated in hate. They stand as a perpetual threat of war in some future period.

Is it possible not to recognise the direction which our endeavours to regain and maintain peace must take?

Never before has psychology been so extensively used as a weapon of war. Never before have aggressor nations made such *obvious* use of psychology. And unless this power, this long lasting power, is fully recognised it will continue to be used to enslave the world long after wars have ceased. It is a weapon that has become terrifyingly effective, and the demonstration of its insidious strength during the last war will encourage others, who possess the means, to make use of it. Newspapers and radios will never again be simply vehicles for the presentation of news and pure entertainment, even when strife is at an end.

Analytic and constructive psychology must be used to neutralise the ignorant and dangerous uses made of psychological knowledge. We must not be blind to the evil results nor to the continued practice of applied psychology in war, propaganda and advertising. Psychology can be used as a force not only for evil but also for good. The duty of our leaders should be to see that it is put to this use – to encourage this branch of science just as it does those which have economic value.

But in the meantime psychology is able to offer a modicum of comfort until such work is put into action and the remedies obtained. This offering is Psychorealism. Psychorealism is offered both as a temporary measure and as the means that will help quash the cyclic events that follow wars and lead to further conflict. Psychorealist expression is the means by which aggressive impulses can be held within bounds and prevented from fructifying to any extensive degree.

Some insight into the unconscious mind has already been given, enough to have demonstrated that aggressiveness is inherent in all individuals, and that it is particularly rampant in the young: that it is forever seeking an outlet: that this impulse is essentially a protective measure, established through infantile inability properly to understand the true causes of its sufferings that the aggressiveness is always directed at the parent figures as the symbol of the omnipotent power that first made pain an inevitable part of life.

It might appear from the foregoing that there is little else in our make-up. This is not the case. Stress is being laid upon this aspect of mental life so as to indicate the nature of our difficulties, and to point out the character of the problem which has to be solved if some kind of peace is to be established in this easily corrupted world.

Permanent universal amity can never exist until the hate within us is driven out and the rearing of each new generation is based upon an intelligent, positive, psychologically planned system of education that avoids and undermines all conditions conducive to the forming of antagonisms and hate.

It is useless to consider methods of expelling hate, particularly in adults, for their characters and habitus have assumed a fixity upon which only a lengthy and concentrated psychological treatment can have a permanent effect. But there is a means of lessening the tension caused by hate which cannot find an outlet, and so to reduce the possibility of a violent upsurge of uncontrollable animosity, which has been demonstrated, time and again, to us all. We all are aware of the relief experienced when angry feelings find expression in bad language, long walks, energetic games, and the like; and the less explosive outlet of reading crime and war literature, which satisfy the same hostile urge, but by proxy. Since the outbreak of the last war novel reading has increased because of this need to lessen tension, as well as for 'escape.' Books not only benefit the reader, but also the author who, by writing, purges his system. The war novels that followed the First World War enabled their authors to 'work out of their systems' the pent-in feelings of loathing, disgust and angry disapproval that resulted from the slaughter. It was self-administered balm. Richard Aldington (1941) acknowledges this fact when he writes:

> Everything or almost everything I have to say about the war of 1914–1918 has been said in *Death of a Hero* and *Roads to Glory*. It is impossible for me now to re-capture the passion and indignation which inspired *Death of a Hero*. I worked them out of my system.

and again:

> By writing *Death of a Hero* I purged my bosom of perilous stuff which had been poisoning me for a decade. When I had finished, had said my say and cussed my cusses, I felt the lightness and tranquility of a morning after a thunderstorm.

The adult has these outlets at his command and the freedom to make use of them, within accepted limits. But the infant and child has not these channels of expression, nor, while undergoing the imposed education of parent and teacher, is it permitted to make use of the limited means at its command. The infant's rages are always followed by 'punishments': the inarticulate child's acts or expressions of anger also bring retribution: and the youngster who is capable of speech is still not permitted to behave in an 'unseemly' fashion. In early life painful discipline is a deterrent to angry outbursts. The purpose of early training is to instill an ability to clamp down on all violent emotions. But children cannot write books, hew logs, take long unaccompanied walks or safely use bad language to get rid of the feelings of rage and passion at the moment they are rife, nor can they grasp the social reasons for self-control.

There can be no doubts of the benefits, to adults, gained through venting resentments or unbearable emotions in socially permitted ways. It must be apparent that children can equally benefit. But what has been lacking in their case is a satisfactory and controlled outlet for expression *that will not be harmful to themselves or others*, by which they can effectively dissipate ill-temper without damaging themselves, or those around them. The psychorealist method of expression provides such an outlet.

The child cannot become any more involved with its unconscious than it already is by being encouraged to indulge itself this way. This danger does present itself to the adult, for the unconscious has become so thoroughly repressed that it would be dangerous to encourage the free expression of inner desires and hate without skilled supervision. With the child this possibility of danger is absent for the unconscious impulses and desires have not become too deeply submerged and the repressive energies have not yet become completely stabilised. It cannot, in any case, properly check any violent uprush of emotion. The aggressive side of the unconscious, at moments of crisis, easily breaks through the barriers that have been built up. Because uncontrolled behaviour is natural to children we do not think it a symptom of danger. Such conduct in an adult would instantly arouse doubts as to his or her sanity.

The simile of the boiler under pressure will again help to clarify the picture. The degree of emotional pressure that can be contained in a grown person (or large boiler) is obviously greater than the measure that can be held within a child (or small boiler). In addition, with the child the tempering process, the strengthening of the walls of the container, is still in progress and, as a consequence, it cannot withstand too great a pressure. A smaller quantity of emotional force will cause an explosion, if the valve is blocked, than would be the case with a grown person. Furthermore, because an adult's capacity to check emotional energy is greater, the strength of the repressed force, should it break through, would be more devastating in its effects.

The more frequently this inner tension is relieved in the child, while it can safely be permitted, the less danger there will be, in adulthood, of a sudden and shattering emotional outbreak. Repressive measures will be kept to normal, healthy quantities and the flow of emotional life to a safe level. It is the same principle that is used in the construction of canals where the danger of an overflow of water can be prevented by the locks, which eliminate stress of undue pressure by a gradual dispersal of the flooding waters, Psychorealist drawing and painting permits this same gradual dispersal of dangerous pressure. In this method lies safety. Instead of aggressive impulses being directed on to an individual they are projected on to paper: instead of the flood of emotions being allowed to gather until control is no longer possible, the pressure is continually being eased. And it also provides the means of fantasy gratification, which every child will indulge in, whether permitted to do so or not, thereby preventing the increase to inner stress that results from frustration and deprivation.

A child will, in time, come to recognise that it can ease itself from burdensome feelings through Psychorealist drawing and painting, and that it is a permitted way to give vent to resentments because it does not arouse protests from the parent. It is imperative, in fact, that it should be helped to understand that *it is because it is not hurting other people by so doing, and that it can do no real harm this way*, that it is encouraged to practice this special kind of drawing and painting. This information should be given at the earliest possible moment and repeated until the child is fully conscious of the purpose of the 'game.' This should not be difficult to do. A child quickly learns to understand the nature and purpose of games. It knows, for example, that boisterousness is allowed with some games and not with others, and that it must therefore control itself at such times as boisterousness is not allowed.

Until the child has been able to grasp the rudimentary principles of social behaviour such opportunities for the expression of psychic emotional energy should be encouraged and made available. Until the age of seven is reached seems the best period for this release, since until then it is still in need of an emotional outlet because its capacity to understand the purpose and reasons for the limitations to its behaviour is as yet at a minimum.

The home is not the only place for this occupation. It is equally of vital importance that schools teach and encourage this method of unhindered expression, particularly in the kindergarten and junior grades; and this does not mean setting aside the usual art teaching, or so-called imaginative drawing periods – 'drawing out of one's head.'

Since, in any case, the child will express its needs and rages in dream-life, when tension makes this necessary, there is no good reason why it should not get the additional benefit that the actual manipulation of pencil or chalk heavily applied to paper will bring. The use of energy in creating is as necessary in constructive purposes as in destructive ones. Physical expression, the expenditure of energy, increases the therapeutic value of such release. In the matter of rage it is easy to understand this, because in every-day life we frequently experience dissatisfaction with bad language as a vent for anger. It gives only partial easement. It fails completely to dissipate rage. The child feels the same dissatisfaction when it says naughty things in its anger, for it invariably will begin kicking at something to satisfy the urge to energetically vent its feelings.

An example of this particular value of Psychorealism is presented in the illustration marked Plate 10.

It represents a violent attack upon the mother. The two breasts at the top were felt to have been torn off her, and the two breasts below were felt to be the same objects now undergoing destruction, but this time as symbols of the parent. The destructive rage was discovered to be due to the mother's refusal to feed the child from her breasts even though she continued feeding her new baby in this way. By the act of drawing, the angry child (the artist, that is, the infantile side of the artist) is destroying the breasts so that the mother shall be deprived of the pleasure of breast-feeding her new baby. This is the child's revenge for not being nursed this way itself. The two top breasts are, in fantasy, to be kept by the attacking child. This is an act of defiance. If it is not going to be given the breasts it will forcibly take them. The rest of the drawing is a continuation of the destruction of the parent, by scratching, as the character of the line clearly reveals, the head in the lower right corner represents the raging child, its vicious teeth plainly showing that it also attacks by biting. The beard was added to it to denote an adult ability to hurt. The child usually is conscious of its lack of strength and is jealous of the father's power. The assumption of the father quality makes the assault upon the mother certain in its effect. The taloned hand at top is, of course, the child's. With it it is tearing at the mother.

A great deal of energy was put behind the pen while drawing. "I dug into the paper as hard as I could," the artist explained. Scratching and biting to hurt are the eighteen-month-old baby's methods of attack. The rage that had been felt at the time jealousy of the new baby was dominant had been brought to the surface and was now being expended in the drawing. In the original situation the child felt it inadvisable to give vent to its anger because of the parent's terrifying retaliation against such a demonstration. The destructive fantasy that must then have taken place in sleep, soon after, was not entirely satisfactory, because actual angry exertion was not present. In this drawing the infantile unconscious was able to satisfy this previously unexpressed physical urge. The heavy pressure of the pen upon paper helped to make this possible.

This use of energy, allied to a portrayal of a fantasy destruction of the hated person, is the method adopted by the unconscious to glut its need for physical expression of anger, in relation to a particular situation. The artist experienced considerable feeling of relief from emotional tension soon after this work was done.

This particular drawing was selected as an example because it is such an obvious manifestation of the value of physical energy allied to psychorealist drawing. More frequently aggressive acts and desires are hidden, that is, seldom visualised with such clarity.

But even where the homicidal act is concealed, the energy that goes into the making of such a drawing benefits its creator in almost as satisfactory a way as occurred in the example given.

The work illustrated in plate 11 contains a hidden matricidal act. It appears to be a strange but amusing drawing. The artist had no conscious idea of its meaning while it was being drawn, nor had he any sensation of inner stress prior to the execution of the work, as had been the case with the creator of the previous drawing.

The bird in the long and narrow box, which is a coffin, is dead. It stands for the mother who interferes with the child's wishes. She has been slaughtered and placed where she can be removed. No one would think the bird to be the mother. Her destruction is not observed as a consequence. The removal of the body is an easy matter too, since the child has learned that grown up people do not like to see dead birds about.

There is a peculiar reason for the use of a bird to symbolise a dead person. The artist had puzzled over this until he remembered that, when three years old, he had watched the slaughter of poultry. He had evidently been impressed with the fact that birds are creatures that can be slain. And so an additional means of concealing the meaning behind the drawing is brought to light – the killing of birds is permissible and will not, therefore, be cause for suspicion, enquiry or comment by the parent.

The work was given the title 'Come back soon,' which was requesting the parent to return to life; and also indicated that the dispatch of the parent was not intended to be permanent. Her 'death' was only making certain that he would be absolutely free from molestation while satisfying some forbidden pleasure.

No fear was aroused in the artist for having committed this terrible deed for there was no conscious awareness of having done so. The slaying of the mother was hidden, and there was nothing to fear from representing a dead bird. Pleasure, not fear, followed, for the artist was delighted with the drawing because of its amusing character. The interpretation given came as a result of his personal desire to investigate the drawing's unconscious content, and, but for this, would not have been realised.

Everyday life is full of trivial incidents in which anger is expressed in hidden ways, and full of symbolic acts of destruction, without a person being consciously aware of having displayed aggressive inclinations. The accidental breaking of a cup, the spilling of liquids over somebody, destroying weeds in the garden, the clumsy act that brings disaster, are common examples. Such performances do not stimulate fear. The unconscious aggressive act is as well hidden from conscious recognition in such operations as it is in drawing.

Art is the hidden way of expressing consciously revolting or fearful acts; and it is an occupation that meets with general approval, and, therefore, is a permitted function that will not provoke disapproval or undesirable comment. Art, like the chicken that grown-ups do not mind being destroyed, is a way of performing the otherwise dangerous act. But it is doing the deed in safety, without arousing fear and without doing actual harm. To coin an Irishism, it is being able to tread on somebody's toes without treading on them.

With the child, filled to the brim with irrepressible antagonisms, there can be no safer and more beneficial way to help it rid itself of what is obviously harmful to its mental well-being.

Children's natural inclination towards limitation can be made use of in getting them started on this psychorealist 'game.' The technique is simple. An aimless scribble on paper usually starts the process, and when sufficient markings have been made the next step is to 'see' into the scribbling the shapes of animals, figures, objects and so on, and then to add the necessary additions to bring out the motifs thus visualised. The stranger and more amusing such creations are the better it will be. It may not always be necessary first to demonstrate the way this game is played, but there will be some children who may find difficulty in getting free enough in their drawing or painting. These youngsters will need more than one demonstration, or even to be joined in the game of creating such works.

A combined effort with the parent or teacher may break down the initial fear of having pleasure in this kind of free drawing. Should this fail to encourage them they should not be forced. If allowed to do as they please they sooner or later will begin drawing this way in imitation of the other children or people. Beyond this first introduction there must be no other interference. But if a child should *ask* for assistance it should be given. Such requests for help will quickly vanish once it is found that this 'game' brings no harm to the creator of the queer drawings.

With very young young children the same thing can be done, for such a game will add extra pleasure to their usual 'inconsequential' scribbles. A child of two is not too young to be started with watercolour painting, either with colours prepared for it or from pans of colour, so long as the example is set it by the parent. The same thing applies to clay or plastecine modelling. At all times encouragement should be given when the child seems unable to make headway, and approval of the creations must always be lavish in the early days of the 'game'.

The value of this method in the schools will be increased if it is called 'playtime,' since this will help to dissipate any feeling of restraint in the child who usually accepts school-work and school-time as a restriction to its liberties. Discipline should also be relaxed as much as is advisable.

As to the best period for this play during school hours, it will be found that experimenting with different times will be profitable. The value of a particular period can be ascertained from the response to the lessons that follow. It can wisely be used as the first activity of the day, or soon after the lunch recess, or before a lesson that is known to·be disliked or difficult for the greater number of pupils. Suitability of time is a matter that can be decided differently by different teachers, or, preferably, by the children themselves. Whichever way it may be planned this psychorealist playtime will serve its basic purpose.

The reason for this presentation of the psychorealist outlet for emotions, and for fantasy freedom, is not, as some may imagine, to advocate a rejection of control over children. This is far from the case. It is to help the child to be better able to accept the restrictions that are a major part of its life; and to point out to responsible people the inestimable benefit of encouraging children to express themselves more freely during some part of the day or week. Also, to emphasise the need to explain as often as possible to the child why it is taught to control its emotions, a task usually left to parents and seldom, if ever, assumed by teachers.

The response that comes when a child is allowed to vent violent emotion, *at the express wish of a parent figure*, is shown by the following incident.

A boy of about three to four years of age was unfortunately burdened by the frequently changing moods of his mother. Her sudden anger would quickly change to petting and regret for her bursts of rage, and vice versa. The inconstancy of her moods caused the child considerable distress. His behaviour naturally·followed the parent's neurotic pattern. Quite often explosions of temper by both occurred simultaneously. Being the weaker one he was easily thwarted in his wish to hurt the mother, no matter how hard he struggled to do so. These circumstances caused the child to both hate and love his mother with an over-stimulated intensity. On one occasion a conflict between mother and child took place in the presence of an aunt. Because the little fellow was baulked in his attempts to batter the mother with his fists he unexpectedly turned upon the aunt who sat quietly by. She did not stop him. Instead she held out her hand for him to hurt. His arm moved with fierce swiftness and, when about to hit the aunt's hand, was suddenly checked, so that he only very gently slapped the offered hand. His fury had abated.

The aunt was aware that the child's anger had been increased by opposition, and she had acted in the right way instinctively. His anger instantly evaporated because he was allowed to hurt.

If the parent had not objected to whatever it was he wanted he would not have been enraged. The thwarting of his wish aroused his anger and the thwarting of his rage increased it. When the aunt did not oppose him his anger went. The gentle slap was a token expression of his need to vent his fury.

The offering of her hand was the aunt's indication that she permitted the assault; that she wished him to do so.

It is possible to offer every child a hand upon which it can unleash its pent-up feelings. A sheet of paper can raise no opposition to violent expressions of anger, and encouragement of the child to make use of the psychorealist at method of release is the equivalent of the grown-up's wish for it to 'let go.' We have all, at some time, seen how wildly an infant will scribble, tearing through the sheet in its frenzy of movement, both in pleasure and in rage. The same sort of thing is seen in the wild flailing of an infant's arms and legs in anger. The violence soon peters out. But when a child is approached by a repressive parent and its activity interfered with the flailing usually increases, and will continue until complete exhaustion forces a halt.

Reference

Aldington, R. (1941). *Life for life's sake: A book of reminiscences*. Viking Press.

8 Individual and Collective Benefits of Psychorealism

The psychological moment, when a new and healthy evolutionary phase can be initiated, is actually present.

We need to disperse the fog that clutters our minds, and so to clarify our vision. We must accept the uselessness of trying to by-pass our inherited faults. We must recognise that our inner disunity is the cause of social disharmony. We must realise that it is more harmful to refuse to admit the presence of a malignant cancer, and so to deny ourselves the benefit of early preventive treatment which can retard or eliminate the internal danger.

Scientific logic and procedure can help in deciding the real causes of maladjustment in human relationships, of social ills. Let us apply this process to the worst of all social diseases – war. With the recognition of the symptoms of a disease the bacteria that have brought about dysbalance to the body's functioning are sought for. The organisms that ravage the social body are those millions of humans who so easily are stimulated to acts of aggression. The next step is an investigation of the behaviour of the 'bacteria.'

Sociologists have long ago pointed out some of the evident causes of the social body's ills, and prescribed democracy as the effective treatment. The prophylaxis, equal opportunity for all, was felt to be adequate. But we have seen that democracy acts only as a weak disinfectant, that checks but does not eliminate. The conditions that increased the virulence of the malady are what have been discovered, not the root of infection. Instead of considering this check to the spread of the contagion as a preliminary move and continuing the study of the behaviour of the bacteria, we have fruitlessly gone on trying to alter the environment in which the organisms breed, being unaware that these bacteria of war multiply unhindered in any set of conditions.

Science has shown, by many successful examples, that to eliminate a disease bacteria either must be entirely destroyed, or their propagation to uncontrollable proportions constantly hindered and every factor conducive to their production cancelled. The destruction of man is obviously out of the question, and it is impossible to cancel all the factors that contribute to the illness. But recent experiments have revealed that it is possible, or may be possible, to alter the toxic nature of certain bacteria, in some cases even making them harmless; and psychology has already demonstrated that the

DOI: 10.4324/9781003563242-9

behaviour of animals can be altered by conditioning. Such alterations can be effected in the organisms that wrack the social body. Human character can be conditioned by education. This is no new discovery. The change in man, since ancient days, has been apparent; and the varied characteristics of nations, each with their different systems of education, is ample evidence of this fact.

Although the character of an individual is susceptible to change the dangerous element we are stalking, the aggressive impulse, does not alter. Education only varies the manifestations of this inherent ill. The germs, we humans, are not rendered harmless being steeped in education, as is evinced by the frequency of wars in this period of so called high cultural attainment.

It is evident, therefore, that the investigation of behaviour has not proceeded far enough; that the causes that set the pattern of our conduct have not been discovered.

The reason for our inability to examine the depths is, as it was in the early days of science, a lack of suitable instruments. Just as the microscope enlarged the field of vision, so did Psychoanalysis open up new vistas of the mind. But the power of the microscope was limited. So too is the instrument devised by Freud. A means of 'seeing' the hitherto unobservable processes, and thus to become acquainted with the hidden, basic forces that shape our character, has been devised.

Psychorealism and the technique of interpreting unconscious hieroglyphs advances psychological science to the stage where an enquiry into the unknown causes of social disorder can be finally completed, for with this psychorealist instrument every determinant, and facet of human conduct can be clearly seen, examined and analysed. This new development of the science of psychology can be compared to with the recent advances that have enabled the physical sciences to probe further into the realm of minutiae. With the knowledge that is now within reach we shall be able to shape measures for the purification of the social body. It will be possible to alter the harmful nature of the impulses that direct the antics of the human 'bacteria.' It will be possible to formulate and instil changes that will prevent the virus of hate ever again resuming its insiduous work. The conditioning or education of man can be planned and applied with true understanding, and early enough, so that no possibility of strife ever again can exist, and the energy of mankind employed only in constructive endeavour. We shall know the causes and the breeding grounds of hate, and methods of elimination will follow. These latter will require the greatest concentration of effort, yet will be the easiest of the many problems to be solved.

Our immediate task must be to free the next two generations of the harmful effects of the war and to foster the development of psychology to the extent the other sciences have been. The public's indifference and the meagre financial assistance accorded this branch of knowledge has been to blame for its tardy advancement. Because of this many important findings, which, once they are made available, will speed the development of social understanding and the rehabilitation of humanity, cannot be published. It is, at present, extremely doubtful whether the knowledge of the symbol language of the psyche, which is the 'open sesame' to the fundamental sources of human ills, will ever have the chance of being brought to the notice of those who could make the best use of it. A complete record of this research has been kept, running into many thousand drawings and paintings, apart from interpretive notes, photographs and other miscellaneous material, but the cost of reproduction, both in colour and black and white, is beyond what a publisher would care to speculate, particularly as scientific works are not generally 'best-sellers.' And what funds there are available for psychological research are more often donated to the less intensive forms of mental research and mental testing.

When necessity demands it, millions of pounds are found for the conduct of warfare, since it is essential for our safety and well-being as a nation. Unfortunately it is not yet recognised that our safety and well-being as a nation is equally dependent upon the war that psychology is waging against the hidden enemies within our minds.

When it was proved cheaper to cure asocial individuals than to put them into prisons efforts were made to cure them and penal reforms were boosted. The economic factor impressed itself upon people's and government's minds. Let us, therefore, consider the financial gain that can come, apart from the increased happiness that must result, from spending money on the advancement of dynamic psychology and the application of any new knowledge gained in the education of children.

First, there will be less delinquency, which will mean less money spent in maintaining financially burdensome prison and reform systems with all their subsidiary offices and personnel. Second, the necessity of keeping institutions for the insane will disappear and only homes for incurable insanity, for those whose condition is due to physical causes and not maladjustment, will remain. This will further decrease annual expenditures. Lastly, the important factor of war and its tremendous costs. Lives, money and energy are lavished heedlessly. And the end of hostilities does not stop the spending. The years of depression not only bring further misery but more and more money must be found for re-establishing and subsidising industries, for social adjustments and for war compensations and pensions. Also, if our leaders are wise, we shall have to finance the maintenance of armed forces to be sure of the continued impotence of the one-time aggressor nations or the deterring of would-be aggressors. Implements of war will still be needed and monies will be spent accordingly. We are aware of these facts and need no proofs. Nor is it necessary to add how much one can save by taking precautions that will prevent wars.

For an infinitesimal fraction of this outlay the nations of the world can make sure that never again will this wasteful spending of life and money take place. Psychology, in Psychorealism, has at last found a suitable instrument for undermining hate and a method of education which can infuse a new spirit of understanding into humans.

Psychologists and educators must collaborate even more closely than heretofore. All teachers must be educated in the ways of unconscious behaviour and trained to apply this understanding of the psyche in the teaching of the young. All willing parents must be given the opportunity of this same psychological training, and centres for psychological information for parents-to-be must be set up. The education of parents and teachers must include the technique of psychorealist expression as a means of deflating the aggressive tendencies in children. Nurses and others who have care of the young must be given training of the same kind. Pediatrists and general practioners must also be equipped with this new psychological understanding of the young.

Within three to four generations, after the proper functioning of such a system, there will be a greater assurance of peace than by waging useless wars that do not uproot the real causes of unrest and greed and jealousy between nations.

Such a change in the education of a people will not eradicate the innate aggressive impulses. But it is a certain way of undermining the destructive and belligerent tendencies that lead to war. It is the preventive medicine that will check the recrudence of war, the scourge of society. Prevention is not only better than cure, it is cheaper.

The problem of altering the earliest conditions that give rise to destructive desires, which is a matter outside the educative sphere, will rest with the medical and psychological professions. It is a subject that can only be fully discussed in a scientific work and, therefore, only a brief statement on the problem can here be made, namely, that a reconsideration of the manner of birth and of the first treatment of the new-born infant by doctor and nurse and midwife, together with the detailed recording of all the facts of birth, will in future be necessary.

Psychological medicine has, perforce, been compelled to minister to the mentally ill. There is no other way of investigating the psyche and, at the same time, of assuring psychologists of a means of living. It would be more desirable, however, to have the so called 'normal' person ministered to since it is he or she who directs or misdirects social matters. An examination of their unconscious life would uncover the reasons for the mismanagement of communal life from which we all suffer in times of so called peace. It is not only the misdemeanants but those who set themselves up as judges who require investigation. It is not always the criminal that makes the law necessary, but the laws which are made that create the criminal. And, likewise, it is not only human conduct that makes legislation essential but the codes which are created that warp human minds.

The problem of sapping the destructive urge in adults is a difficult one. The method advocated for children cannot safely be applied. The danger of encouraging mature persons to ventilate inner tension with unrestricted freedom, even psychorealistically, is obvious. The unconscious itch for destruction is levered to the surface, is aggravated, and mental instability follows. It can only be safe for adults under the guidance of people knowledgeable in the ways of infantile unconscious behaviour, and in the methods of controlling and redirecting the emotions. Apart from there being far too few skilled in this knowledge, it is too costly and lengthy a process.

But art, as it is usually understood, presents a way for the adult to get some emotional easement. In traditional forms of creative expression there is conscious control. This interference with the free expression of the unconscious mind aids as a barrier to unhindered and, therefore, 'dangerous' expression. It is a safety device. This conscious selection of symbols or images has long served to keep the inspirational psyche in creative workers obedient to social demands. Fairy tales, allegorical art and religious paintings, wherein unconscious motivation is subjected to the controlling force of conscious choice of subject, have been created without harmful consequences to their creators. One outstanding example of an early religious painting reveals how the unconscious safely can obtain sadistic pleasure without offending against social codes or breaking free of the restraint of the conscious self. The work in question is that of Saint Sebastian whose bound and helpless body is riddled with arrows. The artist's unconscious must have enjoyed thrusting arrows into the body of a substitute father figure while painting this consciously chosen subject. This example is unconsciously related to the sympathetic magic of primitives who openly express their aggressive desires by jabbing sharp instruments into an image representing their enemy, with the belief that the enemy is actually harmed by this means. But we know that savages are not limited by civilised morals.

There can be little risk in traditional art, or even in a very diluted form of Psychorealism, for the adult if the conscious critical and selective faculty is allowed to retain a strong hold.

Psychorealism in early training and education, taught and directed by fully instructed persons, must lead to the bringing about of a better social consciousness in humans. Any method by which people are taught to understand themselves helps them better to understand others, and for this reason, if no other, Psychorealism can be the most potent instrument for good that has as yet been discovered.

In addition to what psychorealist freeing of inner tension will do for the individual, under guidance and for the sole purpose of dissipating emotional stress, it has yet another positive value. This is the freeing of the creative instinct. The creative instinct is closely linked to physical functioning.

The consciousness of pleasure in creation is present in us all but has become repressed in childhood during the process of being trained to be clean. The need to create is an integral part of the biologic rhythm. When freed from repression creative activity will supercede all others because it is both a vital and instinctive function. It is as instinctive as breathing, eating, sleeping and discharging body waste. When an infant has fed it sleeps and, when digestion is completed, evacuates. A similar kind of process occurs with the mind. The commonly used phrase, 'food for thought,' gives us a clue. When experience, either in sensations or emotions, has taken place a rest for the digestion of this mental food ensues. The ejection of what is the equivalent of waste matter must necessarily follow. This usually happens, with the child, in creative activity, which is the outflowing of its digested thoughts. Or, in other words, after a child has cogitated over a new experience or idea and has arrived at an interpretation of the event, its opinion is expressed in creative play, through which its interpretation of the new experience is projected outward in dramatised form. This transformation is the final stage of mental digestion.

Because creativeness is part of the biologic or life rhythm it is indestructable and unalterable. But it can be and, too often, is impeded. The inhibition of this functioning is invariably due to fear. Terror of the consequences that follow a forbidden fantasy, which is a creative act, is the restraining factor in infancy. During this early period creative functioning is continued under the protection of defensive fantasies which are imagined to hide the offending one. In childhood, when conscious or waking life is the larger part of existence, opportunities for constructing fantasies are strictly limited, even in play. It is not allowed to handle particular articles it sees about the home which it may need for fantasy dramatisation, because the parents forbid their use in play. The child cannot realise that the mother sometimes does this to protect it from harm. This interference with its creative endeavours is felt as an indication of the parent's objection to this form of pleasure. This limitation to its functioning, from which it can seldom be free, is also felt to mean that it is not allowed to live to its fullest capacity. Since its only way of compensating for the many other frustrations it suffers is in fantasy life, the hindrance to this activity increases its burden of unsatisfied desires.

The hunger to live to one's fullest capacity remains, throughout 1ife, as a dominant need, and that satisfaction is only possible through the fullest expression of the creative instinct; and this is as difficult to satisfy in adulthood, when financial and other circumstances too often frustrate or limit occasions for complete fulfilment of this basic need.

But however restricted the opportunities for creation the human will strive to create, that is will still endeavour to compensate for the thwarting in life, and to enjoy fantasy-real gratifications of inner needs. Even in day-dreams, in our 'flights of fancy,' we are creating, giving form to our desires. But this enchanting practice does not satisfy. It lacks that which conjures up the satisfying sensation of reality, the performance of a physical act which brings the feeling of purposeful endeavour. It is the association of real activity with a fantasy that brings the sense of actuality which satisfies the psyche's hunger. It is this that explains why an infant, when dreaming of sucking at the nipple, will work with mouth and fingers, sucking and twitching, while asleep.

The remarks made by an artist about a psychorealist drawing of his own will bring out more clearly the value of action combined with fantasy.

The drawing he had done revealed the infantile wish to be fed from the breast so as to get the tittilation that always came after a feed – the gentle, pleasurable rubbing and powdering after being cleaned and before being put into the cot for sleep.

An outline of a breast had appeared in the drawing at the moment the artist consciously became aware of this infantile wish. With regard to this indication of the mother's breast, he said:

> I suddenly wanted to draw as naturalistically as I was able. I wanted to make it real, to use my hands to mould its shape into the real thing. Since I was not modelling I had to use my pen to satisfy this wish and pain-takingly shaded the breast to make it look as real as possible. I was attempting to make my wish fantasy (of being fed from the breast) into a reality; to bring the actual, the real, the naturalistic breast before me.

The reason for this need for a reality was then disclosed as being due to the unconscious belief that if he could make a real breast from which to feed, then the real sensation of pleasurable tittilation would certainly follow, and, therefore, the full satisfaction of his desire would take place. It was an attempt to transform fantasy into reality. It should be added that this desire resulted from the infant's awareness of the fact that it was only when he had been fed from the real breast that he was thus gratified, and that no such pleasurable sensation followed a fantasy breast-feed.

The employment of hands, to experience the making or moulding of an image, was thus clearly shown to be the infantile means of creating a sensation of actuality. The physical act of touching was necessary. In this instance the tactual experience of the breast, which is one of the infant's normal experiences while feeding, was being reactivated in the act of drawing a breast. The stroking movement of the pen on paper symbolised the touching of the breast by the infant. The closer the approximation to reality that the drawing obtained the greater became the consciousness of reality; and consciousness of reality was experienced by the infant through the sense of touch. Therefore, to be actively engaged with the fingers in drawing a real breast was akin to fingering the real breast, which the infant did while feeding. If the real breast can be created and touched then the real tittilation would follow.

Doing, making or touching, combined with fantasy activity, enables the unconscious to feel it is gratifying its wishes through creative work.

These facts bring out the importance of skill to the act of transforming a fantasy into a reality. The more skill an artist possesses the more an image can be made to appear real, and the more convinced is the infantile unconscious of its power, with assistance of skill from the conscious side, to gratify its needs.

Conscious knowledge is made use of by the psyche to gain its ends in any sphere of activity; and the greater the skill the better able is the infantile side of the personality to believe in its ultimate achievement of reality gratification through creative fantasy activity.

This phase of unconscious life develops when the infant has learned to distinguish between dream pleasures and real pleasures; to realise that its pleasure is greater when it is actually powdered than when it dreams it is being so treated. Naturally it prefers the real thing, but, when falling to obtain this, tries to discover ways of increasing the reality sensation of its fantasies.

This aspect of unconscious endeavour further emphasises the value of art as a means of easing tension, this time the easing of the tension brought about by pleasure frustration. Thus it can be seen that the creative side of the imaginative faculty acts as a means of establishing emotional equilibrium both by satisfying pleasure needs as well as by providing a 'safety valve' for aggressive energies.

The nature of the mind is such that it cannot maintain healthy functioning when emotional stress is too great. Just as nature abhors a vacuum so the mind abhors a state of imbalance. Normal balanced functioning is reinstated by the expulsion of excess emotional pressure through the act of imaginative creation.

Creative expression is not only an emotional outlet but a necessary factor in human development. Undue restriction of emotion or imagination is as dangerous to the mind as impeded breathing is to the body. Any interference with a biologic rhythm is harmful. Unfortunately it has not as yet been realised that the creative faculty is a part of the system of inter-related biologic rhythms, and this unawareness has been the cause of much human mental anguish.

Nature has provided this means of preserving balance, the imaginative faculty, but man has made every effort to block the channel. We do this unknowingly in the way we rear and educate our children. But this baleful process does not end when they are free from parental control, for, later, in adulthood, the major part of human activity is again regimented, controlled and limited by the unavoidable fight for existence in a world of financial, industrial and political domination. Machinery, labour conditions and social conditions have constrained the creative activity of man to a point wherein such expression is curtailed to a dangerous limit. Is it any wonder that, since the psyche's needs have little opportunity for satisfactory fantasy gratification and emotional stress kept at an overburdened point, individuals rebel against conventions, social injustices, industrial tyranny and slavery and, finally, when they can restrain themselves no longer, in revolutionary activities? The adult has not been allowed adequate opportunity for full creative functioning and has, thereby, been unwisely forced to constrict the imaginative faculty. The obvious remedy is to furnish more aid for emotional release through creativeness. To increase the opportunities for an encouragement of this side of human endeavour.

Imagination is not an outcome of training or adaptation. It is a part of the mechanism of life. It is an intrinsic, instinctive faculty that is stimulated into action by the first pain experiences.

The survival power of imagination is so strong that it will not submit to being clamped down. If its freedom to act is restricted in one direction it will quickly discover another channel for expression. The more opposition it meets with the greater becomes the strength of its rejection of interference. And when fear in relation to imaginative activity soars beyond control, the mind rejects the external world of reality and takes up permanent residence in the world of fantasy. Insane people are illustrations of the strength of the survival-power of the imaginative side of humanity. These unfortunates have unconsciously elected to live entirely in the world of imagination or fantasy. For them the real world was too unsafe and too full of pain.

Here, in this will of the imaginative faculty to survive, is the reason why art has endured through the world's periodic 'dark ages.' Even when its worth as a civilising factor was not recognised it persisted. The imagination is indomitable. It is biologic.

Because of the presentation of this particular evaluation of art it is not intended that henceforth art be specified as a cure for all mental ailments. It is far from being this. It is a mode of instinctive expression that must not be checked by existing traditional habits of thought, education and upbringing if the well-being of individuals and nations is desired. But it is firmly believed to be an imperative necessity, an essential tool, in the forging of human happiness, and one that has been too long and dangerously neglected.

The consequences of the restriction of the imagination are evident in the past and present struggles of Democracy against Dictatorship. Hitler and Mussolini would never have become insanely dictatorial had they had, as children, ample opportunity to vent their infantile rages and to lessen the emotional tension imposed by fears and frustrations. The result of two fear-ridden infants needing to hide from themselves their own terror and hatred of Anak was, when they became adults, the seizing of the chance to wield the power of life and death over others, and so to overcome their deep-seated sense of inferiority and helplessness. They usurped the parent's prerogative to administer pain and suffering when angered, to control those who would annihilate then, and to torture and thwart any helpless being in their power. This equally applies to all individuals who lust for power, whether Fascist, Communist, industrialist, or so called Democrat.

If lasting peace is to be achieved there is no surer means of gaining it than by purging humanity of this inner and unavoidable infantile need to destroy and hurt, which the undeveloped infantile mind feels is its most important defence against repeated painful experiences at birth and after. The causes that have so far made lasting peace impossible are now clear, and the way has been indicated. Will our mentors acknowledge their faults and inaugurate the necessary changes?

9 The Creative Impulse

Enough has been written to show that the destructive impulse functions as a major defence in all situations, imagined or real, that spell danger or the frustration of essential needs. Although the demonstrations of how infantile logic affects our modes of behaviour and thought have created a depressing picture, there is a happier side to the psyche. It is the constructive or creative impulse.

The creative instinct works for pleasure and for the attainment of physical and mental satisfaction; and its creations are permeated with a feeling of joy, and radiate pleasure.

Because it is a biological need the psyche continually seeks opportunities for creative expression; and it will struggle for such expression against all the impositions of the external world. Life is the power impelling it to seek fulfilment of this instinct.

A healthy body, filled with exuberant well-being, finds expression in the use of energy. Life is expressed through movement. The state of physical well-being is pleasurable, and pleasure is a feeling that also requires energy with which to manifest itself. Healthy babies, children and grown-ups all express happiness, physical and mental, through movement. A baby's gurgling and kicking and a child's shrieking and prancing about are the equivalent of adult laughter and dancing. Movement in all periods of life is essential for the communication of joy. Equally, the hate reaction to all forms of painful mental and physical feelings requires energy for expression. Movement, therefore, is vital in maintaining mental and emotional balance. Any restriction of it is dangerous. Without the unhampered use of this energy impulse through which to unload the tensions set up by frustration, hate and pain, we should not be able to function in socially compatible ways.

Since both hate and joy need energy and movement or expression, interference to liberty of action is interpreted by the unconscious as a penalising and thwarting of the expression of hate as well as of the expression of joy.

This fundamental fact has obviously not been recognised in the treatment of criminals. The belief that enforced confinement and the imposition of compulsory tasks, as punishment for crimes committed, will alter character is basically unsound. Proof of this lies in the large number of first offenders who

DOI: 10.4324/9781003563242-10

have turned into hardened criminals after even a short term of imprisonment, and in the numerous old offenders who habitually find their way back to the cells. The restriction to freedom of movement, or even the *thought* that freedom of action is limited, is one of the reasons why those who have suffered prison life bear a grudge against society.

How strongly this resentment is felt can best be illustrated by the reactions of the helpless infant whose tight wrappings hinder the movement of its limbs. To be so bound is terrifying to it. It is a condition that reactivates its fear of again being agonisingly crushed by the contracting uterus walls, which originally was felt to be the penalty for moving actively in the womb. The impulse to express life by movement is checked by the constrictions of its wrappings as it was by the constriction of a contracted uterus. The pleasurable state of well-being and movement are inseparable. Pleasure leads to movement and movement itself is pleasurable. Therefore a limitation to movement is tantamount to forbidding pleasure. Pleasure and movement, because they still require to find expression, become all the more needed, and hate of the object or force limiting opportunities for activity of this kind increases with every fettered moment.

How else can the prisoner feel, consciously or unconsciously, when his life of freedom and pleasure is abruptly curtailed? Hate of those enforcing this condition upon him must inevitably increase with every hour of confinement. Socially undesirable behaviour can never be cured by any method employing restrictions to liberty. The reverse is the case – the condition is worsened.

Like the infant who, in fantasy, seeks happiness, which to it is the panacea for all its pains and discomforts, so also does the adult seek a balm for pain and sorrow. It is an instinctive urge. As inevitable and irresistible as water seeking its level. Emotional equilibrium must be maintained. All human creative endeavour is directed toward this end. This is easily recognised in the unceasing individual and collective efforts to improve living conditions, to bring more and easily accessible pleasure to everyday existence. All creativeness is centred upon this essential urge, whether it be in the sphere of science, art or social organisation.

The same energy that enters into creative work goes into destructive effort. This basic energy is employed, from the moment of conscious awareness in the womb, for the attainment of comfort and pleasure. The foetus kicks and moves because it is alive, and, when conscious of discomfort, to get itself back into a comfortable position. Its energy is used to express pleasure and to achieve pleasure. Displeasure provokes the foetus's first aggressive act – which is usually kicking and pushing against the unpleasurable state of being head down in the womb. The activity is not charged with hate. The aim of this initial aggressiveness is the resumption of the state of pleasure. It is a creative use of energy in the sense that it establishes a change in its condition. Hate arrives later; sometimes after it imagines its wish to remain in comfort, expressed in revolving itself back into the head-up position, is thought to be opposed when it finds itself again head down and uncomfortable; or most certainly after its repeated movements have helped to start the contracting of the uterus, when its kicking against unbearable compression is done in anger and to destroy the cause of its pain. This foetal behaviour is repeated after birth in response to the changing conditions of the new outer world, where its energy is again used in efforts to combat pain and discomfort, and is again expressed in hate.

Although energy is applied in hate, the aim is to reach immunity from pain, to obtain a state of pleasurable well-being. No matter how energy is expressed, it is used in the service of, and to attain pleasure. This fundamental desire is present throughout life and all energy is directed toward obtaining enjoyment, by direct and indirect methods.

Because life is overweighted with unpleasant and painful experiences the infant's energies are perpetually employed in trying to alter the length and distribution of the states of pleasure and pain, always striving to weigh the balance heaviest on the side of pleasure. But at the very best it can only achieve a compensatory measure of enjoyment, and then only in fantasy life. As the infant's limbs are imprisoned in clothing, liberty to use its powers to fight the conditions that bring discomfort and pain is curtailed. The only free channel available is in fantasy, and so its energy is diverted and brought to bear upon the mental creation of the desired conditions. In the dream world it is free to kick or to play with the cord without fear of retaliatory compression, or to stretch its limbs without the encumbrance of tight wrappings, or to suck at a nipple which does not suddenly disappear or cause a choke by a too rapid flow, or to evacuate without fear of being suddenly awakened by a draught of cold air and made to suffer bathing and pummelling. The act of creation, of fantasy creation, is in this way the attainment of happiness. Imagination is thus seen to have early occasions for exercise and development.

Where before its limbs were used creatively, in altering the conditions causing it discomfort and pain, now its mind begins functioning creatively for a like purpose.

This is not the only form of creation available to the infant. There is the physical act of creation – the natural biological response to a feed. It is, in a way, comparable with the creative act of birth. Both are the completion of a physiological rhythm. With the infant it is feeding, sleeping and evacuation. With the adult it is impregnation, gestation and ejection. Creation is the end of a rhythm. This same rhythm is at work in the creation of works of art. The impregnation or feeding of the mind is followed by gestation or digestion and then by the production of the creation. The creative act is a biologic endowment.

Why some people become artists and others do not depends upon how they are able to cope with the circumstances of early of early infancy; the extent of their fear in relation to the first creative production. Because of the upsetting experience of being cleaned after the emptying of bowel and bladder this natural completion of a rhythm is a source of danger. Creation is a hazard because discomfort and pain always follow. This sequel to the biologic creative act is imagined to indicate the parent's dislike of this method of making something. Yet at the same time it feels that the parent is demanding this 'gift' in response to every feed it is given. The problem of offering its creation without being forced to suffer the painful cleaning process is a difficult one to solve. Here again dream-life affords the only way of overcoming a dilemma. In sleep it conceives a fantasy in which it disposes of its 'gift' without having to experience exposure and hurt. But its troubles are not so easily dispelled, for cleaning follows just the same. This time, because cleaning always happens after a fantasy act, this process is imagined to be punishment for producing fantasies. Therefore, it decides to create in this way that is also forbidden. Other interruptions to dream-life are also translated as parental disapproval of this magical ability.

Such circumstances force upon the infant the conviction that the pleasure side of creation is forbidden and that hurt will always follow its attempts to dodge pain and discomfort by the use of fantasy. From then on the concealment of all pleasure fantasies naturally takes place, or, at least, is attempted to the best of its ability. Unfortunately for the infant's peace of mind bowel action cannot be prevented and so the 'punishment' of cleaning is repeated. It is a situation the infant has no way of avoiding, and so it is compelled by necessity to continue the fantasy creation of defensive acts, destructive acts, and of situations that eliminate danger. The imagination has perforce to function even though it is believed to be disliked by the all-powerful parent. Thus it is circumstances that force the infant to direct its creative activity into destructive channels; to the obliteration of the ever-present 'attacking' parent. Only after such assurance of freedom from molestation is obtained (by the destruction of the dangerous parent) can the imagination work upon the fantasy-satisfaction of pleasure needs. Destruction is believed to be a necessary preliminary to constructive endeavour.*

It is because of this ever-present necessity for protection that the aggressive side of fantasy life is so much employed. Nevertheless, like the kicking of the foetus to stop interference with its state of peace and comfort, destructive fantasies are essentially designed to bring about a resumption of pleasurable conditions.

It is therefore apparent that the creative faculty serves two masters – the self-preservative instinct and the pleasure instinct. It makes possible the full enjoyment, appreciation and awareness of the surge of life, and it makes possible the complete enjoyment and experience of body and mind contentment. In this sense the creative impulse is constructive. Its intrinsic aim is not to destroy for the sake of destroying, but to build and organise its energies for the ultimate attainment of what the psyche considers to be good, which, in the end, means consciousness of living to the fullest extent of our mental and physical capacities.

* And so many political revolutionaries think. But this idea is now seen to be the outcome of infantile helplessness and mental immaturity.

Imagination is the hand-maiden of the psyche, serving it and tending to its every want. It is because of the undeveloped state of the mind that imagination functions in ways that are eventually harmful to the individual. It is because it is imagined that creative activity is forbidden that the unconscious is compelled to protect itself while providing for and enjoying fantasy bliss. And it is because the world continues to diminish still further the chances for such expression that the individual continues to feel that creative activity is taboo, or, if indulged in, a matter for shame, as the world only admires *practical* men and women.

To the infant the parent is the oppressor, the power that forbids creation. The warning of Jehovah to his chosen people, that they shall not make any graven image (to replace him in their affection) illustrates the same infantile idea. The Israelites are forbidden to have the fantasy of replacing their vengeful god (that is, to cast off the parent who chastises them) with a harmless one, a golden calf. To dare to conceive this means of escape from fear and pain is to bring down upon them the wrath of god. They are forbidden for evermore to make graven images of anything. In other words, the infant is forbidden to replace the external world with a world of its own making. Fear of pain is the deterrent used to suppress the urge to create. The Israelites are not only oppressed by man but also by their god.

It is easy to realise the danger to the body when digestive and excretory functioning is impaired, but it is not so easy to accept the fact that a similar disruption occurs to the mind when its functioning is interfered with. As has already been stated, the creative instinct serves a biological purpose. This is the maintenance of emotional balance. The work of the creative instinct counteracts the depressing conditions which tend to interfere with or destroy the state of well-being. It serves as a channel for the expression of the vitality, of the 'aliveness', that is latent but repressed to a degree that is harmful to the metabolism of mind and body. It is not possible to remain for long in a state of acute mental or physical pain, or extreme tension, without succumbing to madness or death. Escape from suffering is as natural as the surge of the tides moved by the moon's attraction.

From all the suffering an infant experiences the greatest amount of damage results from the disruption of the free functioning of the imagination. The limitations that the infant feels are imposed upon this way of life are too heavy for it to overcome. It cannot manipulate circumstances, as can the adult, to permit itself employment of the imaginative faculty without fear of harm resulting. The mature person is sufficiently free from powerful controls to enable imagination to function without fear, although in a strictly confined manner; confined because we are trained to behave and to employ ourselves only in permitted or acceptable ways. Only a fortunate few succeed in breaking out of these limitations, overcoming their fear sufficiently to be able freely to indulge in fantasy activity through painting, writing, dancing, music, sculpting and in the crafts that require the exercise of the imaginative faculty. The rest of us can only enjoy fantasy life by proxy; in viewing or listening to the creative works of others, in music, in reading, in cinema-going, and so on.

But the very young have no such opportunity for creative functioning without fear, unless the parent is unusually understanding and is able to avoid all interruptions and interferences to the slumber and play of their offspring. And even if this is possible the conditions of infancy are such that it will still become, albeit mistakenly, too dangerous for free indulgence in this biologic process of creation.

By the time a child arrives at the age when it can express itself without too much interference its personality is already moulded to the pattern designed by its environment, parents and society. Imagination is by that time maimed; like a tree lopped of its branches alive but mutilated. Like the tortured tree, imagination suffers trimming in order that it shall conform to the conveniences and conventions of civilised conceptions.

The repression of the creative or imaginative activity, which is chronic in our system of education and our way of life, has done much towards greatly limiting mental development. Maturity in the human race is not a full expansion. The human has not evolved in the way of allowing every faculty and ability to serve to the utmost of its capacity. He is only trained to perform and think to a fixed pattern, to respond to the blare of a siren, an alarm clock and the intermittent shrieks of public opinion.

What progress mankind has made has been the result of a few individuals having been enabled to follow an unconscious urge within the limits of accepted behaviour and employment, and the character of their work being such as to make it possible for the unconscious desire to obtain satisfaction in the work without fear of arousing antagonism. Science, a recognised source of much of our enlightenment and progress, affords an excellent illustration of this. The infantile interest in the contents of the parent's body is carried over into adulthood and finds gratification in the discovery and investigation of the internal features of this world, which, in the unconscious, is the supreme symbolic parent figure. The chemist, mining engineer, surgeon and bacteriologist all have been attracted to their chosen professions by some facet of the unconscious wish to discover, examine, understand and tabulate the factors that comprise and make the world the thing it is. The child who tears a doll apart to find out what makes its eyes move, the youngster who breaks a watch to discover what makes it work, are interested in discovering how to create a moving, living baby of their own in order to present it to the mother who likes living babies, and so to obtain her admiration and love. With the adult as well as with the child it is a search for fundamental facts. This early love of discovery and investigation is given full scope in the sphere of science, without fear of arousing disapproval, as the destruction of a doll or watch produced.

The same social permission for otherwise forbidden activities is found in the arts. In sculpture, for example, the common infantile desire to manipulate and shape what it has produced out of its own body is translated into the shaping of images of beauty from clay or stone.

It is those individuals, those who have been fortunate in selecting the profession that gives them unhindered unconscious gratification, who have helped the world by their discoveries in the sciences and in the arts.

It is often said that genius and insanity are separated by only a thin barrier. To some extent this is true. The unconscious side of such persons is more alert, more active, more free to express itself. It is because the genius has easier access to his inner impulses, as has the insane person, that discoveries of universal good have been made. The good has grown from the greater freedom allowed the creative or imaginative faculties. The good has come because this positive element in the psyche was given a means of expressing itself without thwarting.

Greater progress, more lasting good, finer ideals, a more constructive way of living and thinking are possible if the encouragement of mental health is given equal importance with physical development in the early training of children. This must mean more opportunity for and this greater freeing of the creative side of the personality, which, in turn, implies the providing of occasions for the controlled release of the destructive impulse as this is unconsciously imagined to be a necessary preliminary for the unhindered functioning of the imagination. Psychorealism, taught to children by people trained to impart this form of education, can help to make this possible.

The impetus to create is provided by the unquenchable infantile desire for the admiration which provides parental protection and love. The creative spirit is developed to its fullest extent through this infantile need for protection and love. Failure to obtain parental approval of a creation will not lessen a child's ardour or stop further attempts to create something which *will* please, for at all costs it must gain this love. Should the child discover something that wins approval and admiration it will continue to produce and present this same object until it feels it is getting every ounce of the love it needs; until it feels sure that the parent has been so delighted by its 'gifts' that she will not deprive it anymore of her protection and leave it helpless, weak and fearful of the dangers and pains that lurk everywhere.*

This infantile need and belief that protection is provided in response to a gift that pleases is the reason that imagination has been kept actively occupied creating for the pleasure and benefit of the world. Since the well-known pleasures and benefits resulting from creative activity in science have practical value there has been no lack of admiration and appreciation of them; nor is there any need to enumerate these advantages. But the practical value of the imagination in art, equally as advantageous to mankind as the results of science, is not generally recognised. It is so ancient a value, and so commonplace now, that it has been taken for granted.

Humans have long enjoyed the added pleasure to the eyes resulting from the beautifying of every type of commonplace utility object. Plates, cups and saucers, glasses, bowls, vases, furniture and furnishings, and so on, are still selected on the basis of the amount of pleasure they give by reason of their

* This is also the unconscious explanation for certain artists always producing works in a style already approved of by the public, and of never changing the 'trick' that wins admiration for them.

shapes, proportions and colour, in addition to any decorative embellishments they may possess. Wherever the eyes are turned can be found some mundane object enhanced by art. Art, for countless ages, has served humanity by dispelling the drabness of existence. What more practical value can there be than that? Art is *used* throughout our waking lives to add pleasure to living.

The propagation of the religious ideal has also been served by art. Not only in the picturing of the gospel, which in the past was needed to increase the appeal of worship among illiterates, but in beautifying the appurtenances of the service and in further stimulating the feeling of religious awe by the visual glorification of houses of worship. The holy spiritual joy experienced by early priests was projected into the visual symbols with which they decorated their manuscripts of the book of God. Beauty and God became synonymous. Art became the disciple of God in serving to elevate the beholder and to engender the desired emotional response. The pleasure afforded the eye through visual beauty and the pleasure accorded the soul through worship became intertwined.

That was in the past.

Since then art has found itself serving the more matter of fact side of living, tending more and more to act as a balm to the drudgery of economic and industrial regimentation; to lead the mind, mainly by way of the eyes, back to moments of forgotten but still desirable bliss: to disperse the miasma of disillusion by bringing rehabilitating beauty and happiness into life. The fundamental purpose of art, escape from pain and misery, is still being served. Now the church is no longer the sole provider of happiness for eye and soul, for art in various forms, and in large and small quantities, radiates its glory in every home. The psyche now can easily find escape, even though temporary, from the miseries inherent in present day living in the enjoyment of pictures, reproduced or real, in homes and galleries, in listening to music, in watching opera or ballet or films. The developments of this industrial age have led to the spreading of the doctrine that beauty is a necessary factor in good and satisfying living.

But this benefit that art brings to mankind is not recognised as such. The advantages are neither economic nor factual. It does not actually dispell physical pain or increase bodily comforts. It has no practical functional use. That is generally what has been and still is said and felt by most people about art. Artists and their works are economically valueless, is the usual assertion. Unlike science, it does not almost instantly bring about a transformation in our way of living that can be recognised immediately as being advantageous. The fact that art has helped glorify life and religion is of little effect in this over-practical world. Its only acknowledged use these days is to fill museums or to increase business by adding a false and cheap glitter or value to articles of inferior workmanship. Both beauty and so-called beauty is now mass-produced for its sales value.

And yet, in spite of this, if every article in our homes suddenly became plain and uncouth in shape and without benefit of decoration or colour, if every building became a simple shell to protect us from the weather, if our clothes became drab and plain and unshapely, as must have been the case with our very, very early forebears, the practical, functional and spiritual value of beauty would be instantly realised with shattering effect. An absence of such manifestations of beauty will hurt town-dwellers far more than rural people since nature provides the latter with eye-pleasure almost every day. There cannot be a full and happy existence without art; certainly not while communal living remains as complicated a matter as at present. With the increasing complexities of present day living art has become more than merely an escape. It is now as necessary as our daily bread and water. Since we are not all morons and clods we need food for our souls as well as our bodies. It is because art has provided humanity with such food that the spiritual side of humanity has evolved to the degree of which we are now conscious. Humanity owes a greater debt to art than it knows.

And now art can serve yet another way, but this time as a revitalising force and in conjunction with science – through Psychorealism.

Psychorealism widens the aesthetic horizon by establishing a new understanding and conception of art, namely, the value and beauty of the symbol language of the psyche, and, in addition, the use of this symbol language to demonstrate the thesis that emotional life is a major part of the whole personality which, if nurtured and developed, will increase the consciousness of and desire for social good. It can also scientifically demonstrate what all artists, throughout the ages, have known; that is that art is a medium for communicating the thoughts of the inner self.

But merely to demonstrate these facts is not enough. A constructive application of this new way of awakening and re-educating the psyche must be set in action; must be planned to benefit all, or as many as possible. It is in this matter that science can join forces with art. The research, of which this book is an outcome, scientifically investigated every facet of this ancient creative way of transmitting unconscious thought until complete understanding was obtained. The result of this is the formulation of a technique of encouraging psychorealist expression. It offers a safe and scientifically verified procedure for the education of children in the use of an outlet for emotional tension, under the supervision of specially trained personnel.

What is now required is the putting into effect, in all symbols, of this new technique. To do this it is first necessary to train suitable individuals in its theory and application. That, then, is the next logical step. Is it to be taken?

10 Creative Fantasy

Having shown that the creative instinct is not free to function in a positive manner until an assurance of safety has been obtained by the creation of a destructive fantasy, that is, by the obliteration of the inimical persons or situations that spell danger, illustrations of the positive side of this creative urge will now follow to demonstrate this facet of unconscious fantasy life in action.

When the infantile psyche is temporarily free from the tension of fear its buoyancy of feeling is transmitted to its creations. Instead of the hurried, bitter feelings that rush on to paper when hate is being projected, a happy, ecstatic, or even a playful emotion is expressed. Joy is natural enough when the satisfying of one's desires is about to take place, even though it be only in fantasy. The symbolic fulfilment of pleasure wishes, the constructive endeavour of the unconscious, leads to creations that radiate the enjoyment experienced by the psyche. Such works are invariably well balanced compositions; their design, colour and rhythm is dynamic and pleasing; and it has been found that the irrationality displayed in such works is not annoying to the eyes of people unaccustomed to their style. They always impart an unmistakable feeling of having been enjoyed.

The illustrated examples that are presented next are accompanied by their interpretations to make apparent the unconscious pleasure purposes in the works.

In the first of these, plate 12, the colour and unaffected simplicity transmit a happy fairy-story quality which is unmistakably saturated with happiness. Even if no explanation of what is taking place were to be given it would still evoke a pleasurable response. The artist's joyous emotion is communicated with appealing directness and vitality, two qualities that are essential in the work of art of lasting worth.

Its story is the fulfilment of the desire to be fed by the mother, in place of the new baby. This fantasy is possible because the child manages to pick up off the floor three coloured beads which it succeeds in mouthing without interference from a grown-up. This information was gathered from a drawing which preceded the work shown in plate 12. While engaged in sucking the beads the fantasy of actually being supplied with the mother's milk is had without difficulty, for the act of sucking evokes the feeling of reality which

DOI: 10.4324/9781003563242-11

is essential to such a fantasy. These beads appear in the painting reproduced and are seen to be next in importance to the three houses.

These houses represent father and mother, and the child who is having this fantasy. The largest is father, the smallest is the child and mother is the house on the right. All the balls are symbolic of the mother's breast-milk, just as the beads being sucked while this fantasy is in progress represent the breasts and the food in them. The central door to each house signifies the mouth. Mother is supplying food, symbolised by the balls, to father and child; but there is a difference in the colour of the food proceeding to the child's mouth to that being eaten by the father. The edging of red to the balls vanishes as they travel towards the small house. This colour change is important. The red stands for a red gravy which is only fed to older children. As father comes within this category he is getting this type of food. The child wants to have this food too, but it is shown by the change in the colouring of the balls that it cannot have it, and is given green-edged balls instead. It is getting a mixture of milk (yellow) and solid food (green). These colours have been acting as symbols of this kind of food in past works and their meanings are therefore known. To the unconscious the most gratifying aspect of this fantasy is that the mother's food is being diverted from the father to the child. This is realised by the fact that the ball in front of the mother-house is edged with red, which indicates that it is the grown-up food, and by the swinging of the food (balls) over the mother's shoulder *away from the father's reach*, as they move towards the small house. Father has been given a little food. It is enough to keep him from getting angry. This interpretation now makes it possible to understand that the green or solid food indicated the transformation of the gravy into the type of food that the mother considers suitable for the child to have. It is having father's food, but in a form it can digest. Furthermore, as these balls are being deflected from the father it is taken as additional evidence that they are the forbidden grown-up food. Final proof of this is presented by the red appearing in the roof of the small house, which represents the child's body. It is being filled with red gravy.

The empty toy carriage on the pathway stands for the pram, which is the home of the new baby. The absence of the infant means it has been discarded. Without competition from the baby the child will naturally be fed with the food the mother would otherwise have given the infant. In this way it not only obtains the breast-milk but also the mother's attentions. Having thus deprived both father and the new baby of the delectable food – breast-milk and red gravy – the child can now enjoy these good things and revel in the sunshine of mother's love.

As confirmation that this state of glory has been attained the response to a satisfying meal is depicted. The completion of the physical rhythm means that all the pleasures associated with food have been had. The black surrounding the roofs is the representation of excreta. Father's is the least tidy and therefore means he will be punished. This fantasy idea is a defence. It directs the unpleasant consequences of such an act upon the father and so enables the child to avoid the pains that follow an orgiastic discharge after a truly satisfying meal. The black that surrounds the child-house is comparatively tidy. Because of this it will not be punished. Mother, of course, is tidy as she is the person who knows how to control herself and has learned absolute cleanliness. This phase of the story shows that the situation is virtually idyllic for the child. Not only are its cravings satisfied but it is free to enjoy the pleasures of a completed rhythm without having to suffer for so doing. The inclusion in the fantasy of the ability to be tidy, which for a young person of twelve months is indeed an achievement, only possible in fantasy, helps greatly in bringing the spirit of happiness to the still incapable and helpless child. Even its other excretory function is shown tidily done, as the spoon-like shape coming down from the blue section of the smallest house reveals. The spoon is neatly filled with the contents of its bladder. In other words, it now possesses the magical power of keeping its fluid within the boundary of its diaper. It can avoid punishment for untidiness since it is now able to control the flow and limit its propensity for travel.

And so, as if by magic, the fantasy transforms a helpless condition often leading to pain, and the agony of frustration and of being discarded for a new baby, into an experience of transcendental bliss.

The circumstances creating the need for fantasy gratification can partly explain why some artists create their finest works when suffering unfavourable conditions. It is possible that in such cases it is only when a state of deprivation reaches a certain pitch of intensity that the creative faculty can become fully active; and then begin to construct the necessary antidote to misery – happiness, the fantasy gratification of all needs. This being the case, a state of want is the best incentive to creation. On the other hand, when admiration is accorded the works of an artist he or she is encouraged, by this symbolic permission for fantasy gratification, to continue to create similar works. It explains, to some extent, why some artists, having experienced success, develop their creative abilities to an outstanding degree. But there is another side to this picture of success. When it is easily attained and reached beyond the individual's capacity for absorption, it leads to a lessening of the ability to create works equal to the artist's best standards. It is possible to explain this phenomenon by the fact that success diminishes the necessity for creating those peculiarly vital works which were essential, before success came, in overcoming unconscious fears of deprivation and frustration. Success brings with it the symbolic gratification of inner needs and so the dangerous situation, which impels the creative faculty to function to its full capacity, no longer exists. Such artists seldom continue painting for long with their initial high degree of vitality once renown and sufficient and permanent financial security is obtained, unless, as in a few instances, other unconscious factors exist to keep the need for admiration at high saturation, even with success.

Too much success usually means a slackening of the creative faculty, while a little is encouraging and increases the rate of its development.

The infantile unconscious endeavour to shape life in accordance with its predominant needs and the minor struggles every adult faces to attain the requisites to a happy existence are fundamentally the same. In order to live healthily and happily one needs to maintain the effort to create and to think constructively. When the necessity to act in this fashion evaporates the worth-while quality of life disappears. Life is then dreary and work a drudgery.

To the child the making of a thing is play. It ceases to be this when the thing it has made is taken from it, for this prevents the enactment and enjoyment of the fantasy, which comes in playing with its creation, taking place. A workman rarely finds pleasure in making articles he will not be privileged to enjoy after making them: nor can he find pleasure in the repetitive act of constructing only a section of a mass-produced object. Such labour produces a feeling of something left unsatisfied, of lacking the satisfaction of having made an article in its entirety. Instances of how restricted creative endeavour curtails pleasure in living for a large number of people are numerous in life; and even the few examples from the unconscious given here emphasise the overwhelming nature of the obstacles to creative thought and activity with which child and adult have to contend. More than anything else, these unconscious examples have stressed the vital importance of creative living. Unfortunately, not only is the present educative system helping to rear mentally warped and thwarted individuals, but the industrial system is adding its part to this mutilation of the kind. The only easy form of compensation at hand for most people are the various narcotic kinds of entertainment that free time and hard-earned money can get them.*

The next illustration of the constructive side of the psyche in action, plate 13, tells a simple story. It is another naïve, direct and vital painting, unaffected in its charm. The central figure is the leading character in the tale. It represents the little girl, who is not much more than two years of age, who wants to make a baby with which to attract the mother's attention. She thinks that if the parent can be supplied with another attractive baby, similar to the new one that has recently arrived on the scene, she will love her and give her all the nice things she gives to the people she likes. The child has found it impossible to destroy or in any other way get rid of the newcomer, so, commonsensedly, she sets to work to regain the mother's attention and love (which she thinks she has lost, as all children do, when another baby appears in the home). She argues to herself, 'if mother discards me for another baby

* I am not aware of any industrialist who has realised that an increase in the output and quality of work is possible by supplying free entertainment, such as a weekly cinema or theatre show either in the factory or nearby. Such entertainment presents the worker with the opportunity for enjoying parentally permitted fantasy pleasure (the employer being identified with the parent). It is important, of course, that such entertainment should not be a vehicle for the glorification of the manufactured products or tinted with social propaganda or educative or moral values. Purely gratifying entertainment is what the exhausted worker requires. It is possible to imagine the development of a special branch of the film industry concentrating on the production of films of this nature, specifically planned for exhibition in factories.

then it is babies she wants. When I give her what she wants she is always pleased with me, so I'll find out how to make babies and give her one.' Such is the inspiration behind this particular painting.

The painting shows that the secret of making babies is already known. It tells us that everything depends upon getting a father who will co-operate, by helping to shape the child's products in the necessary way. Since the real father has refused to join in this constructive work the child's older brother has been invited to join her in the adventure, and he has been given a beard and a shock of hair to endow him with the required father qualities.

The baby they have produced between them stands at the right, awaiting admiration from the real mother. The expectant air on the girl child's face indicates the same hope. She has assumed mother qualities by adorning herself with a plentiful crop of hair. This hairiness in the two very young 'parents' is a necessary part of the fantasy, for the abundance of hair on the parents is imagined by the child to be a quality essential to the production of babies.

In this painting the young child's long deferred opportunity to produce a baby has arrived. Interruptions to her efforts to collect bits of wool, which were hair-like substances belonging to the grown-ups, and other things she felt were needed for this performance had delayed the carrying out of the wish to present mother with the 'gift' she will admire and repay with food and love. Additional difficulties are met with in trying to get the brother to play with her in *her* way and not as he wishes to do, for whenever they play together he insists upon them playing out *his* fantasies. The struggle against all these odds has met with success at last, as this work shows, for the 'gift' is now ready for presentation. The gratification of a long and cherished desire has been obtained, and the satisfaction of a successful constructive effort is being enjoyed.

The colouring and character of the background to the picture discloses other ingredients entering into the production of a baby. To the extra hair the child's own excretions are added.

It is not surprising that the child imagines its waste matter is employed in baby-making by the parents, for as far back as it can remember these waste products have been carefully and sedulously 'collected' from her; and the only way she can account for this (imagined) 'hoarding' of her body waste is that it must have gone into the making of the new baby so suddenly appearing on the scene.

Traces of this infantile idea of creation are seen in some of the beliefs and folk-lore of primitive races, notably in the story that man was first made by shaping earth into the likeness of a human and of then breathing into the image the breath of life. Moistened earth and body waste are thought to be similar substances by the child, not only from tactile characteristics but also because it is so often stopped playing with or handling either.

The painting communicated the same expectancy that is felt by the infant when fantasying this act to a successful end. The simple grouping of these inactive figures, and the concentration in their eyes, forcefully convey the emotional atmosphere of intense expectancy that would naturally accompany *the hope* that lies behind such a feat. The emphasis laid upon the hair in the painting is in order to leave no room for doubt that the proper technique of creation has been adopted; and so to impress upon the mother the variety of the baby's existence. The unusual importance given to the background indicates that a similar purpose lies behind it, namely, to plainly demonstrate to the parent that this baby has been concocted from the proper ingredients, and is, therefore, *a real baby*. There is no escaping the mood of the work — it is compelling. As intensely compelling as the child's inner need has been shown to be.

As a final example of the positive nature of fantasy activity there is the story contained in the work reproduced in plate 14, which is in black and white.

In this instance the unconscious need is only satisfactorily expressed in black as this colour is the symbol of the nature of the activity being enjoyed in fantasy. Black represents dirty objects, the things that are not to be eaten. The darker the appearance of an object the dirtier it is, so the infant imagined. It is led to believe this by the way the parent will instantly snatch away any dark thing clutched in its hand, and saying 'ugh! dirty!' each time she does so.

As only black is used in this drawing its significance becomes plain. But, before going any further in the disclosure of its meaning consideration of its art values is necessary as this will increase the understanding of it.

The structural quality and solidity of the shapes, the rhythm and the impressive character of the drawing are purposeful and intentional. The precarious balance of these cumbersome shapes is so important a feature as to command instant attention. This, too, is intentional on the part of the unconscious. They are a part of the rhythm of associations. Balanced solids are a reminder of the toy bricks with which the child played. The impressiveness of the structure recalls the child's feelings at having managed to so arrange and balance toy bricks upon each other that they remain poised. This achievement is of supreme importance. The child is impressed with its own acquired ability. The precarious balance of the objects is necessary for it brings the next association; that of seeing attractive and desirable articles on the mantlepiece high above it, which it wishes to reach. It thinks that if only they were as precariously balanced as are its bricks they would fall down and then could be easily reached. All things forbidden the child, whether found on a floor or taken from a shelf, become desirable and attractive. But the objects on the mantlepiece are most desired because the mother is much more careful to see they do not fall and, most important of all, anything it has picked up is always put up there out of its reach.

Thus the rhythm and balance of the shapes in the drawing is seen to be an important part of the story and quite definitely a part of the constructive urge of the infant. With the aid of its bricks it created the fantasy of the soon-to-fall forbidden articles.

The different levels at which the shapes are balanced are also a part of the story. The child has observed that the ornaments adorning the shelf are arranged at varying heights. This variety in the position of the shapes in the drawing adds an interest to the rhythm and so increases the aesthetic pleasure in the work: and it reveals the child's consciousness of pleasure in rhythm since in this drawing is being recorded its feelings in relation to the objects of its desire and the character of their display on the ledge above the fireplace.

The largest shapes are both representative of the child with its mouth wide open to catch the articles when they fall. One of the constructions has a tongue-like projection, which is both a tongue ready to lick at whatever it catches, as well as something already caught and held in the mouth. The exultant bird with head thrown back, singing in ecstasy, and with wings flapping with joy, is the symbol of the exuberantly happy infant who has achieved the full satisfaction of its desire. The other large shape is that of the child grasping one object with its lips, or beak, while about to swallow a smaller shape. The two horn-like projections at its rear are its hands grasping another of the fallen things and balancing yet another. The shapes supporting the lower beak indicate the need for being held safely while it reached up to get at the articles beyond reach. The uneven nature of the ground supporting this whole edifice is indicative of the rumpled bedclothes, and conveys the fact that this fantasy occurs while the child is in its cot, and undoubtedly while it is asleep. The need for support while reaching for these objects reveals the fact that this occurs at the age when the child is as yet unable to maintain good balance.

The irregularity of the shapes is a link with the things of similar uncharacteristic form found on the floor. Also the ornaments on the shelf and the things found on the floor are alike in that the child thinks both are edible as both are forbidden. Further, the objects in the drawing possess a tooth-like quality, which awakens another association. Teeth, when loose, are pulled out by the mother. The process is painful even when they are extremely loose. The child associates such teeth extractions with the taking out of its mouth of things picked up off the floor, which it has begun to eat. The pulling out of things from its clenched and sore gums gives the infant the feeling of a part of its mouth being torn out. Thus teeth and found objects are identified with each other. The fantasy being portrayed in this drawing, therefore, is of teeth-ornaments-found-objects being taken back into the mouth; and the repossession of them is a matter for exultation since this means it is having in its mouth the things the mother did not want it to have there.

The obvious pleasure of the bird reflects the joy of achievement felt by the child in the fulfilment of its wishes: and the pleasure is also due to the fact that it possesses the power and ability to *make* its fantasy, to construct and manipulate things, and to *direct* its creative effort towards the attainment of its goal. The act of drawing is the equivalent, in this instance, of the act of building up a structure of bricks. It is the act of doing something that brings a feeling of actuality to this fantasy of making certain desirable things fall. The creation of the shape representing the child reaching to grasp an article with its mouth (beak) is the translation of a wish into a successfully concluded act; an act which is made to feel effective through the effort applied to drawing.

Drawing makes the wish come true. The child (in the form of the bird) is exultant because it (this time in the shape of the large object) really has got something solid between its lips (beak).

And so once again it is shown that the creative or constructive effort is directed towards the attainment of happiness, towards the fulfilment of a wish or satisfaction of a need.

The artist did not become an architect, as he quite well might have done. He had entertained thoughts of becoming one and had occasionally drawn plans of buildings in his student days, but the particular kind of art training he got and, later, the necessity for quickly earning a living led him away from such a plan. The love of creating structures remained. It was many years after before an opportunity of designing a building came. He was asked to illustrate a catalogue for a cement manufacturer with a building of his own design. The pleasure he experienced while carrying out this task was so great and unexpected as to cause him to wonder at it. At this period he had no recollection of his childhood love for creating architecturally. It was while interpreting this drawing that his early pleasure in balanced construction, and the later pleasure in designing a building were linked and explained.

It is possible that this infantile pleasure in construction may be the impetus behind an adult's choice of the profession of architecture. In this instance the latent urge to build creatively has inspired an aesthetically satisfying drawing, in which the psyche has controlled every factor comprising the work, and in which qualities essential to a work of art – balance, mass, rhythm, pattern and weight – are brought into dynamic harmony by the impulse to gratify pleasure needs. Creation is the most dynamic force that man has available for the attainment of happiness, and the desire for happiness, or satisfaction of a need, brings to fruition the impulse to create.

This constructionally minded infant, whose desire for new experience was pictured as a struggle against physical disability and parental interference, typifies the innate vitality that refuses to be subdued. The child's aim was the gratification of its wish to experience certain new substances through taste. The constructive faculty was brought to bear upon the problem confronting it and its solution of the difficulties was satisfactory. The principle of balance and the effect of weight, and the use that could be made of them in achieving its purpose, was recognised. The reasoning was simple. The application of the appreciation of balance and weight took place in fantasy, and in this way the articles it wished to eat, to experience by taste, were brought within its reach.

The subject of how the child obtains knowledge of the things around it is interesting and important. Every substance is first experienced through the mouth. New experiences can be both painful and pleasurable. A pleasant sensation is good, an unpleasant one bad. It is only by actual contact or by knowing the qualities of an object that knowledge of it, of its value, can be ascertained. The young child's curiosity is only satisfied by experience, and no matter how often it is told a thing is bad or harmful it will still need to satisfy itself through personal knowledge. The objects on the mantlepiece which the child has been prevented from reaching are not good for it. It has been told that they are 'dirty', this is unedible, or dangerous. But it has to find out for itself. The child's intention is, of course, to eat them if possible, or suck and dribble over them if not, for that is its only way of finding out the qualities of the things. If they are soft and sweet they can be enjoyed, but if they are hard and bitter they cease to be desirable and no further attempts will be made to reach for such things again. Furthermore, every new taste is stimulating. It is an adventure, a probing into the mysterious and exciting world of things. To know and to discover is as enjoyable as playing exciting games. Most forms of pleasurable stimulation create a feeling of well-being. The stimulation of the sense of taste is no exception, and it is, in addition, educative. Sweetness, sourness, hardness and softness all have their subtle variations, and each difference is a source of knowledge, *if it can be experienced*. With knowledge comes the development of the power of discrimination. Thus the child's creative efforts are used in the service of knowledge as well as to satisfy its hunger for stimulation and pleasure. Of course, every hunger has to be satisfied. Every sense requires satisfaction, and while life is present every effort is made to satisfy such needs.

Unfortunately, this fine development of the senses becomes inhibited in the child as it grows. Education should not only be a matter of training the mind to behave according to an acceptable pattern, it also should be a matter of increasing the fund of experiences associated with the senses. The true purpose of education is served if all the faculties are developed so that *every* factor of the body and mind shall function fully and in harmony. Education at present seems to be the development of the individual to a stage of proficiency that will enable him to act and think only to the extent necessary in obtaining the minimum comforts and requirements to maintain a dull life. The 'brilliant' pupil only achieves a greater share of these same necessities because of a greater ability to make use of available opportunities. No one yet is educated in ways of getting the maximum satisfaction and sense of well-being through the full development of all faculties and senses; in ways of gaining a greater awareness and joy in living; nor educated to become equipped with a power to obtain these same satisfactions under practically any economic and social conditions.

11 Psychorealism, the Artist, and the 'Impersonal' in Art

It must be evident from these brief glimpses into the history of early infancy and childhood that there is an urgent and fundamental need for creative expression which we all, in one way or another, have failed to satisfy: and that there is a need for a revised form of education for the very young, both in homes and schools, which will minimise unconscious infantile fears and, at the same time, present opportunities for the free and uninhibited functioning and development of the constructive impulses. The value of art, of psychorealist art, as an aid in solving this problem has been adequately demonstrated. Psychorealism, with trained guidance, not only will free the psyche from some of the tension of fear, but it will also release the energy linked to aggressive needs and help direct it into more constructive channels of expression. It has been shown that the destructive impulse is established through the experience of pain and discomfort, through fear and deprivation, and through the thwarting of instinctual behaviour; and that the destructive urge is essentially a protective mechanism and a psychical necessity. It has been possible, perhaps for the first time in the history of psychological research, to demonstrate that the imagination is actively present from the first moments of conscious life; to indicate that the creative urge is a biological necessity, and that creative endeavour is a natural consequence of being vitally alive: and that the checking of the creative impulse is detrimental to the well-being of the personality.

Because the positive trend of this side of biological functioning is curtailed, through fear and pain and misunderstanding, the major portion of the energy that would otherwise be used in positive ways is deflected into destructive ways of behaviour and thought.* This negative energy is not only directed outward, but also inward, to the detriment of the individual. The repression of instincts and desires uses up a considerable part of the initial potential or store of energy. Energy is needed to check any dangerous impulse that may suddenly wish to break through the barriers installed to prevent its free action.

* A very detailed example of this deflection of energy is given in the article, "Deflection of energy, as a result of birth trauma, and its bearing upon character formation." by Pailthorpe, G. W. (1941). *The Psychoanalytic Review, XXVIII.*

DOI: 10.4324/9781003563242-12

This locked-up energy could be used beneficially, if it were free. The amount of uninhibited energy left is not sufficient for all the tasks that have to be performed and, consequently, the individual cannot function to his or her potential capacity. The use of this free energy, and the inclination for creative and constructive work is, in later life, limited by the struggle for existence. But even so, and no matter how the original potential or store of energy may have been apportioned, the impulse to create remains steadfastly strong. It is only the lack of true understanding in the infantile mind which is the sole cause of this diversion of energy from good to evil.

The problems that have to be faced are many, but the more important ones are those of lessening misunderstanding in the child as soon as it is able to understand and express itself, of supplying channels for the release of locked-up energy, of supplying a controlled means of egress for destructive impulses, by which aggressiveness can expend itself harmlessly. When ways to do those things are instilled the constructive trend in humanity will become progressive.

Continued freedom and encouragement for positive forms of expression will gradually lessen most of the fears that inhibit such action. The diminution of the need for destruction must necessarily follow, and become progressively less as opportunities for creative expression increase. This does not necessarily mean that every unconscious cause for aggression will be dissolved. It only means that the imaginative faculty, which is so vital to the health of the mind, will be less encumbered and, accordingly, better able to function.

Psychorealist expression, under trained guidance, serves as a safety-valve for aggressive energies, lessens emotional tension, and brings about a feeling of freedom for imaginative endeavour. It will not radically cure an individual's mental ills. Its value is that of preventive medicine, helping to check, and maintaining a check upon the harmful consequences of early thwarting and misunderstanding. In this sense it is therapy.*

In addition to this phase of its service, Psychorealism helps in the development of the aesthetic sensibilities and, if combined with the practical art training, will enlarge a person's potential value as an artist or craftsman. Not only is the vitality of a work increased but the creative worker develops an individual sense of rhythm, balance, pattern and form, and a highly personal use of colour. Because we all experience different situations and build up different interpretations of the causes of events, in our infancy and childhood, there are as many variations in the manifestations of our emotions when such are freely expressed through the medium of psychorealist art. This variety is not present in the works of the traditional, representational schools of painting. It cannot be so for such works are created within the limits imposed by public opinion and inner fears.

* Its therapeutic value is skin to that occupational therapy (in the treatment of psychiatric cases) since the unconscious interpretation of the creative activity of craft work or drawing is similar, namely permission for fantasy indulgence.

Art resumed its standing as a vital part of life when individuality of expression became a desirable quality. Gauguin, Van Gogh, Cezanne, Rousseau and Picasso are some of the most understanding individualists who helped reawaken this vitality in art. In no other period of history have so many artists with a personal 'message' existed at the same time. And in the same period came Surrealism and its band of individualists, each saying something different, although alike in that they allow a part of their unconscious to shape the character of their works. Their works are, basically, even more personal than those of their immediate predecessors. It is this intensely personal quality, and not the utterly different appearance of their works, that has created difficulties for art critics. The so-called 'impersonal' quality is lacking. It is the strength of this impersonal or universal quality that is deemed to make a work of art immortal.

A consideration of this factor of universality will throw further light upon the dim picture of inspiration, that undefined source of the transcendental quality which lifts a work of art to the highest level of excellence.

A work of art, to be great, must possess an appeal which is not diminished by the passing years or influenced by fluctuating ideals and standards. It must be able to withstand the buffeting of cultural changes and to emerge unscathed from the future analytic attacks of better and keener critical minds, and from changing fashions of thought and taste. A work that can survive this ordeal can be considered to have universal appeal and to be 'timeless'.

It must be presumed, therefore, that such a work possesses a quality which obtains a response from people of various kinds of thoughts, at all levels of social and mental development, no matter how these may change in the world's historical evolution.

No work of art can truly be impersonal since it is the work of man, of a personality, and calls forth responses from other personalities. Furthermore, it arouses an emotional response, be is pleasure, tragedy, awe, glory, love, tranquility, or religious ardour. The appeal is all too human. It cannot be impersonal in that sense of the meaning of the term. On the other hand, a mathematical problem is impersonal since it is something that exists without arousing emotional responses.

A triangle or circle will not arouse such feelings unless they take on an association value. A straight line will remain impersonal until the psyche endows it with symbolic values. A circle is meaningless until the unconscious mind makes use of it as a symbol of a breast, or wheel, or sun, and so on. Almost every shape or object assumes, for the psyche, a meaning other than, or additional to, its patent use or content. Every shape, colour and rhythm has meaning, assumes a personal value.

This applies equally to abstract art, even though in that form of expression an attempt is made to disassociate the creator from his work. Therefore the term 'abstract'. It is said that abstract creations possess a quality of their own quite outside the fact they emanate from an individual. They are considered to be absolutely impersonal, universal in spirit and content. But this cannot be fundamentally true since the selection and arrangement of colours and shapes is essentially the result of the combined activity of conscious and unconscious mind. The painting, if such it be, exists as a record of this activity and arouses an emotional response just the same. The response to the painting is not necessarily of the same emotional content as that which the creator will have imparted to his work. Shapes and colours affect us in different ways because we each have different unconscious symbolic values for them, and are accordingly led to feel varying kinds of emotion.

In other words, the impersonal cannot exist in art.

It is therefore assumed that since universality in art is not due to an impersonal quality, it must be the reverse – to the personal element. This leads to the assumption that a great work of art possesses the power to satisfy or give pleasure to a central emotional core in humanity which never changes and which, in some way, is alike in all generations – past, present and future.

What is this central core? In what way are we alike emotionally? What is there within every human being which remains immune to the influences of changing conditions, thought and environment?

We all fear pain and unbearable tension, and fear itself. We all enjoy pleasurable sensations. We are all trained to abhore uncleanliness. We all dislike the hurt of hunger. We each of us grow up with aggressive desires. We are attracted to good things and reject or try to avoid the bad things. We dislike everything that arouses our fears and stimulates us unpleasantly. Pleasure, well-being, contentment are always the ultimate aim of human striving; and emotional or physical pleasure can only be experienced when pain and fear are not present.

Everywhere and at all times, under all possible circumstances, geographical, historical or topical, in infant and adult, in primitive man and civilised man, and under every sort of economic condition, this human preference for all degrees of pleasure and this hatred of discomfort and pain has been and still is being experienced. Pleasure and pain decide our emotional responses, and they influence our acts and thoughts. The secret of the 'timeless' or universal spirit in art rests in this human reaction to pleasurable and unpleasurable experiences.

Let us now consider art in relation to these factors. If a painting arouses a feeling of pleasure it is good and we are attracted. If the reverse is the case we reject it. If the subject matter or imagery in a work inspires good responses, and skillful rendering makes recognition of the symbols easy, and the colour, rhythm, balance pattern and tone are enjoyable and intensify the pleasure induced by the subject or imagery, then the painting will undoubtedly provide considerable pleasure and earn unstinted approval. The fantasy portrayed in such a creation will be one that contributes the greatest amount of pleasure possible in a single moment of viewing.

Consider any accepted great work of art in this way and it will be found to conform to this rule. For example, those works of Turner which have long and greatly been admired by all types of people possess these qualities. They are 'universally' admired, both by culture's aesthetes and ordinary men and women. Their appeal has in no way diminished. The others of his works, which have not earned this general approval, will be found to lack in one or other of these qualities, either in its choice of colour, selection of images, in disrupted balance or unsympathetic rhythm, and so on.

A phrase commonly used by artists, aesthetes and critics when expressing approval of a work is, 'it is completely satisfying'. This phrase discloses the fact that pleasure, the hunger for good sensations, has been provided in full measure. Although popular taste may not be as exacting as cultured taste it also requires pleasure-satisfaction before giving full approval to a work. Great works will provide the 'bread' of beauty to satisfy all present and future standards of taste.

The essential factor in a work of art is its imagery or the story, conscious or unconscious, being pictured. If the story does not stimulate pleasant associations, no matter how satisfactory the painting may be in all other respects, it will fail to reach the pinnacle of greatness. Even if the subject matter is closely related to an unpleasant idea, such as the torturing of a human being, the picture assumes a pleasant connotation when we know that the person portrayed is a saintly individual suffering because of his belief in ultimate human goodness and happiness. The story is acceptable and pleasurable because it pictures, as in the case of Christ, someone else bearing pain for the sins of the rest of the world. The idea is a happy one. The fantasy is desirable, and enjoyable if convincingly portrayed. It will also bear repetition, as is evidenced in the 'universal' worship of Christ. How else to explain the universal acceptance of works that are a reminder of the agony suffered by another?

The same principle applies in literature, more especially in poetry. Without going into details it is possible to show that such is the case by the fact that no war poem has 'lived' through the ages. Some such work will undoubtedly survive, but like some examples of painting, sculpture and architecture, for entirely other reasons than their value as monuments of beauty. Their value, more often, will rest upon their historical or educational usefulness.

On the basis of what has been discussed, it can be said that a work of art possessing 'universal' appeal of a lasting quality is one which elevates the onlooker by its presentation of a pleasurable fantasy, enhanced by colour, rhythm and form (which heighten the pleasurable emotions to a satisfying degree), and that the whole work is able to communicate or stimulate such satisfying, pleasurable emotions in the onlooker; and that the reason for permanence is because the fantasy or picture is built up of imagery, objects or ideas (or combinations of either) which will always arouse these feelings, at no matter what point in time. Only works which attain this high degree of communication of psychic pleasure can arouse a satisfying response at any period of time.

Because humanity forever seeks to satisfy its need for pleasure, in fantasy as well as in real life, there will always be approval of such works. As many people cannot, through lack of ability or through unconscious fear, create their own picture of a desired fantasy which provides them with the maximum unconscious and conscious satisfaction, it is natural for them to admire that which will do this very thing for them, particularly if it conforms to some existing and acceptable style. Since there are such a variety of pleasure needs, and so many different forms of fantasy that can gratify them, it is easy to understand why a large number of works of art survive this test. A handful of great works are not enough to satiate the emotional hunger of humanity whose tastes are as varied and as complex as the individuals of which it is compromised. Colour is not enough for it satisfies only one hunger. Music is not enough for it can sate only one need. Imagery in itself is insufficient for the same reason. Before repletion of emotional needs can be obtained the satisfaction of many senses is necessary.

And so, in this consideration of 'universality', we once again recognise the inner desire for unconscious creative satisfaction, that is, for fantasy fulfilment, but see this need also as a universal condition which has found varying degrees of gratification from the moment mankind became conscious of art as a vehicle for, and provider of, pleasure. We will approve of anything and everything which will give maximum fantasy satisfaction in any acceptable form, and reject that which does not, or which arouses our fears, or is associated with painful memories in the unconscious, or which sets up any painful emotional disturbance.

The main point is that we are all potential creators, having within us the same spark that will ignite the creative flame, and, as a consequence, we are all *personally* interested in the creative act, whether we know it or not. Ultimately this utterly personal aspect of creative effort will be recognised as the true spirit behind art and the basis of 'universality' in art.

12 The Way Ahead

Unknowingly mankind has used art, in all its forms, as a medicine for the sickness of the soul. But not until now has the possibility of administering, in measured dosage, at adjudged suitable times, a tonic remedy for the ailing spirit of man arisen. At the moment the widespread application of this measurable remedy is still a matter of the future. But the fact that art is a valuable asset to psychological science is not being left to an uncertain future, for this volume shows that art has been used as a medium for recording minute details of unconscious thought and infantile behaviour, and of the reactions of the unborn and newly-born child to hitherto unaccustomed experiences and sensations.

Psychologists continue trying to add to their knowledge of the mind, but with 'instruments', the only ones so far discovered, they know are far from a hundred per cent effective. A big advance was made when the mind of the child was investigated further with the aid of Melanie Klein's technique of child analysis. It is possible to probe deeper with her method because fewer inhibitions and weaker and not too strongly entrenched repressions exist in the early years. Even so, it is impossible by such methods to completely eradicate all fears because the deepest ones lie at the level of pre-natal and birth experiences, and no child is able to communicate its thoughts with the necessary details required, nor has it the developed intelligence to understand its own subtle variations of thought and experience, or to translate them into speech, if realised. Therefore, the disclosure of really fundamental fears has remained a task yet to be carried out. New methods of investigation and a change of technique were required. Further, the new medium chosen had to have, advisedly, the power to keep away extraneous and foreign thoughts and interpretations from those of the individual being examined. Lastly, a speeding up of the process and a lessening of the discomforts associated with such an enquiry were essential.

These requirements have been covered by the psychorealist technique of investigation, which also provides the subject with a means of communicating and recording details of experiences right back to pre-natal life. Of all the research findings briefly commented on in this work the revelation of foetal experiences will, without doubt, be the most difficult to fully accept. It

DOI: 10.4324/9781003563242-13

is, nevertheless, a fact that such information is obtainable and this has been proven by more than one investigation of an individual's unconscious mind down to that earliest period of life.

It is impossible in this volume to go into all the facts and corroborative details, or to discuss the nature of the new technique that has been evolved; nor is it the suitable place for such information. All that must be left for works of a purely scientific character. However it will not be out of place to present some drawings, with curtailed interpretations, to illustrate how the unconscious mind tells of its experiences in the womb. The example given will deal with an experience of the foetus which, by its very nature could not have been imagined consciously by the person whose psyche is allowed thus to express itself with absolute freedom. It also should be realised that the drawings and their interpretations came after many months of intensive investigation.

Plate 15 begins this exposition of foetal awareness. The incident only deals with a fraction of the story of uterine experiences.

These scribbles drawings are done with great speed and without hesitation. The first, at top left, shows the kicking and screaming infant. The heaviness of the line of the mouth is the indication of noise, while the wriggling of the leg and arm lines represents movement. The scribbles that follow, and which continue on the line beneath, show that this movement of its limbs persists until a state of frenzy is reached. The zig-zagging indicates the frantic nature of these movements. The spiralling line round the body of the infant, in the next line of drawings, conveys that it is being bound. This information partly explains the preceding frenzy. It was fighting against the coming of the binding. The last drawing on this line shows something being pushed into the infant's mouth. This is repeated in the first of the next series below, which also shows the baby is trying to avoid this aggressive object by turning its head away. The object being forced into its mouth is a bottle teat.

This infant had not been breast-fed after the first efforts to do this had shown lactation was not taking place. Its dislike of the teat came from having been made to choke by a too rapid flow of liquid, and from the gagging caused by the pressure of the teat against the back of its mouth. That is why it turns its head away from the line, representing the teat, that is being pushed at its mouth.

The next two scribbles are a repetition of its struggles to push away the 'attacking' object. The last on this line then reveals that it is so tightly bound (conveyed by the narrowness of its swathed body) that it cannot continue its struggles, and that the teat is now forcibly held in its mouth. This incident makes it clear that the earlier frenzied movements were endeavouring to prevent this unpleasant experience taking place.

The scribble at the bottom, below the line dividing up the sheet, discloses another fact. It represents the infant when it was in the womb and attached to the cord. The placenta is represented by the small loop at the extreme left. The foetus is the attachment at the other end of the moving line, the tiny circle within it being a revelation of the fact that it is aware it has a mouth. The reason for this symbolic presentation of the infant in the womb is to indicate that its fear of the bottle teat is linked to what happened, previous to birth, in the uterus.

Having revealed this connection the unconscious then goes on to tell how this fear developed.

Plate 16 describes what occurred in the womb. The whirling line is the cord to which is attached the placenta, represented by the light circle enclosing the dark circle, at top left. Below, in dark outline, is shown the head only of the foetus mouthing a knuckle of the cord. The two small marks in its head are indications of eyes, which are serving to symbolise consciousness or, in other words, that it is 'awake' to what it is doing. In previous drawings, with any representation of the infant, unawareness had been suggested by the absence of eyes while awareness had been indicated by the inclusion of eyes. The dark circle within that of the placenta, and the foetus's head mouthing the cord are both the colour crimson in the original sketch. This colour link tells that the circle within the placenta also represents the foetus. This crimson (or dark) circle is actually a symbol of the foetus's mouth which has tried to get within it the placenta. This effort has been unsuccessful because the placenta is too large, as the illustration shows. Since this part of the drawing appeared first it means that it has tried to do this before directing its efforts to a knuckle of the cord which it encountered while revolving in the womb. The movement of the line denoting the cord records the way in which foetus has travelled within the confines of the uterus. The tangling of the line registers the fact that it became entwined in the cord, and that it twisted round its throat, as the part of the line encircling the foetus's head shows. This whirling line of the cord is pink in the original, a colour which has, in this person's work, always denoted energetic movement on the part of the infant or foetus. Because of this it is realised that the foetus is conscious or believes that its uterine revolutions are the result of its own activity, and not that of the womb. Had it been revolved by the womb this would have been indicated by the use of the colour purple, which has invariably symbolised activity on the part of the womb.

Thus far the story tells that fear in relation to the bottle teat is associated with mouth activity while in the womb. The real reason for the fear has not yet been disclosed. It is brought to light by further drawings, in which it is related that the foetus experienced a sensation similar to choking as a consequence of having fumbled the knuckle of cord too far into its mouth. But this is not all it fears. The tight binding, portrayed in plate 15, is felt to be a repetition of what had occurred before birth, the constriction of the contracting uterus, and is considered to be part of the 'punishment' for its mouth activity.

The recording of the fact that the cord became twisted around the foetus's throat during its revolutions in the womb is important. After it had played about with the cord the contractions preceding birth set in and the cord tightened round its throat until painful strangulation ensued. This is illustrated in plate 17, where the dark line whirling about the foetus, seen on the left, is shown tightening at its throat. To the right of this the situation is repeated, but this time so badly as to make its eyes feel they are popping out, as the corkscrew lines from its eyes demonstrate. The line spiralling around its body symbolises the clamping of the contracting uterus which forces out the contents of its body, suggested by the dark flow from its lower end.

The infant's fear of having something pushed into its mouth when in a tightly bound condition is now explained. It is a state of affairs that revives its terror of strangulation, which it imagined to be punishment of the previous use of its mouth. The binding of its limbs reawakens this fear because it is a virtual repetition of the womb situation, and the choking that comes when the teat touches its uvula is a further reminder of the painful sequel to the use of its mouth.

Immediately prior to the emergence of these works a drawing was done which revealed a part of this story. Before the infantile unconscious could feel free to tell this tale with absolute assurance of safety it had to make sure the strangulation punishment for using its mouth would not be repeated. This it could do by first destroying the object or person it felt attacked it in this way. This preliminary act is illustrated in plate 18. In this the nurse, who is felt to be an extension of the aggressive placenta and cord since she hurts the infant *outside* the womb by thrusting teats into its mouth that cause it to vomit and choke, is being made to suffer the exact hurts the foetus suffered. It is the nature of its attack upon the nurse which reveals the character of the story that was to follow. The object being strangled, bound tight, and with its eyes popping out is the nurse. She is identified by the colour in which she is outlined in the original drawing. This colour is a green, which only has been used in conjunction with the nurse. The painful treatment being meted out to her is known by the infant from personal experience to be an effective way of subjugating a person, since it has itself been subdued in this way. The psyche's method of attack upon what it feels to be a dangerous figure thus always provides a clue to the nature of its fears.

It is by such means that corroboration of the validity of what is being brought to the surface by the unconscious is obtained. An interpretation is never accepted until affirmation of this kind is brought to hand; and there are many and varied indications of this nature. Proof of this sort is of inestimable value in judging the progress and truth of a story being symbolically enacted in drawings. This factor alone will be recognised by psychologists as being unique. It is only one of many discoveries that makes this new-found method of psychological treatment superior to existing ones.

This demonstration that the memory of uterine experiences can be revived, and that such memories are related to traumatic situations that cannot otherwise be recalled, brings forward a matter of considerable importance. The research findings, of which only a very small part has here been exhibited, not only open up a way to the eradication of mental ills that is speedy and amazingly thorough, but it also clearly shows the need for further research on these same lines to discover the effects of the manifold traumatic situations which may be met with by the foetus and new-born infant. Information of this nature is invaluable to both psychologists and general medical practitioners. It can help us to arrive at a better evaluation of the causes of psychological disruption that exists in earliest life, and which affect the individual in later life. We also can find, by proceeding with such investigations, the most suitable means for alleviating as much as is possible the painful difficulties of birth.

What is known of the effects of 'twilight sleep', and other similar methods? Does it lessen consciousness of suffering for infant during birth? If it does, what are the results of this lessening of pain upon the child? We need to have detailed information of such a subject, and to obtain this it is necessary to investigate the psyche of an individual who has experienced birth by such methods. It is more than likely that such information might lead to changes in the manner in which childbirth is carried out. Then again, how does an infant brought to birth by a caesarian operation think and behave? What are the effects of an early minor operation, such as circumcision or the removal of a disfiguring mole? Will the conclusions arrived at point to a necessary change in the belief that infants do not suffer excruciating agony, which is an opinion still widely held? Again, what do we know of how twins and triplets are affected by companionship and crowding in the womb? Such knowledge will add to all the indications that already point to the necessity for a greater consideration of the new-born infant's physical and mental state. Bacteria are not the only things from which an infant should be protected. For example, there is a recorded incident of a careless nurse or doctor having caused a new-born child to suffer a considerable traumatic shock by placing it down, prior to severing the cord, in a position that brought unbearable tension upon the sensitive nerves of the navel. The pull upon the navel that took place was beyond the infant's capacity to bear and a severe psychological injury resulted.

These new directions for future psychological research cannot be followed without proper financial support being forthcoming, for only then will it be possible to recompense research volunteers whose births have occurred in any of the ways mentioned, and to enable the investigators to work without having to consider the advisability of only taking paying patients. Such support would obviously enable these researches to be carried out and so hurry the finding of this needed knowledge. Waiting for patients to arrive who have been born by caesarian operations or with the aid of 'twilight sleep' is much too time-wasting, and it is more than likely that such individuals will never need to seek psychological treatment.

It is also of considerable importance that the medical profession keep individual records of the manner and details of how infants are brought into the world; the length and severity of labour, what instruments used, if any and so on. Such information can assist by pointing the way and by serving as corroborative evidence for any findings made by a psychotherapist, in the mental cure of an individual who, in later life, has found difficulty in conforming to social edicts.

The psychorealist technique of investigating the mind is the perfect instrument for these suggested investigations, since by means of it is possible to keep factual records of the history and development of the mind, which can be studied at leisure by all scientific workers. It is, in fact, the only present available means by which psychological experiments can be presented in an unbiased way for other workers in this field of knowledge to ponder. It provides the equivalent of the chemist's procedure in research, for by its means a record can be kept of every step leading to the final result. So far the science of the mind has been without such a means of exactly recording the details of the evolution of mental processes. The data hitherto presented by psychologists and other experts in the field of mental work has not been devoid of extraneous and erroneous conclusions. Their methods do not possess the means of producing irrefutable evidences which can be proven by a repetition, based on recorded details and events, of the experiment. This can only be done when there is an instrument or medium, such as the psychorealist technique, by which the mind can register its actions instantaneously, and in visual form.

A comparison with recent scientific knowledge will help to clarify this picture. It was known that certain end-results always followed the intake of a particular substance, but there had been no available way of ascertaining the *exact* processes that occurred. Now it has been found that with the aid of radio-active chemicals taken into the body in the normal way, and with the aid of other machinery, that the exact processes that take place can be followed.

Psychological science was in a similar position. It knew of the final effects that were produced by certain techniques, but had no exact knowledge of the processes.

The new psychorealist technique is able to exactly reveal *all* mental processes. It can do so with remarkable exactness and, at the same time, provide the necessary data; just as a seismograph supplies factual records of the earth's tremors. It must be quite apparent that this is an invaluable asset. It will, in fact, become the means of establishing psychology as a true science, in the academic sense. And with such an instrument for investigation the horizon of psychological science will be widened.

The suggested investigations of birth situations of different types of persons is, therefore, possible and recordable. What is needed are trained workers and financial support. Getting together a group of willing workers rarely presents any difficulty. Time is the only factor to be considered in the training of such workers. There should be no lack of subjects for investigation once the appeal is made. Obtaining the necessary finances will probably be the main difficulty.

The possibility that a method can be evolved of bringing birth about without too much harm to the infant, and of lessening its difficulties after birth, definitely exists. Recommendations made by such a group of workers, from the collected and scientifically recorded findings of the suggested investigations, would be acceptable since they would be demonstrably proven and free from critical doubts. Many remarkable discoveries have been obtained from less likely possibilities. For the eventual social benefits that will result from such findings there is a desperate want. The need to eradicate the causes of social disharmony is more than pressing. If we can discover all the initial sources of individual disunity the major part of the problem of achieving social harmony is solved. The cure, alleviation or prevention of these causes, wherever and whenever possible, then becomes the next step. This task is helped by knowing the basic reasons for the disharmony, for the discovery of them is accompanied by indications of the methods that can be adopted to eliminate the harmful factors. For example, knowing that pain and displeasure are the main factors creating the need for the defence of destruction, the obvious indication is to try eradicating or lessening these pains wherever possible. There is also the fact that an infant cannot understand the causes of its suffering and it reasons upon the basis of cause and effect. The obvious indication, therefore, is bringing about the earliest possible understanding of biological facts. This, together with the use of psychorealist means of lessening the strength of unreleased emotional pressure built up during the period of non-understanding, will enable a child to attain a balanced and reasonable attitude to life. To further increase the biological understanding of man it is important that the behaviour of the mind is made common knowledge, as we do in regard to the functioning of the body, and in this way to give young people a better chance to understand their own difficulties and to know when to ask for help for a mental pain, as they are able to do for a stomach ache or cut.

There is, however, an obstinate obstruction to the advancement of psychological knowledge, which is located in the minds of men and women. It is the unconscious mind itself, which not only fights against disclosing its fears, but refuses to acknowledge them when they are brought to light. This mental attitude is common to us all. We not only deny ourselves consciousness of inner fears but we also refuse to acknowledge to ourselves the presence within us of such deep-seated fears. For instance, there is the person who, as a child, suffered a too forceful training in habits of cleanliness, and was punished severely during this phase of upbringing. In adulthood cleanliness has become desirable and no longer a matter of avoiding harsh words and slappings, and the pleasure in cleanliness is believed to be essentially due to a preference for that state. It is forgotten that it was unwillingly accepted and that it was the only safeguard against punishment for being dirty. And it will be denied that an infantile fear is behind the personal insistence upon cleanliness. Refusal to allow the existence of this early fear is usually a rejection of early pains and discomforts suffered after indulgence in dirtinesses. In the opposite case, there is the person who seldom is quite clean, and who rejects any suggestion that the reason why this personal condition is not changed is because of a fear of being absolutely clean. To be quite clean recalls the infantile fear of being discarded for the newest baby, who is allowed to be dirty. The child being trained in cleanliness thinks its parent is getting it to become clean so as to quickly get rid of it, in order to be free to get herself another dirty, and therefore desirable, baby. Remaining dirty, even in small hidden ways, is a defence against the fear of being discarded.

Thus this refusal to acknowledge the presence of unconscious fears is a defence against recalling any unpleasant events or series of events. The examples given were of minor fears. The greater and consequently more disturbing fears are even more rigorously denied conscious awareness, or, on the other hand, are more vehemently denied any possibility of existence at all. The most rigorously rejected fear is of the fact that we all suffer pain and terror at and after birth. Fear of this early suffering is far too great and emotionally painful to bear renewal, which any effective reminder of it would substantially mean. Memory and emotion are closely interwoven. To remember, so it is unconsciously believed, means having to suffer again the terrifying fears and painful emotional upsets which have for so long been relegated to the furthest realms of Lethe.

It is therefore easy to realise that when unpleasant reminders of our earliest painful experiences are suddenly forced upon us, which psychology is continually doing, that they will arouse a feeling of distaste, repugnance or fear, or bring about a denial of this validity of what is forced upon our attention. The greater the display of such opposition the clearer is the indication of fear. That is why there exist so much general objection and opposition to dynamic psychology. It must now be plain that the denial of psychological truths is a defensive act – the only quickly available way of rejecting painful mental awareness.

This response is present also in psychologists and scientists. Their superior knowledge does not save them from the effects of aroused unconscious fear.

In respect to psychologists, their unconscious fear of recalling these earliest and most painful memories holds up the investigation or acceptance of material related to these lowest of all levels of unconscious memory. Unresolved infantile fears encumber their conscious powers of discrimination, thus causing them to become as much a hindrance to the advancement of psychological knowledge as less knowledgeable persons. They are equally prone to refuse validity to a new psychological finding when the acknowledgement of such a discovery means the acceptance of the existence of a terror in their own psyche long kept in oblivion.

The unconscious fear of recognising a truth that will aggravate an old mental wound has been responsible, and still is, for the rejection, on the part of layman and scientist, of much valuable psychological information. Bickerings between different schools of psychological thought are also due to this same fear.

This conscious indifference to the discoveries that arouse painful emotions is not an insurmountable obstacle. If the truth can be presented so that it cannot be denied full and proper attention, a great deal will have been done to circumvent opposing forces. That which is fully proven, and to which proper attention has been given, must be accepted. But to do this requires considerable financial expenditure which few, if any, research workers can afford; and this is particularly the case in respect of psychological research. Where science is of benefit to the material side of life such difficulties are at a minimum. It is only the moral and mental sciences that are compelled to hide their light under a bushel of poverty.

It will probably be said that there are in existence many bodies sufficiently endowed to encourage psychological research. This is true only to a degree. What is not fully realised is that these Foundations and Societies are advised by individuals unknowingly suffering the same fear of those discoveries that will stimulate old mental wounds, and, as a consequence, are unable to encourage or feel impelled to support such socially important psychological investigations. There are any number of researches providing more and more statistics and so-called psychological tests, such as personality tests, aptitude tests, intelligence tests and so on, and examinations of environmental factors of all kinds, none of which throw real light on the workings of the mind, and most of which are financed without stint. Because these researches are free from emotionally disturbing discoveries they are safe to help. The truly valuable effort invariably meets with opposition and suffers from lack of support.

It is easy enough for these Societies to support investigations into the ill-effects of poverty upon the mind of the slum-dweller and then to blame poverty and its accompanying ills for the high proportion of delinquents among the poor. But it would be dangerous, though more to the point, to investigate the effects of wealth on the minds of those who do not steal. Perhaps there exists a suspicion that it might be found that wealth, or even a little of it, is a cure for a high proportion of delinquency. Such an investigation would be an unwise investment since it would strengthen the demand for the eradication monies on police forces, courts, prisons, prison personnel, judges and so on; such investigations would show that the money can be better spent on the impoverished than on the people who keep them 'well behaved'. There have been innumerable evidences of wasteful expenditure of money researched that have proved as good as useless, and it is easy to be facetious about them. But it still remains a fact that it is far more difficult to attract financial interest for research work that will really aid the humans who are humanity, in the way they *need* to be assisted.

Having enumerated some of the obstacles and problems that face the psychological worker with something of real worth to offer mankind, it is now perhaps easy to appreciate why a book of general interest, appealing to layman, scientist and psychologist, has been considered suitable for introducing Psychorealism and the psychorealist technique to the world. The greater the number of readers, and the more varied their interests in life, the larger is the possibility of finding an appreciative and demanding group who will want the benefits of these discoveries made possible for all peoples. A general publication is the only way of reaching everyone concerned and of spreading the doctrine of psychological understanding as a way to help the millions of sickened souls in this world. It is not a useless effort, as may perhaps be thought. Are not people trained and taught to understand their physical condition and how to apply simple remedies? Do we not believe that preventive medicine is better than waiting for an illness to develop? General education as to the causes of disease is part of the technique for the prevention of disease. Why not, therefore, apply these same principles to mental hygiene? Mental imbalance is as contagious as any infectious disease, as existing world conditions and the blaring radio and biased newsprint clearly proves.

One small way in which this preventive work can be done, with the little information provided by this work, is illustrated by the imaginary fragment of a story that follows.

A child, three years of age, is watching mother wash the newly arrived baby who cries vociferously at the discomfort and pain it is suffering, both from being wiped dry and a smarting navel. The mother is aware that the child is curious as to why the infant is crying. An explanation will help it understand what took place when it, the child, was born, and to understand why it was made to suffer then, as it now sees the new baby suffering, so the mother says: "Baby is crying because he is frightened at what is happening to him, and because the wound on his stomach hurts him from the water soaking through the dressing. He thinks he is being punished for dirtying his nappy, and for crying when he found himself cold from the wet. But baby doesn't understand why he must be cleaned. He doesn't know he will get more pain if I let him stay wet. He'll get very sore and that will hurt him. You can see I'm trying not to hurt him. It's because I want him to feel less hurt that I'm washing him."

The mother then goes on to say: "The thing on baby's stomach is where he was joined to mummy before he was born. We had to be separated because he wouldn't be able to do things by himself, like you can, and mummy couldn't either. And it hurt after it was cut. That's why he cries when water makes it hurt again. Baby thinks all these hurts he feels are punishment because he kicked and moved about when he was inside mummy. But he had to come out because mummy would die if he wasn't born. He thinks all the hurts are for kicking because it was after he began kicking, when he was inside mummy, that he got lots of hurts there inside me. Baby is too tiny to understand he is not being punished for anything at all. I would tell him all about it if he could understand, like I'm telling you because you understand now. Mummy was also hurt in the same place when she was a little baby. Everybody is hurt there. And nobody knows how to stop a baby being hurt there when it is born. It is very sad for all babies. I must wash baby because it will make him better there very quickly, and he will not feel the hurt so much while it is getting better. Mummy doesn't want him to be hurt, but she can't help little babies being hurt there."

In this way the child is helped to understand that its own early hurts and discomforts were unavoidable, and that efforts were made to save it pain; and that the fears it had were entirely due to not understanding why things were done to it. A parent with just a little *real* psychological knowledge is able to do much to alleviate a child's fear of being in the power of grown-ups who, from all appearances, seem to like hurting helpless infants and little children. The child learns to believe, from observation and its own interpretation of the meagre and hurried information usually given it in answer to questions, that hurting very small persons is an occupation indulged in by grown-ups. Also the child is helped to see that it was misunderstanding what brought about its early mental suffering and to realise that the parent hates to inflict hurt on helpless babies; and that, on the contrary, she is only interested in getting rid of pains and making the things that happen in life more understandable. Even with its limited intelligence, a very young child can be helped to understand the reasons for its experiences in a way that will lessen its still easily activated fears of the 'terrors' of everyday existence.

A parent with no inkling of the mental life of infants has no way of knowing how to help it settle its fears, and to correct its misunderstandings. It is in knowing how terrible is the suffering of the infant that she can find the way to give it the care it needs, and the sympathy of the right kind of small attentions that help it better bear its pains.

One of the best ways of revealing the difficulties that beset a small child is to enable it to really speak for itself. This is usually impossible, but by means of psychorealist writing the impossible has become possible. In this writing the unconscious (at the level of a child of three) has been able to freely express its thoughts and feelings at that age. The story was written spontaneously and at great speed and without any conscious awareness of what was about to appear. The spelling, which was in character with the age at which it is being told, has been edited in order to make reading less troublesome. The story follows.

> Why can't I do what I want to do and not be hurt? They make me clean girlie and then they have another baby and play with it instead of me. That wicked-cruel. I can be dirty same as baby. I shall be dirty same as baby. I want to be dirty same as baby then they will play with me again. They don't love me any more now baby come. When I wee-wees they are cruel and hurt me. Long time ago they didn't hurt me. They let me be same as baby and when I wet they play with me. They bath me and they put powder with nice smell on me and – and – and they pat-a-cake me and – and tickle, and when I laugh they laugh and they kiss me, lots and lots, all over me and in my tummy and on my legs, and they make me kick and scream laughing and they laugh too. And then, all sudden, they say, "That's enough. No more." Then I'se miserable because they aren't nice to me no more, but they sometimes kind-say again when I'se good. They have laugh-eye, very little laugh-eye, when I try hard to do what they tell me. Then, all sudden, when I'se good girlie like that, they get another baby. Mummy and daddy make another baby instead of me. That was cruel mummy and daddy. All because they wanted to play with baby and tickle and wash and powder and pat-a-cake. But they don't want me their baby any more. They made a boy baby. They don't

> like me no more because I'se not a boy. But that cruel they didn't make me like baby. They made me clean-girlie so as to get a new baby with thing. Same as they give me new dolly. I don't want new dolly. I don't want to be clean-girlie. I want to be dirty girlie and then they play with me again same as before. I will make them play with me again. I will fight and kick and scream and make them do it, same as they make me do things. They make me do what they like when I don't want to do it. They hurt me then. If I can hurt them, then, perhaps, they do what I like. Only it's no good because they don't love me any more, only sometimes when I'se hurt they put powder on me, but they don't tickle me any more, and they don't laugh-eye any more, and if I laugh-eye when they do that they is cross and say, "Stand still you naughty-dirty little-girlie." They cruel and don't love me one tiny-weeny bit now baby come. And they make baby instead of me because they want a boy baby. Why they don't make me same as baby? They can make everything. I know that because I see them make everything. I hear mummy say to cook. "Make cakes and things," and then cook go away and make them. They can make me like baby and then I can be their baby again and the other baby can go away. I want them to play with me, then I be good again. But I can't be good when they do nothing with me no more. I try sometimes, because when I'se not good they hurt me . . . They only want baby now and they want to kill me dead so they can throw me away in the fire. I know that because I heard mummy say, ever so many times. "I don't want that any more. Thrown it away." And once, when I see something on floor I take it to mummy and say, "Look." it was a lovely picture, all red and blue. And mummy say, "Give it to me," and I give it to mummy and she throwed it on fire and burned it all up. Then she say, "All gone." That what they do when they don't want nothing no more. They want to throw me away like that when they've killed me dead. That's because they have made new boy baby. Why can't they make me like that? They very cruel, my mummy and daddy. I'se very miserable. I wish I was dead so I don't feel the hurt any more.

This poignant tale was one of many which revealed various aspects of the tragedy of childhood. Unfortunately the child cannot actually tell its story at the time of its suffering. It was only later in life that this person was able to recall such memories and thoughts, and only by means of writing in the psychorealist manner. It is as well to explain that this material did not appear until the psyche was free enough to make this particular use of spontaneous writing as a vehicle of expression. It is not given here to demonstrate what is possible by experimenting in this writing technique, and it is dangerous to try such experiments without proper supervision.*

* This the early surrealist pioneers tragically discovered.

The opportunity to obtain similar insight into the mind of the child is available in the results obtained in the psychorealist research.

There can be no doubt that the propagation of this psychological knowledge is vital to all. Holding back such information, or presenting it in a way that makes it difficult to properly understand, and getting it involved with technical phrases and intricate terminology is of no value except to those who love the exercise of solving intricate word puzzles. As soon as the bogey of awe and mystery, and the ritual of heavy sounding phrases is removed from this very human science the better for humanity. High sounding and mysterious phraseology adds confusion rather than clarity to ideas. Confused thinking is usually hidden under the facade of involved or picturesque language. But for this there might have been a better general appreciation of scientific values.

Nevertheless, psychology and the art of Psychorealism *can* appeal to and be understood by everyone of average intelligence. The only obstacle to this happening lies in the manner in which these subjects are made accessible to the public. It is usually lack of knowledge that leads to a confusing and over-elaborate manipulation of words. Clarity of thought is reflected in clarity of language.

The responsibility of parents, educators, doctors and psychologists is great. Upon them rests the future mental well-being of mankind. It is by their treatment of the younger generation that the irrational trends in social life can be transformed into a well-conceived constructive evolutionary process.

It frequently has been said by wise statement, and more often by ordinary people, that a nation should spend and work for peace before circumstances compel it to work and spend to defeat an enemy already hurling its forces against it. Such a point of view has been the only intelligent outcome of war. No matter how often this opinion is voiced during periods of hostility it is quickly forgotten when normal life is re-established. It is, therefore, imperative that this attitude of mind be continually stressed and that legislative bodies be compelled to work to that end at all times.

Spending money in the fight for permanent peace is more economical and advantageous than fighting wars, we all agree. But the manner in which it should be spent in the fight for peace is not always a matter for agreement. An appropriation for a permanent series of psychological researches into the cause of man's destructive and aggressive tendencies, for the psychological education of the masses, and for the re-planning of our educative system upon the basis of psychological truths should be a matter for agreement and advocated by all. Adult education should take an important place in the educational scheme so that parents may learn to approach their children's problems with greater understanding of the psyche, and teachers to learn to appeal to the pupil's instinctive desire for knowledge rather than to bludgeon facts into them through fear of punishment or ridicule. Midwives, nurses and doctors have much to learn of the minds of infants and children, and the sooner they are provided with this knowledge the sooner will children be helped to avoid needless suffering. Nurses in attendance at crêches will be better equipped for their work when imbued with an understanding of the psyche.

All this, together with the already suggested inclusion of psychorealist art in the eduational programme of young children, will help alleviate the stresses and strains of repressed aggressive emotions. They are important preliminaries in the fight for a permanent peace. They can easily be put into action while the researches into ways of nullifying the instinctive tendencies to destroy are in progress.

The blurred vision of world peace will then begin to assume some clarity and hope of truly international feelings of friendship become a thing nearer possibility than ever before.

Those philosophers of old were truly wise who said, 'Know thyself.' And the wisest of them all was Christ, for he said, 'If there be one among you that is blameless, then let him cast the first stone.' Christ had delved into his innermost being. The agony in the garden is a record of that fact. He had found that when hate and aggression filled the mind, when jealousy and distrust were uppermost in one's thoughts, the only way to cast the devil out was to search into the soul for the good that lay therein.

No one is blameless. Everyone, if honest with themselves, will try to understand his or her own impulses before seeking some other person upon whom to throw the blame of the world's ills. But knowing oneself is the vital beginning; it is alone not enough. It is more important at this period in world history to help the young to know and to understand themselves. Along that way is the path to peace with each other.

Index

Note: Numbers in *italics* indicate a figure.